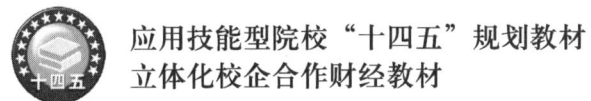

应用技能型院校"十四五"规划教材
立体化校企合作财经教材

智慧化税费申报与管理

主　编◎黄芝花　邓亚琼　曾文君
主　审◎夏红雨
副主编◎周艳芳　李卓彦　郭伶俐
　　　　何同芝　昌建强　陈　娜
参　编◎曾淑婕　彭　莉　喻莎莎

图书在版编目(CIP)数据

智慧化税费申报与管理 / 黄芝花，邓亚琼，曾文君主编. --上海：立信会计出版社，2025.8. -- ISBN 978-7-5429-7954-4

Ⅰ. F810.423；F812.42

中国国家版本馆 CIP 数据核字第 2025UW4075 号

策划编辑　　王斯龙　郑文婧
责任编辑　　王斯龙
助理编辑　　郑文婧
美术编辑　　吴博闻

智慧化税费申报与管理

ZHIHUIHUA SHUIFEI SHENBAO YU GUANLI

出版发行	立信会计出版社		
地　　址	上海市中山西路 2230 号	邮政编码	200235
电　　话	(021)64411389	传　　真	(021)64411325
网　　址	www.lixinaph.com	电子邮箱	lixinaph2019@126.com
网上书店	http://lixin.jd.com		http://lxkjcbs.tmall.com
经　　销	各地新华书店		
印　　刷	浙江天地海印刷有限公司		
开　　本	787 毫米×1092 毫米　　1/16		
印　　张	18.25		
字　　数	456 千字		
版　　次	2025 年 8 月第 1 版		
印　　次	2025 年 8 月第 1 次		
书　　号	ISBN 978-7-5429-7954-4/F		
定　　价	49.90 元		

如有印订差错，请与本社联系调换

在全球数字化转型的时代浪潮中,税收征管领域正经历着前所未有的深刻变革。自2021年3月中共中央办公厅、国务院办公厅印发《关于进一步深化税收征管改革的意见》以来,我国税收征管改革朝着精细化、智能化、场景化的方向加速迈进,为经济社会的高质量发展注入了源源不断的动力。近年来,我国税务系统坚定地一体推进依法治税、以数治税、从严治税,成果丰硕。在此背景下,《智慧化税费申报与管理》教材紧跟时代前沿,旨在培养适应新时代需求的财税专业人才。

为确保本教材能呈现最新的税收政策及征管方式,编者团队深入湘潭市岳塘区税务局实地学习,走访湘潭市新峰金属科技有限公司开展企业调研,并在湖南铭道汇企业管理集团广泛收集案例。基于对国家税收占比及企业常见税费申报情况的精准把握,本教材精心规划了7个项目、31个任务。每个任务遵循"任务目标—任务导入—知识准备—任务实施—巩固提升"的体例编写,由浅入深、由易及难、层层递进。本教材重点介绍了增值税、消费税、企业所得税、个人所得税、印花税、车船税、房产税、城镇土地使用税、契税、土地增值税、资源税、城市维护建设税与教育费附加、车辆购置税、关税、船舶吨税等企业常见税种的申报和管理。本教材特色如下。

1. 符合专业人才培养目标

本教材紧密围绕财税专业人才培养目标,从素养、知识、能力三维度发挥独特作用,助力学生成长为合格财税专业人才。在知识传授层面,本教材依据最新税法及纳税申报表,全面覆盖增值税、消费税等各类税费申报知识,以及以数治税、金税四期系统等前沿征管知识,帮助学生系统掌握专业基础知识与前沿理论,筑牢后续学习和职业发展根基;在技能培养层面,本教材采用项目驱动、任务导向模式,引入大量贴近真实工作场景的任务,并借助国家电子税务局平台,提升学生办税实操技能,使其毕业后能快速适应财税岗位对数字化办税能力的要求。

2. 任务驱动,培养技能

在任务设计环节,本教材深度剖析智慧化税费申报工作流程,构建一套高度契合行业实际的任务体系。全书涵盖7个源于真实业务场景的项目,各项目下的细分任务设置都实现了知识与技能的无缝融合。同时,本教材紧密围绕以数治税理念,将数据处理要求巧妙嵌入其中,并严格依照金税四期系统的规范标准开展操作,助力学生深度领悟智慧征管的精髓。本教材始终把学生置于核心位置,积极营造自主思考、合作探究的学习氛围。学生在任务实施中,可以不断提升解决实际问题的能力,真正掌握学习的主动权,逐步成长为专业技能过硬、有创新活力的财税专业人才。

3. 打造智慧平台,政策与时俱进

本教材深度响应国家税收征管数字化转型的战略部署,在税收教育领域发挥着关键的引领作用。本教材内容始终与国家税收政策的调整保持同步,以最新颁布实施的税收法律法规为准绳,充分体现我国税收法律制度的最新发展动态和发展方向,深度融入国家税务总局金税四期智慧税务平台的真实业务场景,为学生搭建一个既丰富多元又充满前瞻性的知识体系。从内容架构来看,本教材覆盖增值税、消费税、企业所得税、个人所得税的预缴与年度汇算清缴申报等核心板块,精准映射我国税收制度的复杂性与多样性。依托金税四期强大的技术赋能,本教材重点阐释了智慧税务平台在申报流程优化、数据交互协同等方面的显著成效。在这一背景下,税费申报对数据的准确性与及时性要求显著提升,借助国家电子税务局,企业的申报操作实现了便捷化与高效化,税务机关的监管也更加精准有力。

4. 校企合作,双元开发

本教材紧密结合区域经济对人才培养的需求,牢牢紧扣会计职业道德规范,获得湘潭市新峰金属科技有限公司、湖南铭道汇会计师事务所、岳塘区税务局等企业和税务部门的大力支持,获取了丰富的企业资料及最新的操作技能和政策文件,编者团队在内容设置、案例引用等方面进行了深入研究和细致分析,从而为教材的编写提供了丰富的案例和可靠的数据支持。

5. 思政引领,德技并修

本教材内容始终坚持全过程育人理念,将会计职业准则和规范全程贯穿其中,以习近平新时代中国特色社会主义思想为指导,积极培育和践行社会主义核心价值观。本教材内容巧妙融入了诚信纳税、纳税光荣以及文化自信、制度自信等思政元素。在讲解税收知识和申报流程的过程中,引导学生深刻认识到税收在国家建设和社会发展中的重要作用,培养学生的诚信纳税意识和责任感。通过介绍我国税收制度的发展历程和改革成果,增强学生对我国税收制度的认同感和自豪感,树立文化自信和制度自信。

6. 资源丰富,理实一体

本教材深化产教融合与校企合作。编者均具备多年教学工作经验与企业工作经历,凭借其丰富的行业实践和教学积累,构建了完备且丰富的教学资源体系。

本教材在体例设计上以任务为导向,引入了大量技能训练案例,兼具教材与案例集的双重特性。通过这种方式,本教材将理论知识与实践应用紧密结合,让学生在完成任务的过程中实现知识的融会贯通。同时,本教材对应的课程已上线财界数字教材平台,汇聚了丰富多样的数字资源,包括视频、动画、题库、学习资料,以及最新的税收动态。其中,数字资源以二维码形式呈现,学生可随扫随学,打破了学习时间和空间的限制,实现随时随地的自主学习。本教材内容任务点清晰,知识点紧扣任务,紧密结合提升学生学习效率,助其精准掌握知识、强化实操,达成理实一体化教学目标。

7. 岗课赛证，充分融合

本教材全力推进"岗课赛证"深度融合，旨在全方位提升学生职业能力与素养，使其能迅速契合财税岗位需求。编者团队深入调研企业税务会计、税务机关税务人员、财税代理机构办税专员等岗位，将其工作内容与技能要求融入教材，在讲解智慧化税费申报流程时，明晰各岗位在申报环节的职责，助力学生熟悉岗位规范与流程。本教材引入财税竞赛元素，读者可利用网中网实训平台、衡信智慧税务教学实训平台设置虚拟企业纳税申报等场景，学生可以组队完成税费申报，应对政策变更等突发状况，将知识转化为实操技能，适应职场挑战。

本教材由黄芝花（湖南理工职业技术学院）、邓亚琼（湖南理工职业技术学院）、曾文君（长沙南方职业学院）担任主编，由夏红雨（湖南理工职业技术学院）担任主审，由周艳芳（湖南理工职业技术学院）、李卓彦（潇湘职业学院）、郭伶俐（湖南九嶷职业技术学院）、何同芝（湖南外国语职业学院）、昌建强（湖南理工职业技术学院）、陈娜（湖南理工职业技术学院）担任副主编，曾淑婕（长沙南方职业学院）、彭莉（湖南理工职业技术学院）、喻莎莎（湖南省人民武装学校）参与编写。

由于编者水平有限，加之时间仓促，本教材可能存在疏漏和不足之处，期待大家使用时积极反馈，助力教材完善。

精品在线课程
二维码

编 者

2025 年 6 月

目 录

项目一　智慧纳税工作认知 ···································· 1
　任务一　走进税收 ···································· 1
　任务二　涉税登记 ···································· 10
　任务三　发票管理 ···································· 21

项目二　增值税的计算与智慧化申报管理 ···································· 33
　任务一　增值税认知 ···································· 33
　任务二　一般计税方法应纳税额计算 ···································· 48
　任务三　简易计税方法应纳税额计算 ···································· 61
　任务四　进口货物应纳税额计算 ···································· 65
　任务五　增值税智慧化申报管理 ···································· 68

项目三　消费税的计算与智慧化申报管理 ···································· 86
　任务一　消费税认知 ···································· 86
　任务二　消费税应纳税额计算 ···································· 94
　任务三　消费税智慧化申报管理 ···································· 112

项目四　企业所得税的计算与智慧化申报管理 ···································· 123
　任务一　企业所得税认知 ···································· 123
　任务二　企业所得税应纳税所得额计算 ···································· 133
　任务三　企业所得税应纳税额计算 ···································· 161
　任务四　企业所得税智慧化申报管理 ···································· 165

项目五　个人所得税的计算与智慧化申报管理 ···································· 174
　任务一　个人所得税认知 ···································· 174
　任务二　综合所得应纳税额计算 ···································· 183
　任务三　经营所得应纳税额计算 ···································· 194
　任务四　其他所得应纳税额计算 ···································· 197
　任务五　个人所得税智慧化申报管理 ···································· 200

项目六　财产和行为税的计算与智慧化申报管理 ……………………………… 212

　　任务一　印花税的计算与智慧化申报管理 …………………………………… 212

　　任务二　车船税的计算与智慧化申报管理 …………………………………… 218

　　任务三　房产税的计算与智慧化申报管理 …………………………………… 224

　　任务四　城镇土地使用税的计算与智慧化申报管理 ………………………… 231

　　任务五　契税的计算与智慧化申报管理 ……………………………………… 236

　　任务六　土地增值税的计算与智慧化申报管理 ……………………………… 241

　　任务七　资源税的计算与智慧化申报管理 …………………………………… 254

项目七　其他税种的计算与智慧化申报管理 …………………………………… 262

　　任务一　城市维护建设税与教育费附加的计算与智慧化申报管理 ………… 262

　　任务二　车辆购置税的计算与智慧化申报管理 ……………………………… 267

　　任务三　关税的计算与智慧化申报管理 ……………………………………… 271

　　任务四　船舶吨税的计算与智慧化申报管理 ………………………………… 281

项目一
智慧纳税工作认知

任务一　走进税收

任务目标

1. 素养目标

(1) 培养学生依法纳税的责任意识,让学生明白依法纳税是每个公民和企业应尽义务,知晓偷逃税的危害,认同并遵守税收法律法规,树立正确的纳税观念,增强社会责任感。

(2) 培养学生诚信正直的道德品质,使学生在学习与实践中,将诚信理念内化于心,在未来经济生活中,都能秉持诚信原则,塑造正直道德品格。

(3) 增强学生对国家发展的认同与支持,使学生认识到自身纳税与国家繁荣息息相关,深刻体会到税收"取之于民、用之于民",从而增强对国家发展战略、公共政策的认同感,积极支持国家经济建设。

2. 知识目标

(1) 理解税收的含义、特征及分类。

(2) 理解税收要素。

(3) 了解税收的作用。

3. 能力目标

(1) 能够进行税收判断和分析。

(2) 熟练掌握税收要素分类和税率选择。

(3) 能够进行税收收入分析。

漫谈税收

任务导入

应届毕业生赵莉前往湖南三建有限责任公司应聘办税员岗位,并当场成功获得录用。该公司给予她三个月的试用期,若她试用期表现合格,便会被正式聘用。作为一名刚踏出校园的大学生,赵莉十分珍视这份难得的工作机会,内心满怀着在工作岗位上干出一番成绩的期望。

工作首日,公司并未马上安排工作任务,而是让赵莉熟悉公司的经营业务范围以及涉税事务。赵莉学习税务会计相关知识的时间较早,许多税收基础知识已经有些淡忘,于是,她迅速行动起来,查阅并学习相关资料。

湖南三建有限责任公司是一家坐落于长沙的建筑企业。请从公司适用的税率、纳税人身份、纳税期限以及公司所涉及的税收种类等方面,为赵莉进行详细分析,以便她能更好地了解公司的税务情况。

知识准备

一、税收的含义、特征

税收在不同语境下也被称作赋税、租税、捐税等,是国家基于实现自身职能的需求,凭借政治权力,依照既定法律,强制且无偿地参与社会剩余产品分配,以此获取财政收入的一种规范形式。

税收的诞生与国家和私有财产制度的并存紧密相连,是特定历史阶段的产物。一方面,税收构成了国家实现职能的物质根基。国家为履行职能,需设立行政管理机构,这些机构及其公职人员虽不直接参与物质生产,却会消耗一定的物质资料。为满足这一需求,国家向社会成员征税,国家在这一过程中扮演着征税主体的角色。另一方面,税收是国家凭借政治权力而非财产权利实施的分配形式。只有当社会存在私有财产制度,且国家需要将部分不归其所有或无法直接支配的社会产品转化为国有之时,税收这一方式才有存在的必要。

在国家筹集财政收入的诸多方式中,除了税收,还有发行公债、收取各类规费等手段。然而,税收自产生以来始终是国家获取财政收入的主要途径。相较于其他财政收入形式,税收具备强制性、无偿性与固定性这三大显著特征,业界习惯将其称为税收的"三性"。

(一)强制性

无论处于何种社会制度,税收都是国家借助政治权力,通过税法强制征收的。在税法划定的范围内,任何单位和个人都必须依法纳税,否则将遭受法律制裁。征税的目的是满足社会公共需求,但从经济单位和个人的角度来看,征税意味着自身既得利益的减少,因而必然会对征税产生抵触。在此情形下,国家不得不运用政治权力进行干预与约束,以保障征税权的行使,这便是税收具有强制性的缘由。

(二) 无偿性

税收的无偿性体现在,国家征税时无须向具体纳税人支付任何报酬,也不会直接向纳税人偿还所征税款。不过,从国家与全体纳税人的利益关系层面考量,国家利用税收为社会构建了正常秩序、公共安全以及公共设施等各类服务,全体纳税人共同享受着这些服务。从这个意义上讲,税收具有"取之于民,用之于民"的属性。

(三) 固定性

税收的固定性表现为,国家通过法律形式预先明确规定了纳税人、征税对象以及征税标准等内容,征纳双方都必须严格遵循,不得随意变更。当然,税收的固定性并非绝对不变,随着社会经济的发展以及政治条件的变迁,税收的纳税人、征税对象和征收标准也会相应调整。但需要注意的是,税收制度的改革与调整必须遵循一定的法律程序,以法律法令的形式予以实施,所以在一定时期内,税收仍保持相对稳定。

税收的"三性"彼此关联、不可分割,是不同社会制度下税收共有的特性,也是税收本质的具体呈现。正是税收的"三性",使税收与利润、规费等其他分配形式区别明显,成为区分税与非税的根本标志。

二、税收的分类

(一) 基于征税对象的分类

按征税对象来分类,税收可分为流转税、所得税、财产税、行为税、特定目的税、资源税以及烟叶税。这是税收最为基础且关键的分类方式。

1. 流转税

流转税以商品或者劳务的流转额作为征税对象来征收。在我国现行税制里,流转税是规模最大的一类税收,涵盖商品生产与流通的各个环节,主要包含增值税、消费税以及关税。

2. 所得税

所得税以所得额作为征税对象进行征收。其中,所得额是指全部收入减去为获取该收入所耗费的各项成本费用后的剩余金额。我国现行税制中,企业所得税和个人所得税属于所得税范畴。

3. 财产税

财产税针对纳税人所拥有或者使用的财产进行征税,主要包括房产税、车船税以及契税。

4. 行为税

行为税以纳税人的某些特定行为作为征税对象,如印花税。

5. 特定目的税

特定目的税是为达成特定目的而征收的税,如城市维护建设税、车辆购置税、耕地占用税等。

6. 资源税

资源税是对开发、利用以及占有国有自然资源的单位和个人征收的税,主要包括资源税、土地增值税、城镇土地使用税。

7. 烟叶税

烟叶税是国家按照收购烟叶的金额对收购烟叶的单位征收的一种税。

（二）基于税收与价格关系的分类

按税收与价格的关系来分类，税收可分为价内税和价外税。

1. 价内税

税款包含在应税商品价格（即计税依据）之中，商品价格由"成本＋利润＋税金"构成，我国现行的消费税、关税等属于价内税。

2. 价外税

税款不包含在应税商品价格（计税依据）内，商品价格仅由成本和利润构成，呈现价税分离状态，我国现行的增值税就是典型的价外税。

（三）基于计税依据的分类

按计税依据的不同来分类，税收可分为从价税、从量税和复合计税。

1. 从价税

从价税以征税对象的价值、价格或者金额为标准，按照一定比例征收。从价税采用比例税率和累进税率，我国现行的增值税、企业所得税、个人所得税等税种属于从价税。

2. 从量税

从量税以征税对象的一定数量（如重量、件数、容积、面积、长度等）为标准，按照固定税额进行计征。我国现行的资源税、车船税、城镇土地使用税等属于从量税。

3. 复合计税

复合计税是指对同一征税对象同时采用从价定率和从量定额两种计税方法计算应纳税额的一种计税方式。它综合考虑了商品或服务的价值和数量，能够更全面地反映应税对象的真实价值，使税收制度更加公平合理。其应纳税额的计算公式为：

$$应纳税额＝销售数量×定额税率＋销售额（组成计税价格）×比例税率$$

（四）基于税负转嫁能力的分类

按税负能否转嫁来分类，税收可分为直接税和间接税。

1. 直接税

纳税人自身承担税负，不存在税负转嫁情况，直接税的纳税人就是负税人，如所得税、财产税等。

2. 间接税

纳税人本身并非负税人，能够将税负转嫁给他人，间接税的纳税人与负税人不一致，如增值税、消费税、关税等流转税属于间接税。

（五）基于税收管理与使用权限的分类

按税收管理与使用权限的差异来分类，税收可以分为中央税、地方税、中央地方共享税。

1. 中央税

此种税收的管理权限归属于中央，税收收入由中央支配和使用。

2. 地方税

此种税收的管理权限归地方，税收收入归地方支配和使用。

3. 中央地方共享税

此种税收的主要管理权限归中央，税收收入由中央政府和地方政府共同享有，并按照一定比例分成。

我国现行各税种的管理和使用权限如表1-1所示。

表1-1 各税种的管理和使用权限

税种	中央税	地方税	共享税	备注
增值税	√		√	海关代征的进口环节增值税100%归中央,其他为共享收入,中央与地方"五五"分成
消费税	√			我国从1994年1月1日起正式征收消费税
企业所得税	√		√	(1) 一般企业:国家铁路局、各银行总行及海洋石油企业部分归中央,其余按中央60%、地方40%分配。 (2) 跨省市总分机构企业:执行"统一计算等"办法。总分机构统一计算的当期应纳税额地方分享部分,25%归总机构所在地,50%归各分支机构所在地,25%按比例各地分配。分支机构税款就地缴库,中央与分支机构所在地按60:40分配;总机构相关税款合并就地缴库,中央60%,企业所得税待分配收入(暂列中央收入)20%,总机构所在地20%。 (3) 特殊企业:国有邮政企业等部分企业总分机构企业所得税(含滞纳金、罚款)为中央收入,全额上缴中央国库,不实行跨省市分配办法
个人所得税			√	从2002年开始,国务院对个人所得税收入实施改革,规定2002年个人所得税收入中央分享50%,地方分享50%;2003年中央分享60%,地方分享40%,这一比例延续至今
城市维护建设税	√	√		中央收入:中国国家铁路集团、各银行总行、各保险总公司集中缴纳的城市维护建设税归中央政府 地方收入:除上述特殊规定外,其他单位和个人缴纳的城市维护建设税属于地方政府收入
车辆购置税	√			我国从2001年1月1日起开始征收车辆购置税
车船税		√		
房产税		√		
契税		√		我国从1950年开始征收契税
印花税	√	√		
关税				
船舶吨税	√			征收范围包括在中华人民共和国港口行驶的外国船舶、外商租用的中国籍船舶以及中外合营企业使用的中国籍船舶等
城镇土地使用税		√		

(续表)

税种	中央税	地方税	共享税	备注
土地增值税		√		
资源税	√			
耕地占用税		√		
烟叶税		√		我国从2006年4月1日起开始征收烟叶税

税收要素

三、税收要素相关内容

税制构成要素是税收实体法的组成部分，涵盖总则、纳税人、征税对象、税目、税率、纳税环节、纳税期限、纳税地点、税收减免、罚则等项目。

(一) 总则

总则主要包含税法的立法依据、制定目的以及适用原则等内容。

(二) 纳税人

纳税人是指依据税法规定直接承担纳税义务的单位和个人，也称纳税主体，其明确了税款的法律承担者。纳税人既可以是自然人，又可以是法人。无论是自然人还是法人，只要存在税法规定的应税财产、收入或特定行为，就对国家负有纳税义务。需留意纳税人与负税人、扣缴义务人的差异。

1. 负税人

负税人即税收负担的最终承担者。纳税人与负税人可能一致，也可能不一致。当某一税种的税负能够转嫁时，该税种的纳税人与负税人不一致，此税种属于间接税；若某一税种的纳税人和负税人一致，表明该税种无法转嫁，属于直接税。

2. 扣缴义务人

扣缴义务人是按照税法规定负有扣缴税款义务的单位和个人。扣缴义务人并非纳税主体，而是充当纳税人和税务机关之间的中介角色，需依照税务机关要求和税法规定，认真履行扣缴税款的义务。扣缴义务人分为代扣代缴义务人和代收代缴义务人。代扣代缴义务人是指有义务在向纳税人支付款项时，扣除应纳税款并代为缴纳的单位或个人；代收代缴义务人是指有义务在向纳税人收取款项时，同时收取应纳税款并代为缴纳的单位或个人。

(三) 征税对象

征税对象也称课税对象，是征税所指向的目标物，也就是明确对什么进行征税，它是一种税区别于另一种税的关键标志。征税对象体现了不同税种在征税范围上的基本界限，决定了不同税种名称的由来以及各税种在性质上的差异。例如，流转税的征税对象是商品流通过程中的流转额，所得税的征税对象则是所得额。

计税依据是征税对象的量化表现，也是计算应纳税额的基础。从价计征的税收，以计税金额作为计税依据；从量计征的税收，以征税对象的数量、容积、体积作为计税依据；复合计征的税收，则同时以计税金额和计税数量作为计税依据。

(四) 税目

税目是对征税对象的细化，反映了各税种具体的征税项目，体现出每个税种的征税广度。并非所有税种都设有税目,如增值税、房产税等,因其征税对象较为简单明确,便无需另行规定税目。对于大多数税种而言,由于征税对象较为复杂,且针对税种内部不同的征税对象需要采用不同税率档次进行调节,需要对税种的征税对象进一步划分,并作出具体的界限规定,这一规定范围就是税目。例如,消费税按照应税消费品种类划分为 15 个税目。

(五) 税率

税率是应纳税额与计税依据之间的法定比例,是计算应纳税额的尺度,体现了征税的深度。各种税的税率高低,反映出国家在特定时期的相关经济政策,直接关系到国家财政收入的多少以及纳税人税收负担的大小。因此,税率是体现税收政策的核心环节,是构成税制的基本要素。按照表现形式分类,税率可以分为比例税率、定额税率、累进税率。

1. 比例税率

比例税率是指对同一征税对象,不论金额大小均按相同比例纳税,税额与征税对象之间的比例固定不变。例如,增值税的基本税率为 16%,企业所得税的基本税率为 25%。其优点在于对同一征税对象的不同纳税人,税收负担相同,有利于纳税人在相似条件下展开竞争,且计算简便,便于税收征管。其缺点是无法区分纳税人的环境、条件差异及收入等情况,都按同一税率征税,与纳税人实际负担能力不完全相符,存在一定局限性。

2. 定额税率

定额税率是对单位征税对象规定固定税额,是税率的特殊形式,一般适用于从量计征的税种。例如,消费税中黄酒的税率为 240 元/吨。定额税率的特点是税率与征税对象的价值量相互独立,不受征税对象价值量变化的影响。

3. 累进税率

累进税率按照征税对象数额的多少划分若干级距,并从低到高分别制定各等级税率,征税对象数额越大,适用税率越高。累进税率的形式既能适应纳税人的负担能力,又便于充分发挥调节纳税人收入水平的作用,相较于比例税率,更符合税收公平原则,一般适用于对所得和财产的征税。累进税率根据其税率级距、变动幅度及适用方式的不同,可以分为以下三类。

1) 全额累进税率

全额累进税率对征税对象的全部数额,均依据与之对应的等级累进税率计算纳税。当征税对象数额提高到新的级距时,全额都按照新一级的税率计算纳税。该方式计算方法简便,但在累进分界点上,税负会呈现跳跃式递增,存在税负不合理的问题。

2) 超额累进税率

超额累进税率将征税对象按数额大小划分为若干等级,从低到高为每个等级分别设定相应税率。一定数额的征税对象可同时适用几个等级的税率,每超过一级,超过部分按提高一级的税率计税,分别计算各等级税额,各等级应纳税额之和即为纳税人的应纳税额。其累进程度较为缓和,但计算相对复杂。例如,我国个人所得税中"工资、薪金所得"适用 3%~45% 的七级超额累进税率。

3) 超率累进税率

超率累进税率以征税对象的某种比率作为累进依据,按照超率累进方式计算应纳税额的税率。其原理与超额累进税率类似,不过税率累进的依据并非绝对数,而是销售利润率、增值率等相对数。例如,我国土地增值税采用的四级超率累进税率,就是以增值率作为税率累进依据。

(六) 纳税环节

纳税环节是指针对处于持续运动状态的纳税对象,选定的应当缴纳税款的环节。每个税种都有其特定的纳税环节,有的纳税环节单一,有的需要在不同环节分别纳税。仅在一个环节纳税的,称为"一次课征制",如我国资源税仅在开采环节征税;在两个环节征税的,称为"两次课征制";在两个以上环节征税的,称为"多次课征制",如我国增值税在商品流通的每个环节都需纳税。

(七) 纳税期限

纳税期限是指纳税人在发生纳税义务后,应向税务机关申报纳税并解缴税款的时间范围。超过规定期限未交税的,属于欠税行为,应依法加收滞纳金。由于各税种自身特点的不同,纳税期限一般分为按期纳税和按次纳税两种形式。

(八) 纳税地点

纳税地点是指依据税法规定,纳税人向征税机关申报纳税的具体地点。其明确了纳税人应向何处的征税机关申报纳税,以及哪个征税机关有权进行税收管辖的问题。我国税法规定的纳税地点主要包括机构所在地、经济活动发生地、财产所在地、报关地等。

(九) 税收减免

税收减免是减税和免税的统称,是对某些纳税人或征税对象的鼓励或照顾措施。减税是对应纳税额少征一部分税款,免税则是对应纳税额全部予以免征。减税、免税体现了税收在原则性基础上的灵活性,是构成税收优惠的主要内容,具体可分为以下三种形式。

1. 税基式减免

税基式减免通过直接缩小计税依据的方式实现减税、免税,涉及起征点、免征额、项目扣除和跨期结转等。

1) 起征点

起征点是计税依据达到税法规定数额时开始征税的起点。计税依据数额未达到起征点的,不征税;达到起征点的,按全部数额征税。

2) 免征额

免征额是在计税依据总额中预先免予征税的数额,按照一定标准从计税依据总额中减除。例如,个人所得税中"工资、薪金所得"的免征额为5 000元。

3) 项目扣除

项目扣除是指在计税依据总额中扣除一定项目的数额,以其余额作为依据计算税额。

4) 跨期结转

跨期结转是将以前纳税年度的经营亏损,从本纳税年度经营利润中扣除。

2. 税率式减免

税率式减免通过直接降低税率的方式实现减税、免税。例如,《中华人民共和国企业所得税法》第二十八条规定,符合条件的小型微利企业,减按20%的税率征收企业所得税。国家需要重点扶持的高新技术企业,减按15%的税率征收企业所得税。

3. 税额式减免

税额式减免通过直接减少应纳税额的方式实现减税、免税，包括全部免征、减半征收等。

（十）罚则

罚则是税收强制性的体现。纳税人必须依法及时、足额缴纳税款，对于拖欠税款、逾期不交、偷税漏税等违反税法的行为，都应受到相应制裁，主要处理措施包括加收滞纳金、处以罚款、采取税收保全措施、实施税收强制执行措施等。

四、税收与税法的关系

税收与税法紧密相连、不可分割。税法作为税收的法律呈现形式，清晰界定了税收的具体内容，而税收正是税法所明确规定的实际施行内容。

就两者的联系而言，税收与税法呈现出辩证统一且互为因果的关系。具体来讲，税收与税法均以国家的存在为前提条件，并且都和财政收入有着极为紧密的关联。国家对于税收的需求，促使了税法的诞生，而税法的存在则进一步确定了税收的分配关系。税法为税收内容提供了具体规范，同时也是保障税收权力得以实施的依据。税收是税法实际执行所产生的结果，税收状况还是衡量税法是否科学、合理的关键标准。

从两者的区别来看，税收归属于经济基础的范畴，而税法归属于上层建筑的范畴。

五、税收的作用

1. 税收作为补偿公共产品价值的关键路径

社会需求涵盖了私人产品需求与公共产品需求两个层面。私人产品主要用于满足个人或者企业的需求，如房屋的消费具有排他性，通过遵循市场规则来进行供应。而公共产品旨在满足社会的共同需求，由政府财政予以提供，如国防具有非排他性，无法借助市场机制来实现供给，因而需要政府承担相应责任。政府在提供公共产品的过程中，需要购置商品和劳务，这便产生了成本，税收就充当了补偿这一成本的特殊价格形式，由政府以强制手段进行征收。

2. 税收是达成经济稳定、协调发展的关键调节手段

宏观经济的稳定运行，需要避免出现大幅波动、萎缩以及通胀等情况。在市场经济环境下，生产要素的配置受到价格信号的引导，然而这种引导具有事后性、自发性以及盲目性等特点，这就容易导致生产要素的盲目流动，进而造成资源的浪费以及经济周期的波动。税收作为国家干预经济的重要方式，在经济过热的时候，通过增加税收来抑制需求；在经济萎缩之际，通过减少税收来刺激需求。此外，国家还能够借助产业政策对经济结构进行调控，而税收可以体现产业政策的具体要求，以引导生产要素实现合理流动。

3. 税收是调节居民收入分配、推动实现共同富裕的重要保障

在市场经济的初次分配环节，存在着社会不公平现象，这是因为生产要素在进入市场之前就存在诸多不公平因素，并且市场法则还会加剧这种不公平，从而引发一系列社会问题。因此，国家有必要通过税收来开展再分配工作，对高收入群体征税，筹集资金后以转移支付的方式给予低收入群体。同时，国家还能够利用税收政策来调节地区之间的经济发展差距。

4. 税收在国际经济交往中是维护国家权益的重要工具

在国际经济交往的大背景下,税收成为各国维护国家利益、促进公平竞争的有力手段。在对外贸易领域,国家可以通过调节税率以及采取征税、减税、免税等措施来对进口产品进行调节,而对出口产品实行轻税或者免税政策,以此提升其竞争力。在引进外资方面,国家可以实施税收优惠政策以鼓励引进技术和资金,并且可以对外商的收入和利润进行调节,从而切实维护国家主权以及经济利益。

自古以来,关于政府为何征税、人民为何有纳税义务,即纳税依据的问题,存在多种看法,如国家需要说、社会扣除说、公共产品补偿说等。

任务实施

巩固提升

基础训练

请你谈谈金税四期系统对我国税收制度的影响。

任务二　涉税登记

任务目标

1. 素养目标

(1) 培养学生严谨细致的工作态度,对每项登记事项都认真核实,避免错漏;树立依法纳税的责任意识,明确依法纳税是每个公民和企业应尽的义务,强化学生的社会责任感。

(2) 培养学生分析问题的能力,面对税收政策调整、系统升级等变化情况,能够及时学习和适应新的要求,灵活调整工作方法和流程,确保公司税务登记工作的顺利完成。

(3) 培养学生沟通与协作能力,税务登记工作要与企业内部和外部人员进行沟通,学生在学习过程中应积极与各部门人员进行有效的沟通协作,确保工作的顺利进行。

2. 知识目标

(1) 理解涉税事务登记的内容。

(2) 知晓一般纳税人资格登记条件。

(3) 了解金税四期系统的功能及以数治税的具体规定。

3. 能力目标
（1）掌握涉税事务登记。
（2）能够进行纳税人的资格登记。
（3）能够使用金税四期系统进行以数治税分析。

应届毕业生赵莉，在进入湖南三建有限责任公司的三个月试用期里，秉持高度负责的工作态度，全身心地投入工作，凭借极为优异的表现，顺利转正，正式成为公司财务部的办税员。

此时，公司为拓展业务版图，计划成立一家独立核算的分公司。公司财务部经理黄思涵经过慎重考虑，将分公司税务登记这一关键任务交给赵莉。虽然赵莉在学校学习期间接触过税务登记的相关知识，对操作流程也略知一二，但首次独自承担如此重要的实际工作，她内心难免感到忐忑，深知自身在实际操作层面还存在诸多不足。

面对挑战，赵莉迅速调整状态，展现出积极主动的工作态度。她广泛搜集各类相关资料，仔细研读，不放过任何一个可能对工作有帮助的细节。同时，她主动向身边经验丰富的同事虚心求教，态度诚恳且求知若渴。同事们看到赵莉这般积极进取，都热情地为她答疑解惑。同事们耐心地提醒赵莉，在当下快速发展的财税领域，知识更新迭代极快，一定要紧跟时代步伐，除了要深入学习涉税登记的专业知识，精准把握每一个环节和要点，还必须积极探索金税四期系统的奥秘，全面了解金税四期系统在税收征管中发挥的重大作用、具备的强大功能以及具体操作方法。此外，深入理解我国以数治税的全新理念与实践路径也至关重要，这些知识对于后续顺利开展发票填开等一系列税务工作有着不可或缺的支撑作用。

那么，赵莉需要学习和掌握哪些具体知识，才能有条不紊、顺利高效地完成分公司的税务登记工作？

 知识准备

一、涉税登记内容

涉税登记即税务登记，是税务机关对纳税人的基本情况及生产经营项目进行登记管理的一项基本制度，同时也是纳税人依法履行纳税义务的法定手续，是整个税收征收管理的起点。通过税务登记，税务机关可以掌握纳税人的基本情况和税源分布情况，具体内容如下。

（一）设立税务登记的主体范围、时间规定及申报资料

1. 主体范围

企业，企业在外地设立的分支机构和从事生产、经营的场所，个体工商户和从事生产、经

营的事业单位,均须向生产、经营所在地税务机关申报办理税务登记。

2. 时间规定

(1) 从事生产、经营的纳税人领取营业执照的,应当自领取营业执照之日起 30 日内申报办理税务登记。

(2) 从事生产、经营的纳税人未办理营业执照但经有关部门批准设立的,应当自有关部门批准设立之日起 30 日内申报办理税务登记。

(3) 从事生产、经营的纳税人未办理营业执照也未经有关部门批准设立的,应当自纳税义务发生之日起 30 日内申报办理税务登记,税务机关发放临时税务登记证及副本。

(4) 有独立的生产经营权、在财务上独立核算并定期向发包人或者出租人上交承包费或租金的承包承租人,应当自承包承租合同签订之日起 30 日内,向其承包承租业务发生地税务机关申报办理税务登记。

(5) 境外企业在中国境内承包建筑、安装、装配、勘探工程和提供劳务的,应当自项目合同或协议签订之日起 30 日内,向项目所在地税务机关申报办理税务登记。

(6) 上述规定以外的其他纳税人,除国家机关、个人和无固定生产、经营场所的流动性农村小商贩外,均应当自纳税义务发生之日起 30 日内,向纳税义务发生地税务机关申报办理税务登记。

3. 申报资料

纳税人在申报办理税务登记时,应当根据不同情况向税务机关如实提供营业执照或其他核准执业证件、有关合同章程协议书、组织机构统一代码证书、法定代表人或负责人或业主的居民身份证护照或其他合法证件等资料。

(二) 公司创办阶段的相关登记工作

"一照一码"营业执照申请核发流程,如图 1-1 所示。

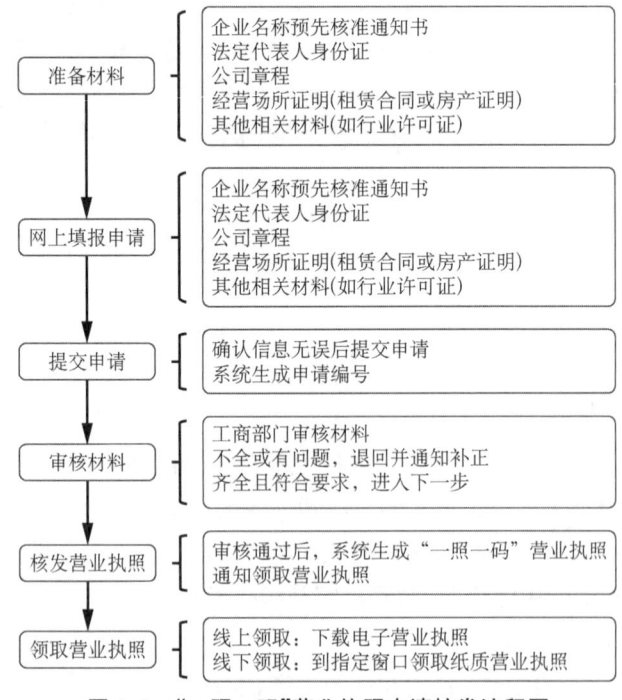

图 1-1 "一照一码"营业执照申请核发流程图

2016年10月1日起,我国全面推行"多证合一,一照一码"登记,这是我国商事制度改革的重要举措,是指将企业登记时依次申请,分别由工商部门核发的营业执照、质量技术监督部门核发的《组织机构代码证》、税务部门核发的《税务登记证》,改为一次申请,由工商部门核发一个加载统一社会信用代码的营业执照。具体内容如下。

1) 统一社会信用代码

这是一组长度为18位的用于法定代表人和其他组织身份识别的代码,以组织机构代码为基础,整合了工商注册号、纳税人识别号等多个管理代码。它具有唯一性、兼容性、稳定性和全覆盖等特点,保证了每个法人和其他组织在全国范围内拥有唯一的身份标识,且终身不变。

2) 登记流程

(1) 申请:申请人办理企业注册登记时,只需填写"一张表格",向"一个窗口"提交"一套材料"。材料通常包括申请书、公司章程、股东身份证明、注册资本证明等基础资料,以及根据企业类型和经营范围可能需要的其他特定文件。

(2) 受理与审核:工商部门收到申请后,对材料进行受理和审核。审核内容包括企业名称是否符合规定、经营范围是否合规、股东资格和出资方式是否合法等。

(3) 核发执照:经审核无误后,工商部门直接核发加载统一社会信用代码的营业执照。该营业执照取代了之前的营业执照、《组织机构代码证》和《税务登记证》,具有同等的法律效力。

3) 信息共享与应用

(1) 信息共享:工商部门将企业的登记信息通过信息共享平台共享给税务、质监、社保、统计等相关部门,实现企业基础信息的一次采集、多方使用,避免了企业在不同部门之间重复提交材料和登记信息。

(2) 广泛应用:改革后,原要求企业使用《组织机构代码证》《税务登记证》《社会保险登记证》和《统计登记证》办理的相关业务,一律改为使用营业执照办理。各级政府部门、企事业单位及中介机构等均认可"一照一码"营业执照,不得要求企业提供其他证明材料,为企业办事提供了极大的便利。

4) 已登记企业的证照换发

2016年10月1日起,工商部门向新设立的企业发放加载统一社会信用代码的营业执照,对办理变更登记的企业,核发加载统一社会信用代码的营业执照的同时收缴其原发营业执照《组织机构代码证》《税务登记证》。在过渡期内,未换发的证照可继续使用;过渡期结束后,一律使用加载统一社会信用代码的营业执照办理相关业务,未换发的证照不再有效。

(三) 公司存续阶段税务登记的相关工作

1. 公司税务信息的变更情形

纳税人办理税务变更的情形包括单位名称、法定代表人、住所和经营地点(不涉及主管税务机关变动的)发生改变、扩大和缩小生产经营范围,其他税务登记内容。

2. 公司税务信息的变更时间要求

纳税人已在工商部门办理变更登记的,应当自工商部门变更登记之日起30日内,向原税务登记机关如实申报办理变更税务登记;按规定无需在工商部门办理变更登记,或其变更登记的内容与工商登记内容无关的,应当自税务登记内容实际发生变化之日起30日内,或自有关机关批准或宣布变更之日起30日内申报办理变更税务登记。

3. 公司停业、复业的相关税务登记

适用对象:实行定期定额征收方式的个体工商户。

停业规定:纳税人应当在停业前(通常为停业前1个星期)向税务机关申报办理停业登记,停业期限不得超过1年。

复业规定:纳税人应当于恢复生产经营之前,向税务机关申报办理复业登记,如实填写《停业复业报告书》,领回并启用《发票领购簿》及其停业前领购的发票。纳税人停业期满不能及时恢复生产、经营的,应当在停业期满前向主管地方税务机关提出停业延期申请。

4. 纳税人税种登记

税务机关依据纳税人的生产经营项目,确定其应纳税种、税目、税率等。

5. 扣缴税款登记

扣缴范围:负有扣缴税款义务的扣缴义务人(国家机关除外),应当办理扣缴税款登记。

登记规定:税务机关对已办理税务登记的扣缴义务人,可只在其税务登记证件上登记扣缴税款事项,不再发给扣缴税款登记证件;按规定可不办理税务登记的扣缴义务人,应当自扣缴义务发生之日起30日内,向机构所在地税务机关申报办理扣缴税款登记,税务机关发放扣缴税款登记证件。

(四) 公司经营终止阶段的税务登记工作

1. 公司注销

纳税人发生解散、破产、撤销以及其他情形,依法终止纳税义务的,在向工商行政管理机关或者其他机关办理注销登记前,持有关证件向原税务登记机关申报办理注销税务登记;按规定不需要在工商行政管理机关或者其他机关办理注册登记的,应当自有关机关批准或者宣告终止之日起15日内,持有关证件向原税务登记机关申报办理注销税务登记;纳税人因住所、经营地点变动,涉及变更税务登记机关的,应当在向工商行政管理机关或者其他机关申请办理变更或注销登记前,或者住所、经营地点变动前,向原税务登记机关申报办理注销税务登记,并在30日内向迁达地税务机关申报办理税务登记;纳税人被工商行政管理机关吊销营业执照或者被其他机关予以撤销登记的,应当自营业执照被吊销或者被撤销登记之日起15日内,向原税务登记机关申报办理注销税务登记。

2. 注销手续

纳税人办理注销税务登记前,应当向税务机关提交相关证明文件和资料,结清应纳税款、多退(免)税款、滞纳金和罚款,缴销发票、《税务登记证》和其他税务证件,经税务机关核准后,办理注销税务登记手续。

(五) 其他公司税务登记工作

1. 财务会计制度及核算软件备案报告

从事生产、经营的纳税人在领取加载统一社会信用代码的营业执照后,首次办理涉税事项时,应将财务、会计制度或者财务、会计处理办法等信息报主管税务机关备案。若纳税人使用计算机记账,还需在使用前将会计信息系统的会计核算软件、使用说明书及有关资料报主管税务机关备案。

2. 存款账户账号报告

从事生产、经营的纳税人在完成信息确认后,需及时将其开立的全部存款账户账号向主管税务机关书面报告。

3. 增值税一般纳税人资格登记

新开业的纳税人,若会计核算健全,能够提供准确税务资料,可以向主管税务机关申请一般纳税人登记。

4. 发票相关登记

发票相关登记包括发票票种核定和税控设备购装。发票票种核定是指主管税务机关根据领用单位和个人的经营范围和规模,确认领用发票的种类、数量以及领用方式。若企业需开具特定种类的发票,需按规定申购税控设备,并完成相关的购装和发行手续。

5. 税收实名制管理

税务机关对办税人员身份信息进行采集、核验和维护,明确办税人员身份及办税授权关系。办税人员包括纳税人、缴费人、扣缴义务人的法定代表人、财务负责人、办税员、税务代理人和经纳税人授权的其他人员。

二、一般纳税人资格登记的条件和程序

1. 一般纳税人资格登记的条件

新开业的纳税人,会计核算健全,能够提供准确税务资料的,可以向主管税务机关申请登记为一般纳税人。纳税人自其选择的一般纳税人资格生效之日起,按照增值税一般计税方法计算应纳税额,同时按照规定领用增值税专用发票。

2. 一般纳税人资格登记的程序

1) 税务登记信息确认

新设立登记的企业在领取加载统一社会信用代码的营业执照后,无需再次进行税务登记。企业首次办理涉税事宜时,税务机关依据市场监督管理部门共享的登记信息制作《"多证合一"登记信息确认表》,提醒纳税人对不全信息进行补充,对需要更新的信息进行补正。

2) 税收实名制管理

税务机关对办税人员身份信息进行采集、核验和维护,在明确办税人员身份及办税授权关系的前提下,为纳税人办理相关涉税(费)事项。实名登记包括实名认证和办税授权关系绑定两部分。办税人员包括纳税人、缴费人、扣缴义务人的法定代表人、财务负责人、办税员、税务代理人和经纳税人授权的其他人员。

3) 存款账户账号报告

从事生产、经营的纳税人在完成信息确认后,应及时将其开立的全部存款账户账号向主管税务机关书面报告。

4) 财务会计制度及核算软件备案报告

从事生产、经营的纳税人在领取加载统一社会信用代码的营业执照后,首次办理涉税事项时,应将财务、会计制度或者财务、会计处理办法等信息报主管税务机关备案。纳税人使用计算机记账的,还应在使用前将会计信息系统的会计核算软件、使用说明书及有关资料报

主管税务机关备案。

5) 签订《委托银行划缴税(费)三方协议书》

纳税人开设银行账户后,通过与税务机关、开户银行签署《委托银行划转税款协议》的方式指定扣税账户,利用电子缴税系统缴纳税费、滞纳金和罚款。

6) 申领发票

新办企业如需领用发票,应先刻制发票专用章和完成办理实名登记,再向主管税务机关申请办理发票领用手续。主管税务机关根据领用单位和个人的经营范围和规模,确认领用发票的种类、数量以及领用方式。

7) 购装税控设备

增值税专用发票、增值税普通发票、机动车销售统一发票、二手车销售统一发票等发票需要使用增值税发票管理系统开具,新办企业申领上述发票前应按照相关规定申购税控设备。数电票实现"去介质",纳税人不再需要预先领取专用税控设备。

三、关于一般纳税人登记的其他相关规定

(一) 纳税人身份转换限制

通常情况下,除国家税务总局另有规定外,纳税人一旦完成一般纳税人登记,便不能再转为小规模纳税人。

(二) 纳税辅导期管理适用对象

在特定情形下,主管税务机关会针对部分一般纳税人,在一定期限内实施纳税辅导期管理,具体涵盖如下一般纳税人:

(1) 刚完成一般纳税人登记的小型商贸批发企业。

(2) 国家税务总局规定的其他符合条件的一般纳税人。

关于纳税辅导期管理的详细操作办法,可参照国家税务总局印发的《增值税一般纳税人纳税辅导期管理办法》(国税发〔2010〕40号)文件的具体内容。

(三) "一照一码"改革后的管理调整

为积极配合"一照一码"登记制度改革工作的推进,国家税务总局对一般纳税人管理的相关事项作出调整。主管税务机关在为纳税人办理一般纳税人登记业务时,不再在纳税人的税务登记证件上加盖"增值税一般纳税人"戳记。而经主管税务机关核对后,退还给纳税人留存的《增值税一般纳税人登记表》,则可作为证明纳税人拥有增值税一般纳税人资格的有效凭据。

四、无需办理一般纳税人登记的情形

以下两类纳税人无需办理一般纳税人登记:

(1) 依据政策选择按小规模纳税人纳税的:部分纳税人依据相关政策规定,有权自主选择按照小规模纳税人身份纳税。

(2) 年应税销售额超标的其他个人:这里所指的其他个人若其年应税销售额超过了规定标准,也无需办理一般纳税人登记。

当纳税人的年应税销售额超过了财政部、国家税务总局所设定的标准(以下简称规定标

准),同时又符合特定政策规定,进而选择按小规模纳税人纳税时,必须向主管税务机关提交书面说明。具体而言,纳税人应在年应税销售额超过规定标准的月份(或季度)对应的申报期结束后的15日内,向主管税务机关递交书面说明。

若纳税人未在规定时间内办理上述事项,主管税务机关则会在规定期限结束后的5个工作日内,制作并送达《税务事项通知书》,明确告知纳税人需在接下来的5个工作日内,向主管税务机关提交书面说明。若纳税人逾期仍未提交书面说明,那么从次月起,其应纳税额将按照销售额乘以增值税税率来计算,且在此期间不得抵扣进项税额,直至纳税人提交书面说明为止。

需要注意的是,个体工商户以外的其他个人,即便年应税销售额超过规定标准,也无需向主管税务机关提交书面说明。

五、金税四期系统的功能和作用

金税四期系统是我国推行的金税工程计划中的第四期,是税收管理信息系统工程的总称。它由一个网络、四个子系统构成。一个网络是指国家税务总局与省、地、县国家税务局四级计算机网络;四个子系统是指增值税防伪税控开票子系统、防伪税控认证子系统、增值税稽核子系统和发票协查子系统。2021年8月1日,金税四期系统正式上线,金税四期是金税三期的升级版,不仅实现了对国税、地税数据的合并及统一,还纳入了"非税"业务,实现了对业务更全面的监控。同时,金税四期系统还搭建了各部委、中国人民银行以及其他银行等参与机构之间信息共享和核查的通道,实现了企业相关人员手机号码、企业纳税状态、企业登记注册信息核查三大功能。这也提醒企业,必须尽快步入财务合规改造期,规范做账和依法纳税,做好税务筹划,以应对越来越严格的税务监管。

(一)金税四期系统的功能

1. 便捷纳税申报功能

金税四期系统为纳税人打造便捷、高效的电子申报平台,支持各类税种的申报工作。无论是企业每月的增值税、企业所得税的申报,还是个人综合所得年度汇算的申报等,纳税人只需登录系统,在线填写税务报表,系统自动校验数据准确性,审核通过后即可完成申报。同时,纳税人可在线上传相关纳税申报表及附件资料,系统实时接收并存储,确保申报数据完整、准确,大幅简化申报流程,提高申报效率与质量。

2. 智能发票管理功能

在发票管理方面,金税四期系统实现全流程电子化管理。纳税人可通过系统便捷开具电子发票,根据实际业务需求选择发票类型、填写发票内容,开具完成后可直接打印交付给交易对方。系统对发票开具信息实时监控,防止虚开发票行为。同时,纳税人可利用系统查验发票真伪,只需输入发票代码、号码等关键信息,即可与发票数据库比对,反馈发票真实性结果,有效保障发票使用的真实性与规范性,维护市场经济秩序。

3. 高效税务事务管理功能

金税四期系统通过系统化、智能化手段处理税务事务,提升效率、降低风险。涵盖税务申报缴纳自动化,智能算税、自动生成表单并一键申报;税务合规与风险监控,跟踪政策、预警风险、管理合规档案;发票全生命周期管理,支持申领开具、验真认证及归档统计;与财务系统对接，支持多部门协同和移动端操作，是企业财税数字化转型的重要部分。

4. 精准税务查询与通知功能

金税四期系统为纳税人提供丰富的查询功能。纳税人登录系统后，可随时查询自身涉税事项处理进度，如申报是否成功、税款是否缴纳入库、发票申领审核状态等。同时，系统整合各类税务政策法规，纳税人可根据自身需求精准检索相关政策，确保税务处理合规。税务机关也可借助系统强大的信息推送功能，向纳税人精准推送个性化税务通知，如税收优惠政策提醒、纳税申报期限变更通知、风险提示信息等，加强征纳双方信息沟通，保障纳税人及时了解税务动态，履行纳税义务。

5. 深度税务风险管理功能

对税务机关而言，金税四期系统运用大数据、人工智能等技术构建完善的风险评估模型。系统自动采集、整合纳税人多维度数据，依据设定的风险指标与预警阈值，对纳税人进行风险评估分级，精准识别高风险纳税人与潜在风险点，为税务稽查提供有力线索。对纳税人来说，系统提供风险自查工具，纳税人可定期通过系统进行自我风险分析，如比对自身税负率与行业平均水平，排查发票开具与取得是否合规等。若发现潜在风险，可主动自查自纠，及时整改，避免引发税务处罚，促进企业税务合规经营。

（二）金税四期系统的作用

1. 革新征管模式，提升征管效能

金税四期系统以"以数控税"为核心理念，为每位纳税人精心构建"一人式档案"。该档案实时归集纳税人的各类涉税数据，如企业的经营收入、成本支出、发票开具与取得情况，以及个人的薪资收入、财产转让所得等信息。通过强大的数据分析引擎，系统对这些海量数据进行深度挖掘与分析，精准洞察纳税人的经营状况与纳税行为。以往税务机关需耗费大量人力、物力去收集、整理纳税人数据，即"人找数"填报模式，如今借助金税四期系统，转变为系统主动筛选、推送关键数据，由纳税人确认"数找人"确认模式，极大提升了征管效率，减少了人为干预，使税收征管更加科学、高效，有效堵塞税收漏洞，保障国家税收收入稳定增长。

2. 强化风险预警，守护税收安全

在税收风险防控领域，金税四期系统引入前沿的风险管理和大数据分析技术。系统持续跟踪纳税人的交易数据，细致分析其行为模式。一旦发现异常，如企业短期内发票开具金额大幅波动、进项与销项税额严重不匹配，或者个人收入申报出现异常变动等情况，系统会立即触发风险预警机制。税务机关依据预警信息，及时对潜在税收风险展开排查，精准识别税收违法行为，提前介入处置，将风险在萌芽状态化解，有力维护税收征管秩序，捍卫国家税收权益，营造公平公正的税收环境。

3. 驱动税务变革，引领数字化转型

金税四期系统为税务管理的信息化、自动化转型注入强大动力。一方面，完善的数据管理和处理系统，支撑起功能完备的电子税务局建设。纳税人通过电子税务局，可在线完成纳税申报、税款缴纳、税务登记变更、发票申领等一系列涉税事务，全程无纸化操作，减少纸质文书传递，极大缩短办税时间，降低征纳双方成本。另一方面，系统对税务数据的高效处理与深度分析，助力税务机关优化内部管理流程，实现精准决策，推动税务管理从传统的经验驱动向数据驱动转变，加速税收征管数字化进程，提升税务管理现代化水平。

4. 促进协同共治,凝聚监管合力

金税四期系统打破信息孤岛,实现与各部委(如市监、海关、公安等)、中国人民银行以及商业银行等参与机构的信息共享与协同联动。通过建立信息共享通道,税务机关能够获取纳税人全方位的信息,如工商登记信息用于核实企业经营主体资格与经营范围变更情况,海关进出口数据辅助核查企业跨境业务涉税情况,银行资金流水信息助力监控企业资金往来与纳税能力。各部门基于共享信息,协同开展监管工作,针对涉税违法犯罪行为形成打击合力,共同营造良好的市场秩序与税收生态,推动税收共治格局不断完善。

金税四期系统堪称国家税收管理信息化征程中一座巍峨的里程碑。它深度吸取金税三期的成熟经验,依托云计算、大数据、人工智能等前沿技术,实现了跨越式的突破与全方位的创新,影响深远,辐射税收征管的各个角落,对整体经济社会发展起着不可估量的推动作用。

随着金税四期系统正式上线运行,企业的经营数据迎来前所未有的深度"透视"。税务机关凭借这一强大系统,能够高效获取企业多维度、全流程的数据信息,涵盖财务报表数据、发票开具明细、资金流转轨迹等关键领域,构建起对企业经营状况的全方位、立体化监控体系。在此过程中,国家税收监管模式正经历一场深刻变革,从传统依赖发票管控的"以票管税"模式,稳步迈向以数据为核心驱动,对不同行业、不同规模企业实施分类管理、精准监管的"以数治税"全新阶段。

六、金税四期系统的主要操作

(一)登录系统

纳税人前往金税四期相关的电子税务局等平台,使用注册时填写的账号和密码进行登录。首次登录可能需按提示完善企业信息,如纳税人基本信息、税务登记信息等,确保信息准确,这对于后续纳税申报等工作至关重要。

(二)开票业务

1. 蓝字发票开具

在电子税务局平台,依次点击【税务数字账户】—【发票业务】—【蓝字发票开具】,进入相关页面后点击【立即开票】,选择发票类型、票种标签等信息,点击【确定】进入发票填写界面。填写购买方信息时可手工填写或选择已维护信息,也可通过二维码让购买方扫描填写。发票信息中的项目信息可手工填写、选择已维护信息或导入明细,还可根据实际情况添加折扣信息,选择单价金额含税与否。若为特定业务,需填写特定要素。经办信息填写完毕后,可保存草稿、预览发票或直接开票。开票成功后,购买方可通过接收邮件、扫描二维码、下载到本地等方式获取发票。

2. 红字发票开具

红字发票开具包括红字发票确认信息录入、处理、开具以及相关信息和记录的管理。当需要开具红字发票时,按流程录入相关信息,经确认处理后开具,以冲销错误或退回的蓝字发票。

3. 纸质发票业务

纸质发票业务涵盖纸质发票作废、退回、号段分配等功能。当纸质发票出现错误或无需使用时,可进行作废处理、将未使用的纸质发票退回给税务机关、对纸质发票号段进行合理分配管理。

（三）用票业务

1. 发票勾选确认

发票勾选确认包括抵扣类勾选、不抵扣勾选、逾期抵扣申请、注销勾选、出口退税类勾选、代办退税勾选等功能。纳税人根据自身业务需求，对取得的发票进行相应的勾选确认操作，以确定发票的用途和税务处理方式。

2. 发票查询统计

发票查询统计包括全量发票查询、汇总纳税总机构汇总分支机构开票数据、发票领用及开票数据查询、未到勾选日期发票查询、出口转内销发票查询、进项税额转出情况查询等。通过这些查询功能，纳税人可以全面了解自己的发票使用情况和相关税务数据。

3. 发票查验

发票查验支持单张查验和批量查验功能。纳税人可以通过输入发票代码、发票号码等信息，对发票的真实性和有效性进行查验，防止收到虚假发票。

4. 红字信息确认单

红字信息确认单提供对红字发票的相关信息进行确认和管理的功能，确保红字发票的开具符合税务规定。

5. 涉税信息查询

涉税信息查询包括税收政策查询、税务事项通知书查询等。纳税人可以及时了解最新的税收政策法规，以及税务机关发送的各类通知和文书。

6. 海关缴款书采集

海关缴款书采集提供对海关进口增值税专用缴款书等相关信息进行采集和申报的功能，以便进行进项税额抵扣等税务处理。

7. 成品油业务

成品油业务涉及成品油油品调拨及调拨查询、成品油油品回退及回退查询、乙醇汽油调配领用、成品油换算标准查询、成品油授权编码查询、库存变动明细查询、成品油库存汇总台账、成品油异常发票查询、成品油用途勾选等功能，对成品油生产、销售企业的相关业务进行管理和监控。

8. 发票入账标识

纳税人可以对已入账的发票进行标识，便于财务管理和税务核算。

七、以数治税的具体规定

税务领域正经历深刻革新，监管模式实现跨越发展，从依赖传统发票管控税收的"以票管税"模式，稳步升级为借助数字技术和数据资源的"以数治税"模式，同时在分类精准监管层面取得了前所未有的显著突破。以数治税是指税务部门利用数字化技术和数据资源，对税收征管和治理进行全方位、系统性的优化和变革，以实现更加科学、精准、高效的税收管理模式。具体内容如下。

1. 数据驱动决策

通过收集、整合和分析海量的税收相关数据，包括纳税人的申报数据、财务数据、发票数据等，税务部门能够深入了解纳税人的经营状况和纳税行为特征，从而为税收政策制定、征管措施调整以及税务稽查选案等提供准确的数据支持,使决策更加科学合理。

2. 精准税收征管

借助大数据分析和人工智能等技术,税务部门可以对纳税人进行精准画像,识别出高风险纳税人群体和潜在的税收流失点,实现精准监管和靶向执法。例如,税务部门通过数据分析发现企业的异常交易行为或纳税申报异常情况,及时进行风险预警和税务稽查,提高税收征管的效率和质量,减少税收流失。

3. 优化纳税服务

利用数字化手段,税务部门可以为纳税人提供更加便捷、高效的纳税服务,如通过电子税务局官网、手机 App 等渠道,实现纳税申报、税款缴纳、发票开具等业务的线上办理,降低纳税人的办税成本。同时,根据纳税人的个性化需求,提供精准的税收政策推送和纳税辅导,帮助纳税人更好地理解和遵守税收法规。

4. 创新税收治理模式

以数治税推动了税收治理从传统的经验驱动向数据驱动转变,从单一的税务部门监管向多部门协同治理转变。税务部门可以与其他政府部门、金融机构等进行数据共享和合作,形成税收共治格局,如与市场监管部门共享企业登记信息,与银行共享资金流水信息等,实现对纳税人全方位的监管和服务,提升税收治理的整体效能。

 任务实施

 **巩固提升**

请你谈谈一般纳税人和小规模纳税人税务登记的差异。

基础训练

任务三　发 票 管 理

 任务目标

1. 素养目标

(1) 通过强调发票填开环节,培养学生严谨细致的工作习惯。填开发票时,需精确填写金额、项目名称等信息,要求学生对财务数据保持高度敏感与责任心,为今后从事财务相关工作奠定坚实基础。

（2）引导学生深刻认识到发票管理工作的重要性，使其产生强烈的责任担当精神，在未来的工作中为社会经济的蓬勃发展发光发热。

（3）培养学生的诚信意识，让学生深刻认识到诚信开具、使用和管理发票的重要性，树立诚实守信的职业道德观念，坚决抵制虚开发票等违法违规行为，维护经济市场的诚信环境。

2. 知识目标

（1）理解发票申领的步骤。

（2）理解发票的种类及使用规定。

（3）了解数电发票。

3. 能力目标

（1）熟悉发票申领。

（2）熟练掌握发票的使用。

（3）熟练掌握数电发票的填开。

转正后的赵莉，工作热情愈发高涨，主动承担各项任务，凭借出色的表现和积极进取的态度，赢得了领导的高度认可。领导深知赵莉潜力巨大，遂为她制订了全方位的培养计划，期望她能在财务领域迅速成长，独当一面。

5月初，湖南三建有限责任公司业务持续拓展，财务部经理将发票申购及后续填开的重要任务交付给赵莉，以保障公司各项业务的正常运转。然而，赵莉此前从未接触过此类事务，面对这一任务，她感到既陌生又忐忑。但赵莉并未退缩，她积极发挥主观能动性，主动向身边经验丰富的同事虚心求教，详细询问发票申购、填开流程中的注意事项与要点。同事见赵莉态度诚恳，便悉心相告：当下工作场景不断变化，不仅要扎实掌握纸质发票的填开技能，还应紧跟时代步伐，深入学习电子发票以及最新的数电发票的使用规则与填写方法，如此才能契合工作发展需求。那么，赵莉为顺利完成这项工作，需要系统学习哪些知识？

 知识准备

一、发票申领的规定

发票是指在商品购销、服务提供或接受以及其他各类经营活动过程中，所开具和收取的收付款凭证。它作为经济收支行为发生的关键证明文件，不仅是财务收支的法定依据与会计核算的原始凭证，还是税务稽查时极为重要的参考资料。发票申领是单位和个人获取发票以用于经济业务往来的重要流程,具体步骤和要求如下。

(一) 申领资格确认

1. 依法登记的主体

依法办理税务登记的单位和个人。需要领用发票的单位和个人,应当持设立登记证件或者税务登记证件,以及经办人身份证明(居民身份证、护照或者其他能证明经办人身份的证件),向主管税务机关办理发票领用手续。领用纸质发票的,还应当提供按照国务院税务主管部门规定式样制作的发票专用章的印模(税务机关留存备查)。

2. 临时经营需求

需要临时使用发票的单位和个人,可以凭购销商品、提供或者接受服务以及从事其他经营活动的书面证明(包括有关业务合同、协议或者税务机关认可的其他资料)、经办人身份证明,直接向经营地税务机关申请代开发票。

(二) 首次申领准备资料

1. 基础证件与证明

首次申领发票时,单位和个人需提出购票申请,并提供"一照一码"营业执照副本用以证明其合法经营身份。同时,要提交经办人身份证明,如身份证、护照等,以明确办理人员身份。

2. 发票专用章印模

申领发票时,单位和个人需提供发票专用章的印模。发票专用章是单位和个人在开具发票时加盖的印章,其样式和使用需符合相关规定,税务机关通过留存印模,确保发票开具的规范性和可追溯性。

(三) 申领方式

1. 线上申领

纳税人可以登录电子税务局或特定的手机办税应用软件,进入发票申领模块。在系统中填写申领发票的种类、数量等信息,并可选择发票邮寄服务。提交申请后,系统将自动传输至主管税务机关进行审核。

2. 线下申领

纳税人可以持经办人身份证前往主管税务机关设置的发票自助申领机器处,按照机器提示,输入相关信息,如纳税人识别号、经办人身份信息等,选择需要申领的发票种类和数量,完成发票申领手续。

(四) 审核与发放

1. 审核流程

主管税务机关收到发票申领申请后,会对纳税人的申请信息进行审核,包括核实纳税人的纳税申报情况、是否存在未处理的税务违法违章行为等。若纳税人符合发票申领条件,税务机关将批准其申请。

2. 发放方式

对于线上选择发票邮寄的纳税人,税务机关审核通过后,将按照纳税人填写的收件地址,通过专业的快递服务统一进行发票邮寄。在发票自助申领机器线下申领发票的纳税人,审核通过后可直接在机器上领取相应发票。

(五) 后续申领

1. 简化流程

已成功申领过发票的纳税人，后续申领时流程有所简化，纳税人通常只需凭借经办人身份证，即可再次通过线上或线下方式申领发票。同样，可选择发票邮寄或现场领取。

2. 验旧购新（部分情况）

在一些地区或针对某些发票种类，税务机关实行"验旧购新"制度，即纳税人在领购新发票前，需将已开具的发票存根联（或通过电子方式报送已开具发票信息）交由税务机关查验，税务机关确认发票使用合规后，才允许纳税人领购新发票。

(六) 特殊情况处理

1. 临时经营代开

需要临时使用发票的单位和个人，应凭借购销商品、提供或者接受服务以及从事其他经营活动的书面证明（如合同、协议、付款凭证等）和经办人身份证，直接向经营地税务机关申请代开发票。若依照税收法律、行政法规规定应当缴纳税款的，税务机关会先征收税款，再开具发票。

2. 跨区域经营

临时到本省、自治区、直辖市从事经营活动的单位或个人，需凭相关经营活动书面证明向经营地税务机关申请领购经营地的发票。在本省、自治区、直辖市以内跨市、县从事经营活动领购发票的具体办法，由省、自治区、直辖市税务机关规定。对于外省、自治区、直辖市来本辖区进行临时经营活动的单位和个人申领发票的，税务机关可要求其提供保证人或者根据所领购发票的票面限额及数量缴纳不超过 1 万元的保证金，并限期缴销发票。按期缴销发票的，解除保证人的担保义务或者退还保证金；未按期缴销发票的，由保证人或者以保证金承担法律责任，税务机关收取保证金时，会开具资金往来结算票据。

二、发票的种类

我国发票种类繁多，主要分为以下几类。

1. 增值税专用发票

增值税专用发票包括机动车销售统一发票，是指增值税一般纳税人销售货物或者提供应税劳务开具的发票，是购买方支付增值税税额并可按照增值税有关规定据以抵扣增值税进项税额的凭证。

2. 增值税普通发票

增值税普通发票是指增值税纳税人销售货物或者提供应税劳务、服务时，通过增值税税控系统开具的普通发票。它包括折叠票、卷票和电子普通发票等形式。

3. 其他发票

其他发票是指在特定范围继续使用的发票类型，如农产品收购发票、农产品销售发票、门票、过路（过桥）费发票、定额发票、客运发票和二手车销售统一发票等。这些发票在特定的行业或业务场景中使用，具有相应的管理规定和使用要求。

三、发票开具平台

1. 国家税务总局电子税务局

这是官方的在线办税平台,登录当地电子税务局网站,在相关功能模块中可进行增值税发票的开具。其优势是权威性高,功能全面,能满足纳税人多种办税需求,且数据安全有保障。例如,江苏省电子税务局提供"蓝字发票开具"功能,可用于开具销售业务或交易事项的合法凭证。

2. 增值税电子发票公共服务平台

新办纳税人领取税务 UKey 后,可依托该平台开具增值税电子专用发票和电子普通发票。税务机关向新办纳税人免费发放税务 UKey,并提供免费的电子专票开具服务。

3. 第三方发票服务平台

第三方发票服务平台如票通电子发票服务平台、诺诺发票等。企业完成税局备案,选择此类平台作为开票服务商后,可通过其提供的多种开票方式进行发票开具。这些平台的特点是功能多样,操作便捷,能提供一些个性化的开票服务和解决方案,如支持扫码开票、支付开票、申请开票、批量开票等十几种开票方式,还可与企业的业务系统通过接口接入,实现一键开票。

此外,部分地区还有当地特色的发票管理平台,如上海市增值税发票服务平台,由上海市税务局主导建设,具备发票的开具、查询、验真等功能。

四、发票申购的相关规定

(一)增值税发票申购

1. 首次申购规定

1)条件

同时满足下列条件的新办纳税人首次申领增值税发票,主管税务机关应当自受理申请之日起 2 个工作日内办结,有条件的主管税务机关当日办结:

(1)纳税人的办税人员、法定代表人已经进行实名信息采集和验证(需要采集、验证法定代表人实名信息的纳税人范围由各省税务机关确定)。

(2)纳税人有开具增值税发票需求,主动申领发票。

(3)纳税人按照规定办理税控设备发行等事项。

2)涉及事项

新办纳税人首次申领增值税发票涉及的事项主要包括发票票种核定、增值税专用发票(增值税税控系统)最高开票限额审批、增值税税控系统专用设备初始发行、发票领用等。

3)票种核定标准

税务机关为符合条件的首次申领增值税发票的新办纳税人办理发票票种核定,增值税专用发票最高开票限额不超过 10 万元,每月最高领用数量不超过 25 份;增值税普通发票最高开票限额不超过 10 万元,每月最高领用数量不超过 50 份。各省税务机关可以在此范围内结合纳税人税收风险程度,自行确定新办纳税人首次申领增值税发票票种核定标准。

2. 存续期间申购规定

1) 申购

(1) 纳税人需领用发票的,向主管税务机关申请办理发票领用手续。需要开具增值税专用发票的纳税人,还要进行增值税一般纳税人登记,经税务机关审批增值税专用发票最高开票限额后,领用增值税专用发票。已纳入增值税小规模纳税人自行开具增值税专用发票试点范围的纳税人,可以不办理增值税一般纳税人登记手续,经税务机关审批增值税专用发票最高开票限额后,领用增值税专用发票。

(2) 纳税人在每个申报期内首次领用发票前,需要完成纳税申报和报税清卡事项。

(3) 纳税信用等级为A级、B级的纳税人,以及地市国税局确定的税收风险等级低、尚未评级的纳税人(不包括新办小型商贸企业),可自愿选择使用网上申领方式领用增值税发票。

2) 发放

(1) 资料齐全、符合法定形式、填写内容完整的,5个工作日内办结;办理增值税普通发票、增值税电子普通发票、收费公路通行费增值税电子普通发票、机动车销售统一发票、二手车销售统一发票票种核定事项的,除税务机关按规定确定的高风险等情形外,即时办结;本事项办结时限不包含增值税专用发票(增值税税控系统)最高开票限额审批环节时限。

(2) 纳税信用等级为A级的纳税人可一次领取不超过3个月的增值税发票用量,纳税信用等级为B级的纳税人可一次领取不超过2个月的增值税发票用量。以上两类纳税人生产经营情况发生变化,需要调整增值税发票用量,手续齐全的,按照规定即时办理。

(3) 纳税信用等级为D级的,增值税专用发票领用按辅导期一般纳税人政策办理,增值税普通发票领用实行交(验)旧供新、严格限量供应。

此外,对于实行纳税辅导期管理的增值税一般纳税人,领用增值税专用发票实行按次限量控制,可以根据纳税人的经营情况核定每次专用发票的供应数量,但每次发放专用发票数量不得超过25份。

(二) 发票开具主体的界定与开票规范

1. 销售方的开票义务

在市场经济活动中,当销售商品、提供服务以及开展其他经营活动,且对外发生经营业务并收取款项时,收款方作为开票主体,肩负着向付款方开具发票的法定责任。

2. 特殊情形下付款方的开票责任

尽管多数情况由收款方开票,在某些特殊场景下,付款方需承担开票职责。农产品收购便是典型例子,农产品生产者多为个体农户,不具备自行开具发票的能力,此时企业作为农产品收购方,在收购农产品时,需向农产品生产者开具农产品收购发票,用于记录收购业务,确保双方交易在税务体系中的合规性与可追溯性。

3. 获取发票的普遍性要求

所有参与生产、经营活动的单位和个人,在购买商品、接受服务以及进行其他经营活动支付款项时,均有权利且有义务向收款方索要发票。同时,在获取发票过程中,必须严格遵守规定,不得要求收款方变更发票上的品名和金额,以保证发票信息与实际交易的一致性。例如,某公司采购办公用品,发票上的商品名称必须如实填写为"办公用品"及具体明细,金额也应与实际采购金额相符,不得随意篡改。

4. 开具发票的规范细则

1) 内容完整且精准无误

开具发票时,需严格遵循规定的时限、顺序及栏目要求,一次性如实填列全部联次的内容。发票上的购买方和销售方信息务必详尽准确,涵盖名称、纳税人识别号、地址、电话、开户行及账号等关键要素。对于货物或应税劳务、服务的描述,要清晰注明名称、规格型号、数量、单价、金额、税率以及税额等信息。例如,一家建筑安装企业承接了一项大型建筑工程,在开具发票时,不仅要准确填写建设单位(购买方)和自身(销售方)的完整信息,还需细致描述建筑服务的具体内容,如工程名称、施工地点、施工期限、工程量及对应的金额等,确保发票内容全面反映交易实质。

2) 规范加盖发票专用章

发票开具完成后,必须在规定位置清晰、完整地加盖发票专用章。发票专用章是发票合法性与有效性的重要标识,其样式、尺寸及印模备案均遵循严格的税务规定。企业需按照规定刻制发票专用章,并妥善保管,每次开具发票时,准确加盖在发票右下角的指定区域,盖章模糊或未加盖发票专用章的发票均不符合规定,不能作为有效的财务凭证。

3) 电子发票的开具标准

随着数字化时代的发展,电子发票的应用日益广泛。开票方通过电子发票服务平台开具电子发票,平台会自动赋予发票号码,并依据电子发票标准规范生成特定版式文件,常见的有 PDF、OFD 等格式。这些电子发票版式文件与传统纸质发票具有同等法律效力,其开具流程同样要求准确填写各项信息,且电子发票的存储和传输更加便捷、高效,便于企业和税务机关进行信息化管理。

五、小规模纳税人发票开具的规定

(一)发票开具的类型

1. 增值税普通发票

小规模纳税人可自行开具增值税普通发票,涵盖纸质版与电子版。自 2023 年 1 月 1 日至 2027 年 12 月 31 日,适用 3% 征收率的应税销售收入,减按 1% 征收率征收增值税,应按照 1% 征收率开具增值税普通发票。例如,某小规模纳税人销售一批货物,适用 3% 征收率,在此期间就需按 1% 征收率开具发票。若小规模纳税人选择放弃减税,也可按 3% 征收率开具增值税普通发票。

2. 增值税专用发票

自 2020 年 2 月 1 日起,所有小规模纳税人均可自愿使用增值税发票管理系统自行开具增值税专用发票,不受月销售额标准限制。例如,一家从事技术服务的小规模纳税人公司,客户要求提供增值税专用发票用于抵扣,该小规模纳税人就可自行开具。选择自行开具增值税专用发票的小规模纳税人,税务机关不再为其代开。2023—2027 年,小规模纳税人开具增值税专用发票时,税率栏次显示为适用的征收率,适用 3% 征收率的应税行为减按 1% 征收率征收增值税时,可按 1% 征收率开具专票,也可选择放弃减税按 3% 征收率开具。

（二）发票开具的特殊情况

1. 代开发票

小规模纳税人向税务机关申请代开增值税普通发票，如月代开发票金额合计未超过 10 万元(以 1 个季度为一个纳税期的，季度销售额未超过 30 万元)，税率栏次显示"×××"。若月代开发票金额合计超过 10 万元(季度超 30 万元)，税率栏次显示为适用的征收率。小规模纳税人向税务机关申请代开增值税专用发票，应在缴纳增值税后方可开具。若小规模纳税人月销售额未超过 10 万元(季度未超 30 万元)，当期因开具增值税专用发票已缴纳的税款，在增值税专用发票全部联次追回或者按规定开具红字专用发票后，可向主管税务机关申请退还。

2. 销售特定物品或服务

小规模纳税人(除其他个人外)销售自己使用过的固定资产，减按 2% 征收率征收增值税，只能开具普通发票，不得由税务机关代开增值税专用发票。对于符合免税条件的小规模纳税人，代开增值税普通发票时不征收增值税。月(季度)销售额未超过免税标准的小规模纳税人，开具机动车销售统一发票的销售额，同样免征增值税。

（三）发票开具的其他要求

小规模纳税人应按照发票管理相关规定开具发票，不得转借、转让、介绍他人转让发票，不得拆本使用发票，不得扩大发票使用范围，不得有以其他凭证代替发票使用的行为。

开具发票时，需如实填写购买方信息、销售方信息、项目名称、规格型号、单位、数量、单价、金额、税率/征收率、税额等票面基本内容，确保发票信息真实、完整、合法。若发生销售退回、开票有误、应税服务中止等情形，需按规定开具红字发票。当小规模纳税人作为销售方，若购买方取得专用发票已用于申报抵扣，购买方需将增值税税额从进项税额中转出，并填写《开具红字增值税专用发票信息表》，税务机关根据校验通过的《开具红字增值税专用发票信息表》为销售方代开红字专用发票，此时购买方无需将原发票退回。

六、全面数字化的电子发票

全面数字化的电子发票(以下简称数电发票)的产生，源于《关于进一步深化税收征管改革的意见》中提出的发票电子化改革要求，推动税收征管数字化升级；适应互联网经济发展，满足数字化交易需求；降低纳税人领票、开票及税务机关征管成本；提升税收征管效能，实现"以数治税"；助力企业数字化转型，方便发票管理入账；还能因减少纸质发票使用，践行绿色环保，实现可持续发展。

数电发票同纸质发票一样，都是交易行为的有效证明、财务收支的法定凭证、会计核算的原始依据，同时也是监督机关、税务机关执法检查的重要依据。《国家税务总局关于修改〈中华人民共和国发票管理办法实施细则〉的决定》明确规定，数电发票是与纸质发票具有同等法律效力的全新发票，属于《中华人民共和国发票管理办法》中"电子发票"的一种。任何单位和个人不得拒收数电发票。

自 2024 年 12 月 1 日起，全国正式推广应用数电发票。自 2024 年 11 月 1 日起，全国铁路客运领域推广使用铁路电子客票，并设置过渡期，过渡期内"纸电并行"，之后将逐步实现全面电子化。

(一) 特点

1. 全面数字化
数电发票将发票的票面要素全面数字化,使发票信息能够以数字形式进行存储、传输和处理。

2. 全国统一赋码
数电发票的号码全国统一赋码,共 20 位,其中第 1、第 2 位代表公历年度的后两位,第 3、第 4 位代表开票方所在的省级税务局区域代码,第 5 位代表开具渠道等信息,第 6~20 位为顺序编码。

3. 开票额度智能授予
税务机关根据纳税人的税收风险程度、纳税缴费信用级别、实际经营情况等因素,通过电子发票服务平台授予发票总额度,并实行动态调整。

4. 信息自动流转
数电发票的信息可以通过税务数字账户等方式在征纳主体之间自动流转,开票方和受票方可以通过电子发票服务平台或税务数字账户进行发票的开具、交付、查验、勾选等操作。

(二) 种类
数电发票为单一联次,以数字化形态存在,类别包括电子发票(增值税专用发票)、电子发票(普通发票)、电子发票(航空运输电子客票行程单)、电子发票(铁路电子客票)、电子发票(机动车销售统一发票)、电子发票(二手车销售统一发票)等。

(三) 优势

1. 领票流程更简单
纳税人不再需要预先领取专用税控设备,实现了"去介质";通过"赋码制"取消特定发票号段申领,发票信息生成后,系统自动分配唯一的发票号码;通过"赋额制"自动为纳税人赋予发票总额度,符合条件的新办纳税人基本实现"开业即可开票"。

2. 开票用票更便捷
纳税人登录国家税务总局电子税务局,使用其集成的电子发票服务平台上的"发票业务"功能,即可进行发票开具、交付、查验以及用途勾选等一系列操作,享受"一站式"服务。数电发票取消了特定版式,增加了 XML 的数据电文格式,同时保留 PDF、OFD 等格式,提升纳税人用票的便利度和获得感。

3. 入账归档一体化
通过制定电子发票数据规范、出台电子发票国家标准,数电发票实现了全流程数字化流转。同时,税务数字账户下载的数电发票含有数字签名,无需加盖发票专用章即可入账归档。

(四) 数电发票查验方式

1. 增值税发票查验平台
增值税专用发票、增值税电子专用发票、增值税普通发票(折叠票)、增值税普通发票(卷票)、增值税电子普通发票(含收费公路通行费增值税电子普通发票)、机动车销售统一发票、二手车销售统一发票可登录国家税务总局全国增值税发票查验平台查询。

2. 数电发票查验

单位和个人可以通过国家税务总局全国增值税发票查验平台进行查验;试点纳税人还可以通过电子发票服务平台税务数字账户发票查验模块对数电发票信息进行查验。

(五)数电发票和电子发票的区别

数电发票是电子发票的一种创新形式,与传统电子发票存在诸多区别。

1. 管理模式

1) 数电发票

纳税人无需进行发票票种核定,也无需领用数电发票。税务机关依据纳税人的税收风险程度、纳税缴费信用级别、实际经营情况等因素,通过电子发票服务平台智能授予发票总额度,并实行动态调整。这种"去介质""赋码制""赋额制"的管理方式,让符合条件的新办纳税人基本能实现"开业即可开票"。例如,新注册的 A 公司,在完成相关税务登记流程后,无需额外申请票种核定和领用发票,即可直接开具数电发票。

2) 传统电子发票

纳税人开业后,要先申领专用税控设备,再进行票种核定。在发票数量和票面限额管理方面,与纸质发票管理模式一致,纳税人若要对发票增版增量,需依申请进行,流程相对繁琐。例如,B 企业想要增加发票开具限额,需向税务机关提交申请并等待审核通过。

2. 发票交付方式

1) 数电发票

发票开具后,发票数据文件会自动发送至开票方和受票方的税务数字账户,极大地方便了交付入账,减少了人工收发环节。同时,依托税务数字账户,纳税人可对全量发票数据进行自动归集,发票数据使用更高效便捷。例如,C 公司给 D 公司开具数电发票后,D 公司无需人工干预,在其税务数字账户中能直接查收该发票信息,并可快速进行后续的查验、勾选抵扣等操作。

2) 传统电子发票

发票开具后,需通过发票版式文件进行交付。通常是开票方将发票版式文件以邮件、短信等方式发送给受票方,受票方人工下载后,还需对发票的版式文件进行归集、整理、入账等操作。例如,E 公司给 F 公司开具传统电子发票,E 公司财务人员需将发票文件通过邮件发送给 F 公司,F 公司财务收到邮件后下载保存,并手动整理到相应的财务档案中用于后续记账等用途。

3. 发票生态体系

1) 数电发票

推行数电发票后,发票管理依托大数据管理体系,从"控票"向"控事"转变,平台功能从单一走向开放生态体系,数电发票的开具、交付、查验等应用实现深度融合。税务总局制定发布相关标准并向社会公众公开,不同行业、不同规模企业可免费对接税务部门信息系统。以电商行业为例,电商平台可直接对接税务部门信息系统,实现订单完成后自动开具数电发票,整个流程高效且规范。

2) 传统电子发票

税务部门主要通过专用税控设备实现"控票",发票平台功能较为单一,并且发票的开具、交付、查验等平台相互独立。例如,G企业开具发票在一个平台,查验发票又需要登录另一个平台,各环节相对割裂,使用不够便捷。

4. 发票样式与特定业务支持

1) 数电发票

数电发票为单一联次,以数字化形态存在,类别丰富,涵盖电子发票(增值税专用发票)、电子发票(普通发票)、电子发票(航空运输电子客票行程单)等多种。并且,在电子发票(增值税专用发票)和电子发票(普通发票)两类数电发票下,根据特定业务标签,已设置建筑服务、成品油、报废产品收购等特定业务发票,样式可根据不同业务进行差异化展示。例如,从事建筑服务的H企业,开具数电发票时可选择建筑服务特定业务标签,发票上会显示与建筑服务相关的特定信息,如项目名称、项目地点等。

2) 传统电子发票

传统电子发票样式相对固定,对特定业务的标识和支持不如数电发票丰富和灵活,通常不能针对不同业务自动生成差异化的发票样式。例如,传统电子普通发票无法自动突出显示业务类型的特殊信息,若涉及特殊业务,可能需要额外在备注栏手动填写相关内容。

七、发票的保管

(一) 发票存放的严格要求

1. 配备专门存放场所与设施

开具发票的单位和个人必须设置专门用于存放发票的场所,如配备带锁的文件柜或专业保险柜,以保障发票的安全。存放场所需具备完善的防护条件,包括:①防火措施,如安装火灾报警器、配备灭火器;②防潮处理,如保持室内干燥,可使用除湿设备;③防虫设施,如安装防虫网、放置防虫药剂;④防盗手段,如安装监控设备、设置门禁系统等。大型企业通常会设立独立的财务档案室,采用专业的档案管理设备存放发票,确保发票在存储期间不受任何损坏或丢失。

2. 科学分类存放管理

为便于发票的查找与管理,开具发票的单位和个人应按照发票的种类、开具年度、批次等进行分类存放。例如,将增值税专用发票与增值税普通发票分开存放;不同年份开具的发票,按年份先后顺序依次排列;对于同一批次领取的发票,集中放置并做好标识。通过这种分类管理方式,企业在需要查询或调用发票时,能够迅速定位,提高工作效率。

(二) 发票保管期限的明确规定

1. 一般保管期限的要求

依据税法规定,已开具的发票存根联和发票登记簿应保存5年。从发票开具的次年1月1日起算,满5年后,需报经税务机关查验无误后,方可进行销毁处理。例如,某企业2022年开具的发票存根联,从2023年1月1日开始计算,需妥善保存至2027年12月31日,在2028年经税务机关查验后,若符合销毁条件,可依法进行销毁。

2. 特殊情况的保管期限延长

若企业涉及税务稽查、经济纠纷等特殊情况,在相关事项未彻底处理完毕之前,发票存根联和发票登记簿不得擅自销毁,必须继续保存,直至所有相关问题得到妥善解决。这是为了确保在调查和处理过程中,能够随时查阅发票相关信息,为解决纠纷、查明事实提供有力依据。

(三)发票丢失的应对措施

1. 第一时间报告税务机关

一旦发现发票丢失,使用发票的单位和个人应于发现丢失当日以书面形式向税务机关报告。报告内容需详细准确,包括丢失发票的种类,如是增值税专用发票还是普通发票;发票的代码、号码,以便税务机关精准定位丢失发票信息;丢失发票的数量等关键信息。税务机关接到报告后,会启动相应的备案和处理流程。

2. 登报声明作废

除向税务机关报告外,使用发票的单位和个人通常还需在税务机关指定的报刊或媒体上声明作废。声明作废的目的是公开告知社会公众该发票已丢失,避免发票被他人冒用引发不必要的风险和损失。声明的内容应包含丢失发票的关键信息,如发票代码、号码、开具方及购买方信息等,确保信息的全面性与准确性。

3. 积极配合税务处理

税务机关会根据发票丢失的具体情况,依据相关法规对企业进行处理。企业应积极配合税务机关的调查,如实提供相关信息和资料,按照税务机关的要求进行整改和处理,以降低发票丢失带来的负面影响。在某些情况下,企业可能会面临一定的行政处罚。

 **任务实施**

 **巩固提升**

基础训练

请谈谈电子发票和数电发票的区别和联系。

 项目小结

通过本项目的学习,我们深入理解了税收的本质,明确其具有强制性、无偿性、固定性,了解税收按不同标准可分为流转税、所得税等类别,掌握纳税人、课税对象等税收要素以及税率的重要性,认识到税收收入对国家财政与经济调控的关键作用,熟悉开业、变更、注销等涉税登记内容,牢记一般纳税人资格登记条件,这对企业适用税收政策意义重大。同时,还了解了金税四期系统凭借大数据实现精准征管,以数治税成为税收征管新模式,掌握了发票申领流程,明晰了增值税专用发票等不同种类发票的使用规则,对数电发票的便捷性和优势也有了认知,构建起税费申报与管理基础的知识框架,为后续深入学习与实践奠定了良好基础。

项目二 增值税的计算与智慧化申报管理

任务一 增值税认知

任务目标

1. 素养目标
（1）培养学生诚信纳税意识，使他们明白依法纳税是每个纳税人应尽的义务，任何偷税、漏税、骗税的行为都是违法的，树立正确的税收道德观念。
（2）增强学生文化自信，引导学生关注税收政策对国家战略和社会发展的影响，激发学生的民族自豪感和责任感，鼓励学生努力学习专业知识，为国家税收事业的发展贡献智慧与力量。
（3）培养学生自觉践行社会主义核心价值观的意识。

2. 知识目标
（1）掌握增值税的征税范围。
（2）掌握增值税纳税人及扣缴义务人的概念。
（3）了解增值税税率和征收率。

3. 能力目标
（1）熟练掌握一般纳税人和小规模纳税人的划分。
（2）掌握增值税征收的判断。
（3）掌握增值税税率的选择。

子任务一　增值税的要素认知

宏远建筑装饰有限公司2025年4月发生以下业务：

(1) 4月5日，向A公司销售一套定制办公家具，价税合计22 600元，已开具增值税专用发票。

(2) 4月10日，采购一批墙面涂料和地板材料，价税合计116 000元，取得增值税专用发票，其中价款为100 000元，增值税税额为16 000元。

(3) 4月12日，为D公司提供建筑装饰设计服务，合同约定设计服务费用价税合计106 000元，已开具增值税普通发票。

(4) 4月18日，购买办公打印机3台，价税合计6 780元，取得增值税专用发票。

(5) 4月25日，为E公司提供商场装修服务，合同约定装修服务费用价税合计327 000元，已开具增值税专用发票。

根据上述资料，完成下列任务：
(1) 判断该公司的增值税计税方法。
(2) 判断该公司的应税业务属于增值税征税范围的哪一类。
(3) 判断该公司适用的增值税税率。

知识准备

一、依据法规

《中华人民共和国增值税法》(自2026年1月1日起施行)。

二、增值税的概念及特点

(一) 增值税的概念

增值税是指对在我国境内销售货物、服务、无形资产、不动产(以下简称应税交易)，以及进口货物的单位和个人，就其货物、服务、无形资产、不动产的增值额而征收的一种流转税。从计税原理上来说，增值税是对商品生产、流通、劳务服务中多个环节的新增价值或商品的附加值征收的一种流转税。增值税实行价外税，由消费者负担，有增值才征税没增值不征税。

例如，一家服装制造企业采购布料花费100元，经过加工制作后以200元的价格将服装卖给批发商，这里的增值额就是100元(200－100)，该企业需要就这100元的增值额缴纳增值税。如果增值税税率为13%，那么该企业应缴纳的增值税税额为13元(100×13%)。

增值税采用税款抵扣的办法，即纳税人根据货物或应税劳务的销售额，按照规定的税率计算出销项税额,然后扣除取得该货物或应税劳务时所支付的增值税进项税额,其差额就是应缴纳的增值税税额。

(二) 增值税的特点

1. 税基广阔,具有征收的普遍性

增值税的征收范围涵盖了商品生产、流通、劳务服务等多个领域和环节,只要有增值额产生,就需要缴纳增值税,几乎涉及所有的货物和大部分劳务,这使得增值税具有广泛的税基,能够保证国家财政收入的稳定和持续增长。

2. 不重复征税,具有税收中性的特征

增值税仅对商品或劳务流转过程中的增值额征税,避免了传统流转税对每个流转环节全额征税导致的重复征税问题,使企业的税收负担不受生产经营环节多少的影响,有利于企业公平竞争和专业化协作生产。

3. 逐环节征税,逐环节扣税,最终消费者是全部税款的承担者

增值税在商品或劳务的每一个流转环节都进行征税,同时,每个环节的纳税人在计算应纳税额时,可以扣除上一环节已缴纳的增值税税款。这种环环相扣的计税方式,使得增值税的税负在各环节之间合理分配,保证了税收链条的完整性。

4. 实行价外税制度

增值税的税款不包含在商品或劳务的价格之内,而是在价格之外单独核算。这种价外税的形式,使企业的成本核算、利润计算不受增值税的影响,也便于消费者清楚地了解商品或劳务的价格构成和税收负担情况。

三、增值税的纳税人

(一) 纳税人

根据《中华人民共和国增值税法》的规定,在中华人民共和国境内销售货物、服务、无形资产、不动产(以下简称应税交易),以及进口货物的单位和个人(包括个体工商户),为增值税的纳税人。单位,是指企业、行政单位、事业单位、军事单位、社会团体及其他单位。个人,是指个体工商户和其他个人。

增值税的基本要素

单位以承包、承租、挂靠方式经营的,承包人、承租人、挂靠人(以下统称承包人)以发包人、出租人、被挂靠人(以下统称发包人)名义对外经营并由发包人承担相关法律责任的,以该发包人为纳税人。否则,以承包人为纳税人。

资管产品运营过程中发生的增值税应税行为,以资管产品管理人为增值税纳税人。

(二) 扣缴义务人

中华人民共和国境外(以下简称境外)的单位或者个人在境内提供应税劳务,在境内未设有经营机构的,其应纳税款以境内代理人为扣缴义务人;在境内没有代理人的,以购买方为扣缴义务人。

境外单位或个人在境内销售服务、无形资产或者不动产,在境内未设有经营机构的,以购买方为扣缴义务人。财政部和国家税务总局另有规定的除外。

(三) 纳税人的分类

根据纳税人的经营管理规模以及会计核算健全程度的不同,增值税的纳税人可划分为小规模纳税人和一般纳税人。对纳税人进行分类管理,有利于税务机关加强重点税源管理,简化小型企业的计算缴纳程序。纳税人缴纳增值税是法定义务,也是履行社会责任的表现。

1. 小规模纳税人

小规模纳税人标准为年应征增值税销售额500万元及以下。年应税销售额,是指纳税人在连续不超过12个月或4个季度的经营期内累计应征增值税销售额,包括纳税申报销售额、稽查查补销售额、纳税评估调整销售额。纳税申报销售额,是指在纳税人自行申报的全部应征增值税销售额,其中包括免税销售额和税务机关代开发票销售额。稽查查补销售额和纳税评估调整销售额计入查补税款申报当月(或当季)的销售额,不计入税款所属期销售额。

年应税销售额未超过规定标准、会计核算健全、能够提供准确税务资料的纳税人,可以向主管税务机关办理一般纳税人登记。会计核算健全,是指能够按照国家统一的会计制度规定设置账簿,根据合法、有效凭证进行核算。

为推进"放管服"(即"简政放权、放管结合、优化服务"的简称)改革,全面推行小规模纳税人自行开具增值税专用发票。小规模纳税人(其他个人除外)发生增值税应税行为,需要开具增值税专用发票的,可以自愿使用增值税发票管理系统自行开具。

2. 一般纳税人

一般纳税人是指年应税销售额超过财政部、国家税务总局规定的小规模纳税人标准的企业和企业性单位。一般纳税人实行登记制,除税法另有规定外,应当向主管税务机关办理一般纳税人登记。下列纳税人不办理一般纳税人登记:

(1)按照政策规定,选择按照小规模纳税人纳税的。

(2)年应税销售额超过规定标准的其他个人。

纳税人自一般纳税人生效之日起,按照增值税一般计税方法计算应纳税额,并可以按照规定领用增值税专用发票,财政部、国家税务总局另有规定的除外。

纳税人登记为一般纳税人后,不得转为小规模纳税人,国家税务总局另有规定的除外。

【特别提示】

年应税销售额超过小规模纳税人标准的其他个人按小规模纳税人纳税;年应税销售额超过规定标准但不经常发生应税行为的单位和个体工商户,以及非企业性单位、不经常发生应税行为的企业,可选择按照小规模纳税人纳税。

四、增值税的征税范围

(一)征税范围的一般规定

增值税的征税范围包括在中华人民共和国境内销售货物、服务、无形资产、不动产以及进口货物。

1. 销售货物

销售货物是指有偿转让货物的所有权。货物,是指有形动产,包括电力、热力、气体在内。有偿,是指从购买方取得货币、货物或者其他经济利益。

2. 销售服务

销售服务是指提供加工修理修配服务、交通运输服务、邮政服务、电信服务、建筑服务、金融服务、现代服务和生活服务。

1）加工修理修配服务

加工修理修配服务是指有偿提供加工、修理修配服务。单位或者个体工商户聘用的员工为本单位或者雇主提供加工、修理修配服务不包括在内。

加工是指受托加工货物，即委托方提供原料及主要材料，受托方按照委托方的要求，制造货物并收取加工费的业务；修理修配是指受托对损伤和丧失功能的货物进行修复，使其恢复原状和功能的业务。

2）交通运输服务

交通运输服务是指利用运输工具将货物或者旅客送达目的地，使其空间位置得到转移的业务活动，包括陆路运输服务、水路运输服务、航空运输服务和管道运输服务。

（1）陆路运输服务，是指通过陆路（地上或者地下）运送货物或者旅客的运输业务活动，包括铁路运输服务和其他陆路运输服务。出租车公司向使用本公司自有出租车的出租车司机收取的管理费用，按照陆路运输服务缴纳增值税。

（2）水路运输服务，是指通过江、河、湖、川等天然、人工水道或者海洋航道运送货物或者旅客的运输业务活动。水路运输的程租、期租业务，属于水路运输服务。

（3）航空运输服务，是指通过空中航线运送货物或者旅客的运输业务活动。航空运输的湿租业务，属于航空运输服务。航天运输服务利用火箭等载体将卫星、空间探测器等空间飞行器发射到空间轨道，按照航空运输服务缴纳增值税。

（4）管道运输服务，是指通过管道设施输送气体、液体、固体物质的运输业务活动。

无运输工具承运服务，是指经营者以承运人身份与托运人签订运输服务合同，收取运费并承担承运人责任，委托实际承运人完成运输服务的经营活动，按照交通运输服务缴纳增值税。

3）邮政服务

邮政服务是指中国邮政集团公司及其所属邮政企业提供邮件寄递、邮政汇兑和机要通信等邮政基本服务的业务活动，包括邮政普遍服务、邮政特殊服务和其他邮政服务。

（1）邮政普遍服务，是指函件、包裹等邮件寄递，以及邮票发行、报刊发行和邮政汇兑等业务活动。

（2）邮政特殊服务，是指义务兵平常信函、机要通信、盲人读物和革命烈士遗物的寄递等业务活动。

（3）其他邮政服务，是指邮册等邮品销售、邮政代理等业务活动。

4）电信服务

电信服务是指利用有线、无线的电磁系统或者光电系统等各种通信网络资源，提供语音通话服务，传送、发射、接收或者应用图像、短信等电子数据和信息的业务活动，包括基础电信服务和增值电信服务。

（1）基础电信服务，是指利用固网、移动网、卫星、互联网，提供语音通话服务的业务活动，以及出租或者出售带宽、波长等网络元素的业务活动。

(2)增值电信服务,是指利用固网、移动网、卫星、互联网、有线电视网络,提供短信和彩信服务、电子数据和信息的传输及应用服务、互联网接入服务等业务活动。卫星电视信号落地转接服务,按照增值电信服务缴纳增值税。

5)建筑服务

建筑服务,是指各类建筑物、构筑物及其附属设施的建造、修缮、装饰,线路、管道、设备、设施等的安装以及其他工程作业的业务活动,包括工程服务、安装服务、修缮服务、装饰服务和其他建筑服务。

(1)工程服务,是指新建、改建各种建筑物、构筑物的工程作业,包括与建筑物相连的各种设备或者支柱、操作平台的安装或者装设工程作业,以及各种窑炉和金属结构工程作业。

(2)安装服务,是指生产设备、动力设备、起重设备、运输设备、传动设备、医疗实验设备以及其他各种设备、设施的装配、安置工程作业,包括与被安装设备相连的工作台、梯子、栏杆的装设工程作业,以及被安装设备的绝缘、防腐、保温、油漆等工程作业。

固定电话、有线电视、宽带、水、电、燃气、暖气等经营者向用户收取的安装费、初装费、开户费、扩容费以及类似收费,按照安装服务缴纳增值税。

(3)修缮服务,是指对建筑物、构筑物进行修补、加固、养护、改善,使之恢复原来的使用价值或者延长其使用期限的工程作业。

(4)装饰服务,是指对建筑物、构筑物进行修饰装修,使之美观或者具有特定用途的工程作业。

(5)其他建筑服务,是指上列工程作业之外的各种工程作业服务,如钻井(打井)、拆除建筑物或者构筑物、平整土地、园林绿化、疏浚(不包括航道疏浚)、建筑物平移、搭脚手架、爆破、矿山穿孔、表面附着物(包括岩层、土层、沙层等)剥离和清理等工程作业。

6)金融服务

金融服务是指经营金融保险的业务活动,包括贷款服务、直接收费金融服务、保险服务和金融商品转让。

(1)贷款服务。贷款,是指将资金贷与他人使用而取得利息收入的业务活动。各种占用、拆借资金取得的收入,包括金融商品持有期间(含到期)利息(保本收益、报酬、资金占用费、补偿金等)收入、信用卡透支利息收入、买入返售金融商品利息收入、融资融券收取的利息收入,以及融资性售后回租、押汇、罚息、票据贴现、转贷等业务取得的利息及利息性质的收入,按照贷款服务缴纳增值税。融资性售后回租,是指承租方以融资为目的,将资产出售给从事融资性售后回租业务的企业后,从事融资性售后回租业务的企业将该资产出租给承租方的业务活动。以货币资金投资收取的固定利润或者保底利润,应按照贷款服务缴纳增值税。

(2)直接收费金融服务,是指为货币资金融通及其他金融业务提供相关服务并且收取费用的业务活动,包括提供货币兑换、账户管理、电子银行、信用卡、信用证、财务担保、资产管理、信托管理、基金管理、金融交易场所(平台)管理、资金结算、资金清算、金融支付等服务。

(3)保险服务,是指投保人根据合同约定,向保险人支付保险费,保险人对于合同约定的可能发生的事故因其发生所造成的财产损失承担赔偿保险金责任,或者当被保险人死亡、伤残、疾病或者达到合同约定的年龄、期限等条件时承担给付保险金责任的商业保险行为,包括人身保险服务和财产保险服务。

(4) 金融商品转让,是指转让外汇、有价证券、非货物期货和其他金融商品所有权的业务活动。

7) 现代服务

现代服务,是指围绕制造业、文化产业、现代物流产业等提供技术性、知识性服务的业务活动,包括研发和技术服务、信息技术服务、文化创意服务、物流辅助服务、租赁服务、鉴证咨询服务、广播影视服务、商务辅助服务和其他现代服务。

(1) 研发和技术服务,包括研发服务、合同能源管理服务、工程勘察勘探服务、专业技术服务。

(2) 信息技术服务,是指利用计算机、通信网络等技术对信息进行生产、收集、处理、加工、存储、运输、检索和利用,并提供信息服务的业务活动,包括软件服务、电路设计及测试服务、信息系统服务、业务流程管理服务和信息系统增值服务。

(3) 文化创意服务,包括设计服务、知识产权服务、广告服务和会议展览服务。

(4) 物流辅助服务,包括航空服务、港口码头服务、货运客运场站服务、打捞救助服务、装卸搬运服务、仓储服务和收派服务。

(5) 租赁服务,包括融资租赁服务和经营租赁服务。将建筑物、构筑物等不动产或者飞机、车辆等有形动产的广告位出租给其他单位或者个人用于发布广告,按照经营租赁服务缴纳增值税。车辆停放服务、道路通行服务(包括过路费、过桥费、过闸费等)等按照不动产经营租赁服务缴纳增值税。

(6) 鉴证咨询服务,包括认证服务、鉴证服务和咨询服务。翻译服务和市场调查服务按照咨询服务缴纳增值税。

(7) 广播影视服务,包括广播影视节目(作品)的制作服务、发行服务和播映(含放映)服务。

(8) 商务辅助服务,包括企业管理服务、经纪代理服务、人力资源服务、安全保护服务。

(9) 其他现代服务,是指除研发和技术服务、信息技术服务、文化创意服务、物流辅助服务、租赁服务、鉴证咨询服务、广播影视服务和商务辅助服务以外的现代服务。

8) 生活服务

生活服务是指为满足城乡居民日常生活需求提供的各类服务活动,包括文化体育服务、教育医疗服务、旅游娱乐服务、餐饮住宿服务、居民日常服务和其他生活服务。

3. 销售无形资产

销售无形资产,是指转让无形资产所有权或者使用权的业务活动。无形资产,是指不具有实物形态,但能带来经济利益的资产,包括技术、商标、著作权、商誉、自然资源使用权和其他权益性无形资产。

(1) 技术包括专利技术和非专利技术。

(2) 自然资源使用权包括土地使用权、海域使用权、探矿权、采矿权、取水权和其他自然资源使用权。

（3）其他权益性无形资产包括基础设施资产经营权、公共事业特许权、配额、经营权（包括特许经营权、连锁经营权、其他经营权）、经销权、分销权、代理权、会员权、席位权、网络游戏虚拟道具、域名、名称权、肖像权、冠名权、转会费等。

4. 销售不动产

销售不动产是指转让不动产所有权的业务活动。不动产，是指不能移动或者移动后会引起性质、形状改变的财产，包括建筑物、构筑物等。

建筑物，包括住宅、商业营业用房、办公楼等可供居住、工作或者进行其他活动的建造物。构筑物，包括道路、桥梁、隧道、水坝等建造物。

转让建筑物有限产权或者永久使用权的，转让在建的建筑物或者构筑物所有权的，以及在转让建筑物或者构筑物时一并转让其所占土地的使用权的，按照销售不动产缴纳增值税。

5. 进口货物

进口货物是指申报进入中国海关境内的货物。根据《中华人民共和国增值税法》的规定，只要是报关进口的应税货物，均属于增值税的征税范围，除享受免税政策外，在进口环节缴纳增值税。

（二）征税范围的特殊行为

1. 视同销售行为

有下列情形之一的，视同应税交易，应当依照《中华人民共和国增值税法》第五条的规定缴纳增值税：

（1）单位和个体工商户将自产或者委托加工的货物用于集体福利或者个人消费。

（2）单位和个体工商户无偿转让货物。

（3）单位和个人无偿转让无形资产、不动产或者金融商品。

2. 混合销售行为

一项销售行为如果既涉及货物又涉及服务，为混合销售。从事货物的生产、批发或者零售的单位和个体工商户的混合销售行为，按照销售货物缴纳增值税；其他单位和个体工商户的混合销售行为，按照销售服务缴纳增值税。

自2017年5月起，纳税人销售活动板房、机器设备、钢结构件等自产货物的同时提供建筑、安装服务，不属于混合销售，应分别核算货物和建筑服务的销售额，分别适用不同的税率或者征收率。

3. 兼营行为

兼营，是指纳税人的经营范围既包括销售货物和劳务，又包括销售服务、无形资产或者不动产。

纳税人销售货物、服务、无形资产或者不动产适用不同税率或者征收率的，应当分别核算适用不同税率或征收率的销售额，未分别核算销售额的，按照以下方法适用税率或者征收率：

（1）兼有不同税率的销售货物、服务、无形资产或者不动产，从高适用税率。

（2）兼有不同征收率的销售货物、服务、无形资产或者不动产，从高适用征收率。

(3) 兼有不同税率和征收率的销售货物、服务、无形资产或者不动产,从高适用税率。

【特别提示】

混合销售与兼营的区别是,混合销售强调的是在同一项销售行为中存在着不同类别经营项目的混合。兼营强调的是在同一纳税人的经营活动中存在着不同类别经营项目。在税务处理上,混合销售是按"经营主业"分别按照"销售货物""销售服务"等不同应税交易征收增值税。兼营的纳税原则是分别核算、分别按照适用税率或征收率征收增值税。

(三) 不征收增值税项目

(1) 纳税人取得的财政补贴收入,与其销售货物、劳务、服务、无形资产、不动产的收入或者数量直接挂钩的,应按规定计算缴纳增值税。纳税人取得的其他情形的财政补贴收入,不属于增值税应税收入,不征收增值税。

(2) 融资性售后回租业务中,承租方出售资产的行为不属于增值税的征税范围,不征收增值税。

(3) 药品生产企业销售自产创新药的销售额,为向购买方收取的全部价款和价外费用,其提供给患者后续免费使用的相同创新药,不属于增值税视同销售范围。创新药是指经国家食品药品监督管理部门批准注册、获批前未曾在中国境内外上市销售,通过合成或者半合成方法制得的原料药及其制剂。

(4) 根据国家指令无偿提供的铁路运输服务、航空运输服务,属于用于公益事业的服务,不征收增值税。

(5) 存款利息不征收增值税。

(6) 被保险人获得的保险赔付不征收增值税。

(7) 房地产主管部门或者其指定机构、公积金管理中心、开发企业以及物业管理单位代收的住宅专项维修资金,不征收增值税。

(8) 纳税人在资产重组过程中,通过合并、分立、出售、置换等方式,将全部或者部分实物资产以及与其相关联的债权、负债和劳动力一并转让给其他单位和个人,不属于增值税的征税范围,其中涉及的货物转让,不征收增值税。

(9) 纳税人在资产重组过程中,通过合并、分立、出售、置换等方式,将全部或者部分实物资产以及与其相关联的债权、负债经多次转让后,最终的受让方与劳动力接收方为同一单位和个人的,仍适用前述规定,对其中涉及的货物多次转让行为均不征收增值税。

自2016年5月1日起,在资产重组过程中,通过合并、分立、出售、置换等方式,将全部或者部分实物资产以及与其相关联的债权、负债和劳动力一并转让给其他单位和个人,其中涉及的不动产、土地使用权转让行为,不征收增值税。

五、增值税的税率和征收率

(一)增值税税率

1. 适用 13% 税率的项目

纳税人销售货物或者进口货物(除适用 9% 税率和零税率外)、加工修理修配服务、有形动产租赁服务,税率为 13%。

2. 适用 9% 税率的项目

纳税人销售交通运输、邮政、基础电信、建筑、不动产租赁服务,销售不动产,转让土地使用权,销售或者进口下列货物,税率为 9%:

(1) 农产品、食用植物油、食用盐。

(2) 自来水、暖气、冷气、热水、煤气、石油液化气、天然气、二甲醚、沼气、居民用煤炭制品。

(3) 图书、报纸、杂志、音像制品、电子出版物。

(4) 饲料、化肥、农药、农机、农膜。

3. 适用 6% 税率的项目

纳税人销售增值电信服务、金融服务、现代服务(租赁服务除外)和生活服务,销售无形资产(除土地使用权以外),税率为 6%。

4. 适用零税率的项目

(1) 纳税人出口货物,税率为零;但是,国务院另有规定的除外。

(2) 境内单位和个人跨境销售国务院规定范围内的服务、无形资产,税率为 0,包括:①国际运输服务;②航天运输服务;③向境外单位提供的完全在境外消费的下列服务:研发服务、合同能源管理服务、设计服务、广播影视节目(作品)的制作和发行服务、软件服务、电路设计及测试服务、信息系统服务、业务流程管理服务、离岸服务外包业务、转让技术;④国务院规定的其他服务。

增值税税率及适用情形如表 2-1 所示。

表 2-1 增值税税率及适用情形

适用情形	税率
销售或进口货物(除适用 9% 税率和零税率外);加工修理修配服务;有形动产租赁服务	13%
销售或者进口下列货物: (1) 农产品、食用植物油、食用盐。 (2) 自来水、暖气、冷气、热水、煤气、石油液化气、天然气、二甲醚、沼气、居民用煤炭制品。 (3) 图书、报纸、杂志、音像制品、电子出版物。 (4) 饲料、化肥、农药、农机、农膜	9%
销售交通运输、邮政、基础电信、建筑、不动产租赁服务,销售不动产,转让土地使用权	9%
销售增值电信服务、金融服务、现代服务(租赁服务除外)和生活服务,销售无形资产(除土地使用权以外)	6%
(1) 出口货物(国务院另有规定的除外)。 (2) 境内单位和个人跨境销售国务院规定范围内的服务、无形资产	0

(二) 增值税征收率

小规模纳税人以及一般纳税人选择简易办法计税的,征收率一般为3%。特殊情况下,还可以分别依照5%、2%、1.5%、1%和0.5%的征收率缴纳增值税。

基础训练

甲公司为增值税一般纳税人,2025年3月发生以下业务:

(1) 向乙公司销售钢材,开具增值税专用发票,注明不含税销售额200万元,税率13%。

(2) 为丙公司提供运输服务,取得含税收入54.5万元;同时提供仓储服务,取得含税收入31.8万元。

(3) 将一项专利技术使用权转让给丁公司,取得含税价款63.6万元。

(4) 出租一处商业用房,取得含税租金21万元(适用简易计税)。

(5) 销售设备并提供安装服务,设备不含税售价50万元,安装费含税11.3万元。

根据上述资料,完成下列任务:

(1) 判断甲公司的增值税计税方法。

(2) 判断甲公司3月份发生的应税业务属于增值税征税范围的哪一类以及适用的税率。

子任务二 增值税的税收优惠

睿联数创科技公司主要从事电子产品制造、软件研发与销售以及技术服务业务,为增值税一般纳税人。2025年5月发生以下业务:

(1) 5日,销售自产的电子产品,开具增值税专用发票,注明销售额500万元,另收取优质费11.3万元(含税)。

(2) 10日,销售2008年购进且未抵扣进项税额的生产设备一台,售价为10.3万元,选择简易计税方法计税。

(3) 12日,销售自行开发生产的软件产品,取得销售额200万元,同时收取软件安装费13.56万元(含税)、维护费5.65万元(含税)。该公司享受软件产品增值税即征即退政策,当月软件产品可抵扣进项税额为20万元。

(4) 20日,进口一套软件测试设备,关税完税价格为50万元,关税税率为10%,取得海关进口增值税专用缴款书。

(5) 23日,提供技术开发服务,开具增值税普通发票,注明销售额100万元,同时提供与之相关的技术咨询服务,销售额为20万元,两项业务已按规定进行了技术合同认定登记。

(6) 28日,将一项专利技术转让给其他企业,取得转让收入80万元,该专利技术的账面净值为30万元。

根据上述资料,完成下列任务:
(1) 计算该公司销售电子产品应确认的销项税额。
(2) 计算该公司销售旧设备应缴纳的增值税。
(3) 计算该公司软件业务应缴纳的增值税及即征即退税额。
(4) 计算该公司进口软件测试设备应缴纳的增值税。
(5) 计算该公司技术服务业务应确认的销项税额。
(6) 分析该公司专利技术转让业务的增值税处理,并说明理由。
(7) 计算该公司当月合计应缴纳的增值税。

知识准备

一、增值税免税项目

(一) 纳税人生产销售以下货物免税

(1) 农业生产者销售的自产农产品。
(2) 古旧图书。古旧图书,是指向社会收购的古书和旧书。
(3) 直接用于科学研究、科学试验和教学的进口仪器、设备。
(4) 外国政府、国际组织无偿援助的进口物资和设备。
(5) 由残疾人的组织直接进口供残疾人专用的物品。
(6) 销售自己使用过的物品。

(二) 纳税人发生以下行为免税

(1) 托儿所、幼儿园提供的保育和教育服务。
(2) 养老机构提供的养老服务。
(3) 残疾人福利机构提供的育养服务。
(4) 婚姻介绍服务。
(5) 殡葬服务。
(6) 残疾人员本人为社会提供的服务。
(7) 医疗机构提供的医疗服务。
(8) 从事学历教育的学校提供的教育服务。
(9) 学生勤工俭学提供的服务。

（10）农业机耕、排灌、病虫害防治、植物保护、农牧保险以及相关技术培训业务，家禽、牲畜、水生动物的配种和疾病防治。

（11）纪念馆、博物馆、文化馆、文物保护单位管理机构、美术馆、展览馆、书画院、图书馆在自己的场所提供文化体育服务取得的第一道门票收入。

（12）寺院、宫观、清真寺和教堂举办文化、宗教活动的门票收入。

（13）行政单位之外的其他单位收取的符合《营业税改征增值税试点实施办法》第10条规定条件的政府性基金和行政事业性收费。

（14）个人转让著作权。

（15）个人销售自建自用住房。

（16）台湾航运公司、航空公司从事海峡两岸海上直航、空中直航业务在大陆取得的运输收入。

（17）纳税人提供的直接或者间接国际货物运输代理服务。

（18）符合规定条件的贷款、债券利息收入。

（19）被撤销金融机构以货物、不动产、无形资产、有价证券、票据等财产清偿债务。

（20）保险公司开办的1年期以上人身保险产品取得的保费收入。

（21）符合规定条件的金融商品转让收入。

（22）金融同业往来利息收入。

（23）同时符合规定条件的担保机构从事中小企业信用担保或者再担保业务取得的收入（不含信用评级、咨询、培训等收入）3年内免征增值税。

（24）国家商品储备管理单位及其直属企业承担商品储备任务，从中央或者地方财政取得的利息补贴收入和价差补贴收入。

（25）纳税人提供技术转让、技术开发和与之相关的技术咨询、技术服务。

（26）同时符合规定条件的合同能源管理服务。

（27）政府举办的从事学历教育的高等、中等和初等学校（不含下属单位），举办进修班、培训班取得的全部归该学校所有的收入。

（28）政府举办的职业学校设立的主要为在校学生提供实习场所并由学校出资自办、由学校负责经营管理、经营收入归学校所有的企业，从事《销售服务、无形资产或者不动产注释》中"现代服务"（不含融资租赁服务、广告服务和其他现代服务）、"生活服务"（不含文化体育服务、其他生活服务和桑拿、氧吧）业务活动取得的收入。

（29）家政服务企业由员工制家政服务员提供家政服务取得的收入。

（30）福利彩票、体育彩票的发行收入。

（31）军队空余房产租赁收入。

（32）为了配合国家住房制度改革，企业、行政事业单位按房改成本价、标准价出售住房取得的收入。

（33）将土地使用权转让给农业生产者用于农业生产。

（34）涉及家庭财产分割的个人无偿转让不动产、土地使用权。

（35）土地所有者出让土地使用权和土地使用者将土地使用权归还给土地所有者。

（36）县级以上地方人民政府或自然资源行政主管部门出让、转让或收回自然资源使用权(不含土地使用权)。

(37) 随军家属就业。

(38) 军队转业干部就业。

(39) 提供社区养老、托育、家政等服务取得的收入。

二、增值税即征即退

(1) 增值税一般纳税人销售其自行开发生产的软件产品,按13%的税率征收增值税后,对其增值税实际税负超过3%的部分实行即征即退政策。

(2) 对飞机维修劳务增值税实际税负超过6%的部分即征即退。

(3) 一般纳税人提供管道运输服务,对其增值税实际税负超过3%的部分实行增值税即征即退政策。

(4) 经人民银行、国家金融监督管理总局或者商务部批准从事融资租赁业务的试点纳税人中的一般纳税人,提供有形动产融资租赁服务和有形动产融资性售后回租服务,对其增值税实际税负超过3%的部分实行增值税即征即退政策。

(5) 自2015年7月1日起,对纳税人销售自产的利用风力生产的电力产品,实行增值税即征即退50%的政策。

【特别提示】

增值税实际税负,是指纳税人当期提供应税服务实际缴纳的增值税税额占纳税人当期提供应税服务取得的全部价款和价外费用的比例。

三、扣减增值税

1. 退役士兵创业就业

自2023年1月1日至2027年12月31日,自主就业退役士兵从事个体经营的,自办理个体工商户登记当月起,在3年(36个月,下同)内按每户每年20 000元为限额依次扣减其当年实际应缴纳的增值税、城市维护建设税、教育费附加、地方教育附加和个人所得税。限额标准最高可上浮20%,各省、自治区、直辖市人民政府可根据本地区实际情况在此幅度内确定具体限额标准。

自2023年1月1日至2027年12月31日,企业招用自主就业退役士兵,与其签订1年以上期限劳动合同并依法缴纳社会保险费的,自签订劳动合同并缴纳社会保险当月起,在3年内按实际招用人数予以定额依次扣减增值税、城市维护建设税、教育费附加、地方教育附加和企业所得税优惠。定额标准为每人每年6 000元,最高可上浮50%,各省、自治区、直辖市人民政府可根据本地区实际情况在此幅度内确定具体定额标准。

2. 重点群体创业就业

自2023年1月1日至2027年12月31日,脱贫人口、持《就业创业证》(注明"自主创业税收政策"或"毕业年度内自主创业税收政策")或《就业失业登记证》(注明"自主创业税收政策")的人员,从事个体经营的,自办理个体工商户登记当月起,在3年(36个月,下同)内按每户每年20 000元为限额依次扣减其当年实际应缴纳的增值税、城市维护建设税、教育费附加、地方教育附加和个人所得税。限额标准最高可上浮20%，各省、自治区、直辖市人民政府可根据本地区实际情况在此幅度内确定具体限额标准。

自2023年1月1日至2027年12月31日，企业招用脱贫人口，以及在人力资源社会保障部门公共就业服务机构登记失业半年以上且持《就业创业证》或《就业失业登记证》(注明"企业吸纳税收政策")的人员，与其签订1年以上期限劳动合同并依法缴纳社会保险费的，自签订劳动合同并缴纳社会保险当月起，在3年内按实际招用人数予以定额依次扣减增值税、城市维护建设税、教育费附加、地方教育附加和企业所得税优惠。定额标准为每人每年6 000元，最高可上浮30%，各省、自治区、直辖市人民政府可根据本地区实际情况在此幅度内确定具体定额标准。城市维护建设税、教育费附加、地方教育附加的计税依据是享受本项税收优惠政策前的增值税应纳税额。

3. 税控系统专用设备和技术维护费用

增值税纳税人2011年12月1日(含，下同)以后初次购买增值税税控系统专用设备(包括分开票机)支付的费用，可凭购买增值税税控系统专用设备取得的增值税专用发票，在增值税应纳税额中全额抵减(抵减额为价税合计额)，不足抵减的可结转下期继续抵减。增值税纳税人非初次购买增值税税控系统专用设备支付的费用，由其自行负担，不得在增值税应纳税额中抵减。

增值税纳税人2011年12月1日以后缴纳的技术维护费(不含补缴的2011年11月30日以前的技术维护费)，可凭技术维护服务单位开具的技术维护费发票，在增值税应纳税额中全额抵减，不足抵减的可结转下期继续抵减。

四、增值税的起征点

对个人销售额未达到规定起征点的，免征增值税；达到起征点的，全额计算缴纳增值税。增值税起征点的适用范围限于个人，不包括认定为一般纳税人的个体工商户。起征点的幅度规定如下：

(1) 按期纳税的，为月销售额5 000～20 000元(含本数)。

(2) 按次纳税的，为每次(日)销售额300～500元(含本数)。

起征点的调整由财政部和国家税务总局规定。省、自治区、直辖市财政厅(局)和税务局应当在规定的幅度内，根据实际情况确定本地区适用的起征点，并报财政部和国家税务总局备案。

五、减免税其他规定

(1) 纳税人兼营免税、减税项目的，应当分别核算免税、减税项目的销售额；未分别核算销售额的，不得免税、减税。

(2) 纳税人发生应税销售行为适用免税规定的，可以放弃免税，按照规定缴纳增值税。纳税人放弃免税后，36个月内不得再申请免税。

(3) 纳税人发生应税销售行为同时适用免税和零税率规定的，纳税人可以选择适用免税或者零税率。

基础训练

某企业为增值税一般纳税人,主要从事货物销售和提供应税服务,2025年发生以下业务,请根据增值税税收优惠政策回答相关问题:

(1)第一季度,该企业销售自产农产品取得含税收入113万元,同时销售其他货物取得含税收入226万元。第一季度购进货物取得增值税专用发票,注明进项税额为15万元。已知农产品适用增值税免税政策,其他货物增值税税率为13%。计算该企业第一季度应缴纳的增值税税额。

(2)第二季度,该企业将一项专利技术转让给其他企业,取得转让收入500万元(含税)。经税务机关认定,该项专利技术转让符合增值税免税政策条件。同时,企业提供运输服务取得含税收入109万元,运输服务增值税税率为9%。第二季度企业购进办公用品取得增值税专用发票,注明进项税额为3万元。计算该企业第二季度应缴纳的增值税税额。

(3)第三季度,该企业提供技术开发服务,取得含税收入300万元,同时提供技术咨询服务,取得含税收入50万元,两项业务已按规定进行了技术合同认定登记。技术开发和与之相关的技术咨询服务,符合增值税免税政策条件。该季度购进原材料取得增值税专用发票,注明进项税额为10万元。计算该企业第三季度应缴纳的增值税税额。

(4)第四季度,该企业符合小微企业增值税普惠性税收减免政策条件。第四季度销售货物取得含税收入41.2万元。假设该企业全年无其他特殊业务及税收调整事项,计算该企业第四季度应缴纳的增值税税额。

任务二 一般计税方法应纳税额计算

 任务目标

1. 素养目标

(1)培养学生依法纳税与规范操作意识,通过应纳税额的计算深化其对依法纳税和规范操作的认知与意识。

(2)培养学生对计税工作精益求精的专业追求,引导学生逐步塑造敬业精神与工匠精神,为其未来投身财税领域筑牢职业素养根基。

(3) 培养学生严谨工作态度与遵规守法的良好职业品德,助力学生在未来职业生涯中坚守法律底线,以严谨细致的态度对待每一项计税工作。

2. 知识目标

(1) 理解销项税额的计算原理。
(2) 掌握进项税额准予抵扣和不得抵扣的情形。
(3) 掌握一般计税方法增值税应纳税额的计算。

3. 能力目标

(1) 掌握销售额的确定。
(2) 熟练掌握增值税进项税额的计算。
(3) 能够正确计算增值税应纳税额。

任务导入

卓越食品有限公司为增值税一般纳税人,2025 年 7 月发生以下业务:

(1) 5 日,销售美味坚果礼盒一批,开具增值税专用发票,注明销售额 300 万元,同时收取优质包装费 9.04 万元(含税),款项已收讫。

(2) 8 日,购进精选坚果原料一批,取得增值税专用发票,注明价款 150 万元;支付运输费用,取得运输公司开具的增值税专用发票,注明运费 8 万元。该原材料已验收入库。

(3) 12 日,将自产的特色曲奇饼干用于职工福利,该产品成本 20 万元,同类产品不含税市场售价 25 万元。

(4) 15 日,进口一台先进饼干烘焙设备,关税完税价格为 60 万元,关税税率为 8%,取得海关进口增值税专用缴款书。

(5) 18 日,因仓库防潮措施不当,上月购进的一批高端面粉发生霉变,账面成本 12 万元(含运费 0.8 万元),进项税额已在上月抵扣,原材料适用税率 13%,运费适用税率 9%。

(6) 20 日,销售使用过的 2009 年购入的包装机(已抵扣进项税额),开具增值税专用发票,取得含税收入 13.56 万元。

(7) 21 日,购进一套智能化食品检测设备,取得增值税普通发票,注明价款 30 万元,税率 13%,设备已投入使用。

(8) 22 日,为拓展市场,将一批新品肉松小贝无偿赠送给长期合作客户,该批产品成本 15 万元,无同类产品市场销售价格,成本利润率为 10%。

(9) 23 日,提供食品研发技术咨询服务,开具增值税专用发票,注明咨询费 20 万元,税率 6%。

(10) 25 日,报销员工本月差旅费,取得 4 张航空运输电子客票行程单,票价 9 650 元,机场建设费 200 元,燃油附加费 160 元;6 张铁路车票,票面金额合计 3 270 元,餐饮费普通发票 5 张,票面金额合计 2 000 元。

(11) 26 日,购进办公用打印机 5 台,取得增值税专用发票,注明价款 5 万元。

(12) 27 日,销售经典巧克力给小规模纳税人,开具普通发票,含税销售额为 11.3 万元。

(13) 28 日,购进有机水果干原料,取得增值税专用发票,注明价款 25 万元,货物于下月到达企业。

(14) 29 日,销售豪华糖果套装一批,采用分期收款方式,合同约定本月应收取不含税价款 40 万元,实际收到 30 万元。

(15) 30 日,购进用于生产的花生一批,收购发票上注明的买价为 40 万元,农产品扣除率为 9%。

(16) 31 日,销售节日糕点礼盒,含税销售额 226 万元,给予购买方 15% 的商业折扣,销售额与折扣额在同一张发票的金额栏分别注明。

本月取得的相关票据均在本月通过认证并申报抵扣。

子任务一　一般纳税人销项税额的计算

任务导入

根据任务二的任务导入准确计算卓越食品有限公司各销售业务的销售额及销项税额。

知识准备

增值税的计税方法主要包括一般计税方法和简易计税方法。我国目前对一般纳税人增值税的计算一般情况下采用一般计税方法,某些特殊情况下采用或者选择采用简易计税方法。对小规模纳税人增值税的计算采用简易计税方法。

增值税一般计税方法,我国采用的是间接计算法,即国际上通行的购进扣税法。对纳税人发生的销售额征税,同时纳税人购进项目所含进项税额可以抵扣。当期销项税额抵扣当期进项税额后的余额为应纳增值税税额。

销项税额是指纳税人发生应税交易,按照销售额乘以适用税率计算的增值税税额。销项税额是相对于进项税额来说的,其计算公式为:

销项税额的确定

$$销项税额 = 销售额 \times 税率$$

或

$$销项税额 = 组成计税价格 \times 税率$$

在增值税税率一定的情况下,计算销项税额的关键在于正确、合理地确定销售额。

一、一般销售方式下销售额的确定

销售额是指纳税人发生应税销售行为向购买方收取的全部价款和价外费用,但是不包括收取的销项税额。具体来说,应税销售额包括以下内容:

(1) 销售货物、服务、无形资产、不动产向购买方收取的全部价款。

(2) 向购买方收取的各种价外费用。具体包括手续费、补贴、基金、集资费、返还利润、奖励费、违约金、滞纳金、延期付款利息、赔偿金、代收款项、代垫款项、包装费、包装物租金、储备费、优质费、运输装卸费以及其他各种性质的价外收费。税法规定,无论会计上如何处理,价外费用均应并入销售额计征增值税。但下列项目不包括在内:①受托加工应征消费税的货物,由受托方向委托方代收代缴的消费税;②同时符合以下两个条件的代垫运费:承运部门的运费发票开具给购买方,并且由纳税人将该项发票转交给购买方的;③销售货物的同时代办保险等而向购买方收取的保险费,以及向购买方收取的代购买方缴纳的车辆购置税、车辆牌照费;④代为收取的同时满足以下条件政府性基金或者行政事业性收费:一是由国务院或者财政部批准设立的政府性基金;二是由国务院或者省级人民政府及其财政、价格主管部门批准设立的行政事业性收费;三是收取时开具省级以上财政部门印制的财政票据;四是所收款项全额上缴财政。

(3) 消费税税额。由于消费税属于价内税,凡征收消费税的货物在计征增值税税额时,其应税销售额应包括消费税。

应当注意的是,计算销项税额时,销售额为不含税销售额。如果销售额中包含了增值税款即销项税额,则应将含税销售额换算成不含税销售额。其计算公式为:

$$不含税销售额=含税销售额\div(1+增值税税率)$$

知识拓展

如何判断销售额是否含税

增值税普通发票未进行价税分离前的销售额含税;商品的零售价格通常含税;价外费用、逾期包装物押金均含税。上述情形在计算销项税额时,都需要将其换算为不含税销售额。

二、特殊销售方式下销售额的确定

(一) 采取折扣方式销售

折扣方式销售包括商业折扣、现金折扣和销售折让三种方式。

1. 商业折扣

商业折扣又称折扣销售,是指销货方在销售货物、提供应税劳务,销售服务、无形资产或者不动产时,因购买方购货数量较大等原因而给予购买方的价格优惠。税法规定,纳税人采取折扣方式销售货物,如果销售额和折扣额在同一张发票上的"金额"栏分别注明的,可按折扣后的销售额征收增值税；如果折扣额另开发票或者在"备注"栏注明的，不论其在财务上如何处理，均不得从销售额中减除折扣额。这里的折扣销售仅限于货物价格折扣，如果是实物折扣，如买一送一，则应按视同销售中无偿赠送处理，实物款项不能从原销售额中扣除。

2. 现金折扣

现金折扣又称销售折扣，是指销货方在销售货物或提供应税劳务后，为了鼓励购货方在一定期限内及早偿还货款而给予的价格优惠。例如，"2/10,1/20,n/30"表示 10 天内付款，可享受 2% 的现金折扣；20 天内付款，可享受 1% 的现金折扣；30 天内全价付款。现金折扣发生在销货之后，属于一种融资行为，在税法中折扣额不得从销售额中减除。

3. 销售折让

销售折让，是指货物销售后，由于其品种或质量等原因购货方未予退货状况下，销货方给予购货方的一种价格折让。销售折让是由于货物的品种和质量引起销售额的减少，对销售折让可以以折让后的货款为销售额。这种方式下需要开具红字增值税专用发票，从当期销售额中减除，否则不得扣减销项税额或销售额。

折扣方式销售额的确定如表 2-2 所示。

表 2-2 折扣方式销售额的确定

方式	特点	税务处理
折扣销售（商业折扣）	销售时折扣已确定发生，有条件在同一张发票上注明并在入账时直接扣除	符合发票管理规定的，可按折扣后的余额计算销项税额。折扣销售只限于价格的折扣，且需在金额栏体现，在备注栏注明的折扣不得被减除
销售折扣（现金折扣）	销售时预计可能发生，按照总价款入账（不考虑现金折扣），在实际发生时作为理财性支出计入财务费用	折扣额不得从销售额中扣除
销售折让	销售过程中或销售完成后的价格减让，一般与质量或适用性有关	可以从销售额中减除，以折让后的货款为销售额

（二）采取以旧换新方式销售

以旧换新销售是指纳税人在销售货物时，折价收回同类旧货物，并以折价款部分冲减新货物价款的一种销售方式。纳税人采取以旧换新方式销售货物的，应按新货物的同期销售价格确定销售额，不得扣减旧货物的收购价格。但金银首饰以旧换新业务可以按销售方实际收取的不含增值税的全部价款征收增值税。

（三）采取还本销售方式销售

还本销售是指纳税人在销售货物后，按约定的时间，一次或分次将购货款部分或全部退还给购货方，退还的货款即为还本支出。这种方式实际上是一种筹资，是以货物换取资金的使用价值，到期还本不付息的方法。纳税人采取还本销售方式销售货物，其销售额就是货物的销售价格，不得从销售额中减除还本支出。

（四）采取以物易物方式销售

以物易物是指购销双方不是以货币结算，而是以同等价款的货物相互结算，实现货物购销的一种方式。以物易物双方都应作购销处理，以各自发出的货物核算销售额并计算销项税额,以各自收到的货物核算购货额及进项税额。

(五) 包装物押金计税问题

包装物是指纳税人包装本单位货物的各种物品。一般情况下,销货方向购货方收取包装物押金,购货方在规定时间内返还包装物,销货方再将收取的包装物押金返还。税法规定,纳税人为销售货物而出租、出借包装物收取的押金,单独记账核算的,且时间在 1 年以内又未过期的,不并入销售额征税;但对因逾期未收回不再退还的包装物押金,应按所包装货物的适用税率计算销项税额。

逾期是指按合同约定实际逾期或以 1 年(12 个月)为期限,对收取 1 年以上的押金,无论是否退还均并入销售额征税。

包装物押金属于含税收入,在并入销售额征税时,需要先将其换算为不含税销售额再征税。此外,包装物押金与包装物租金不能混淆,包装物租金属于价外费用,在收取时并入销售额征税。

对销售除啤酒、黄酒外的其他酒类产品而收取的包装物押金,无论是否返还以及会计上如何核算,均应并入当期销售额征税。对销售啤酒、黄酒所收取的押金,按一般押金的规定处理。包装物押金计税如表 2-3 所示。

表 2-3 包装物押金计税

所包货物品种	税务处理	
非酒类货物以及啤酒、黄酒	收取时	不征收增值税
	合同逾期或 12 个月以上	并入销售额征收增值税
除啤酒、黄酒以外的其他酒类	收取时	并入销售额征收增值税
	合同逾期或 12 个月以上	不再重复征收增值税

三、视同应税交易销售额的确定

纳税人发生视同应税交易而无销售额的,或纳税人销售货物或者提供应税劳务的价格明显偏低并无正当理由的,由主管税务机关核定其销售额。税务机关按下列顺序确定其销售额。

(1) 按纳税人最近时期同类货物、服务、无形资产或者不动产的平均销售价格确定。

(2) 按其他纳税人最近时期同类货物、服务、无形资产或者不动产的平均销售价格确定。

(3) 按组成计税价格确定。其计算公式为:

$$组成计税价格 = 成本 + 利润$$
$$= 成本 \times (1 + 成本利润率)$$

属于应征消费税的货物,既征增值税又征消费税的,其组成计税价格中应包含消费税税额。其计算公式为:

$$组成计税价格 = 成本 + 利润 + 消费税税额$$
$$= 成本 \times (1 + 成本利润率) + 消费税税额$$
$$= 成本 \times (1 + 成本利润率) \div (1 - 消费税税率)$$

其中,成本中属于销售自产货物的为实际生产成本;属于销售外购货物的为实际采购成本。货物"成本利润率"为10%,但属于应征收消费税的货物,其成本利润率应按消费税中规定的成本利润率。成本利润率由国家税务总局确定。

四、销售额的特殊规定

(1) 贷款服务,以提供贷款服务取得的全部利息及利息性质的收入为销售额。

(2) 直接收费金融服务,以提供直接收费金融服务收取的手续费、佣金、酬金、管理费、服务费、经手费、开户费、过户费、结算费、转托管费等各类费用为销售额。

(3) 金融商品转让,按照卖出价扣除买入价后的余额为销售额。

转让金融商品出现的正负差,按盈亏相抵后的余额为销售额。若相抵后出现负差,可结转下一纳税期与下期转让金融商品销售额相抵,但年末时仍出现负差的,不得转入下一个会计年度。金融商品的买入价,可以选择按照加权平均法或者移动加权平均法进行核算,选择后36个月内不得变更。金融商品转让,不得开具增值税专用发票。

(4) 经纪代理服务,以取得的全部价款和价外费用,扣除向委托方收取并代为支付的政府性基金或者行政事业性收费后的余额为销售额。向委托方收取的政府性基金或者行政事业性收费,不得开具增值税专用发票。

(5) 纳税人提供人力资源外包服务,按照经纪代理服务缴纳增值税,其销售额不包括受客户单位委托代为向客户单位员工发放的工资和代理缴纳的社会保险费、住房公积金。

(6) 纳税人提供签证代理服务,以取得的全部价款和价外费用,扣除向服务接受方收取并代为支付给外交部和外国驻华使(领)馆的签证费、认证费后的余额为销售额。

(7) 航空运输企业的销售额,不包括代收的民航发展基金(原机场建设费)和代售其他航空运输企业客票而代收转付的价款。

(8) 一般纳税人提供客运场站服务,以其取得的全部价款和价外费用,扣除支付给承运方运费后的余额为销售额。

(9) 纳税人提供旅游服务,可以选择以取得的全部价款和价外费用,扣除向旅游服务购买方收取并支付给其他单位或者个人的住宿费、餐饮费、交通费、签证费、门票费和支付给其他接团旅游企业的旅游费用后的余额为销售额。

选择上述办法计算销售额的纳税人,向旅游服务购买方收取并支付的上述费用,不得开具增值税专用发票,可以开具增值税普通发票。

(10) 纳税人提供建筑服务适用简易计税方法的,以取得的全部价款和价外费用扣除支付的分包款后的余额为销售额。

(11) 房地产开发企业中的一般纳税人销售其开发的房地产项目(选择简易计税方法的房地产老项目除外),以取得的全部价款和价外费用,扣除受让土地时向政府部门支付的土地价款后的余额为销售额。

任务实施

巩固提升

基础训练

甲公司为增值税一般纳税人,主要从事电子产品的生产与销售,2025年2月发生如下业务:

(1) 5日,销售一批自产的新型电子产品,开具增值税专用发票,注明价款为500万元,增值税税额为65万元;另收取优质费11.3万元,开具了增值税普通发票。

(2) 10日,采取以旧换新方式销售一批电子产品,新电子产品的不含税销售额为80万元,旧电子产品作价10万元,实际收取价款70万元,未开具发票。

(3) 15日,将自产的一批电子产品用于职工福利,该批产品成本为30万元,同类产品不含税市场售价为40万元。

(4) 20日,销售2008年购进的一台旧设备,取得含税收入20.6万元,该设备购进时未抵扣进项税额。

(5) 25日,购进原材料一批,取得增值税专用发票,注明价款300万元,增值税税额39万元;支付运输费用,取得增值税专用发票,注明运费10万元,增值税税额0.9万元。

(6) 28日,因管理不善,上月购进的一批原材料发生霉烂变质,该批原材料的账面价值为20万元(含运费成本1万元),进项税额已在上月抵扣。

已知:该公司销售货物适用的增值税税率为13%,销售自己使用过的固定资产按照简易办法依照3%征收率减按2%征收增值税。

请根据上述资料,准确计算甲公司各销售业务的销售额及销项税额。

子任务二 一般纳税人进项税额的计算

根据任务二的任务导入准确计算卓越食品有限公司可抵扣的进项税额及不可抵扣的进项税额。

 知识准备

进项税额的确定

进项税额,是指纳税人购进与应税交易相关的货物、服务、无形资产、不动产支付或者负担的增值税税额。

一、准予从销项税额中抵扣的进项税额

增值税一般纳税人下列进项税额准予从销项税额中抵扣:
(1) 从销售方取得的增值税专用发票(含税控机动车销售统一发票)上注明的增值

税额。

(2) 从海关取得的海关进口增值税专用缴款书上注明的增值税税额。

(3) 购进农产品进项税额的扣除：

其一，纳税人购进农产品，取得一般纳税人开具的增值税专用发票或者海关进口增值税专用缴款书的，以增值税专用发票或海关进口增值税专用缴款书上注明的增值税税额为进项税额。

其二，按照简易计税方法依照3%征收率计算缴纳增值税的小规模纳税人取得的增税专用发票的，以增值税专用发票上注明的金额和9%的扣除率计算进项税额。

其三，纳税人取得（开具）农产品销售发票或收购发票的，以农产品销售发票或者收购发票上注明的农产品买价和9%的扣除率计算抵扣进项税额。进项税额计算公式：

$$进项税额＝买价\times扣除率$$

其四，纳税人购进用于生产或者委托加工13%税率货物的农产品，按照10%的扣除率计算进项税额，其中9%是凭票据实抵扣或凭票计算抵扣进项税额，1%是在生产领用农产品当期加计抵扣进项税额。例如，纳税人购入黄桃，用来生产黄桃罐头，在购入环节凭票抵扣9%，在生产领用黄桃当期再扣除1%的进项税额。

农产品进项税额抵扣如表2-4所示。

表2-4 农产品进项税额抵扣

抵扣凭证来源	可抵扣进项税额
一般纳税人开具的专用发票或海关进口专用缴款书	发票注明增值税税额
从按简易计税方法依3%征收率纳税的小规模纳税人取得专用发票	发票注明金额×9%
取得（开具）的农产品销售发票或收购发票	销售或收购发票注明买价×9%

(4) 纳税人支付的道路、桥、闸通行费抵扣进项税额：

其一，纳税人支付的道路通行费，按照收费公路通行费增值税电子普通发票上注明的增值税税额抵扣进项税额。

其二，纳税人支付的桥、闸通行费，暂凭取得的通行费发票上注明的收费金额，按照下列公式计算可抵扣的进项税额：

$$可抵扣的进项税额＝桥、闸通行费发票上注明的金额\div(1+5\%)\times5\%$$

(5) 纳税人购进国内旅客运输服务未取得增值税专用发票准予扣除的进项税额。

其一，取得增值税电子普通发票的，为发票上注明的税额。

其二，取得注明旅客身份信息的航空运输电子客票行程单的，按照下列公式计算进项税额：

$$航空旅客运输进项税额＝(票价＋燃油附加费)\div(1+9\%)\times9\%$$

其三，取得注明旅客身份信息的铁路车票的，按照下列公式计算进项税额：

$$铁路旅客运输进项税额＝票面金额\div(1+9\%)\times9\%$$

其四,取得注明旅客身份信息的公路、水路等其他客票的,按照下列公式计算进项税额:

公路、水路等其他旅客运输进项税额＝票面金额÷(1＋3％)×3％

国内旅客运输服务进项税额抵扣如表 2-5 所示。

表 2-5 国内旅客运输服务进项税额抵扣

抵扣凭证种类	可抵扣的进项税额
增值税电子普通发票	发票上注明的税额
航空运输电子客票行程单	(票价＋燃油附加费)÷(1＋9％)×9％
铁路车票	票面金额÷(1＋9％)×9％
公路、水路等客票	票面金额÷(1＋3％)×3％

(6) 从境外单位或者个人购进服务、无形资产或者境内的不动产,从税务机关或扣缴义务人取得的代扣代缴税款的完税凭证上注明的增值税税额。

二、不得从销项税额中抵扣的进项税额

下列项目的进项税额不得从销项税额中抵扣:

(1) 用于简易计税方法计税项目、免征增值税项目、集体福利或者个人消费的购进货物、服务、无形资产和不动产。其中涉及的固定资产、无形资产、不动产,仅指专用于上述项目的固定资产、无形资产(不包括其他权益性无形资产)、不动产。如果既用于上述不允许抵扣项目,又用于可抵扣项目的,该进项税额准予全部抵扣。

纳税人的交际应酬消费属于个人消费。

(2) 非正常损失的购进货物,以及相关的劳务和交通运输服务。

(3) 非正常损失的在产品、产成品所耗用的购进货物(不包括固定资产)、劳务和交通运输服务。

(4) 非正常损失的不动产,以及该不动产所耗用的购进货物、设计服务和建筑服务。

(5) 非正常损失的不动产在建工程所耗用的购进货物、设计服务和建筑服务。

纳税人新建、改建、扩建、修缮、装饰不动产,均属于不动产在建工程。

非正常损失,是指因管理不善造成货物被盗、丢失、霉烂变质,以及因违反法律法规造成货物或者不动产被依法没收、销毁、拆除的情形。

(6) 购进的直接用于消费的餐饮服务、居民日常服务和娱乐服务。

(7) 纳税人接受贷款服务向贷款方支付的与该笔贷款直接相关的投融资顾问费、手续费、咨询费等费用,其进项税额不得从销项税额中抵扣。

(8) 财政部和国家税务总局规定的其他情形。

适用一般计税方法的纳税人,兼营简易计税方法计税项目、免征增值税项目而无法划分不得抵扣的进项税额,按照下列公式计算不得抵扣的进项税额:

不得抵扣的进项税额＝当期无法划分的全部进项税额×(当期简易计税方法计税项目销售额＋免征增值税项目销售额)÷当期全部销售额

税务机关可以按照上述公式依据年度数据对不得抵扣的进项税额进行清算。

已抵扣进项税额的不动产,发生非正常损失,或者改变用途,专门用于简易计税方法计税项目、免征增值税项目、集体福利或者个人消费的,按照下列公式计算不得抵扣的进项税额,并从当期进项税额中扣减:

$$不得抵扣的进项税额=已抵扣进项税额×不动产净值率$$
$$不动产净值率=(不动产净值÷不动产原值)×100\%$$

纳税人取得的增值税扣税凭证不符合法律、行政法规或者国家税务总局有关规定的,其进项税额不得从销项税额中抵扣。

纳税人凭完税凭证抵扣进项税额的,应当具备书面合同、付款证明和境外单位的对账单或者发票。资料不全的,其进项税额不得从销项税额中抵扣。

 任务实施

 巩固提升

1. 甲公司为增值税一般纳税人,主要从事货物销售。2025年6月发生以下业务:

(1) 购进一批原材料,取得增值税专用发票注明价款100万元,增值税税额13万元;支付运费,取得增值税专用发票注明运费5万元,增值税税额0.45万元。

(2) 从农业生产者手中购进农产品,收购发票注明买价30万元,当月全部领用用于生产税率为13%的产品。

(3) 购进一台生产设备,取得增值税专用发票注明价款20万元,增值税税额2.6万元。

(4) 销售货物一批,开具增值税专用发票注明价款300万元,增值税税额39万元。

(5) 由于管理不善,上月购进的一批已抵扣进项税额的原材料被盗,该批原材料成本8万元(含运费0.5万元),原材料及运费的进项税额分别于上月抵扣。

已知:农产品扣除率为10%。请计算甲公司本月准予抵扣的进项税额和本月应缴纳的增值税税额。

2. 乙公司为增值税一般纳税人,2025年8月发生如下经济业务:

(1) 购进一批原材料,取得增值税专用发票,注明价款150万元,增值税税额19.5万元,支付运费,取得增值税专用发票,注明运费8万元,增值税税额0.72万元。

(2) 员工出差,取得注明旅客身份信息的航空运输电子客票行程单,票价合计3.27万元(含燃油附加费0.1万元,民航发展基金0.05万元);取得注明旅客身份信息的铁路车票,票面金额合计2.18万元;取得注明旅客身份信息的公路客票,票面金额合计1.03万元。

(3) 购入一台生产设备,取得增值税专用发票,注明价款30万元,增值税税额3.9万元。

(4) 销售产品一批,开具增值税专用发票,注明价款350万元,增值税税额45.5万元,另

收取延期付款利息 3.39 万元(含税)。

(5) 由于管理不善,上月购进的已抵扣进项税额的原材料发生霉烂变质,该批原材料成本 10 万元,其中含运费 0.5 万元,原材料及运费的进项税额已于上月抵扣。

请计算乙公司本月准予抵扣的进项税额、本月的销项税额和本月应缴纳的增值税税额。

子任务三　一般计税方法应纳税额的计算

根据任务二的任务导入准确计算卓越食品有限公司应纳增值税税额。

一、一般计税方法应纳税额的计算

增值税一般纳税人在一般计税方法下的增值税应纳税额等于本期销项税额减本期进项税额。在确定了销项税额和进项税额后,就可以计算出本期的应纳税额。其计算公式为:

$$应纳税额＝当期销项税额－当期进项税额$$

当期销项税额小于当期进项税额不足抵扣时,其不足部分可以结转下期继续抵扣或留抵退税。

从境外单位或者个人购进服务、无形资产或者不动产,自税务机关或者扣缴义务人取得的解缴税款的完税凭证上注明的增值税税额,准予从销项税额中抵扣。

二、应纳税额的时间界定

(一) 销项税额的时间界定

增值税纳税人应税销售行为发生后,什么时间计算销项税额,关系到当期销项税额的大小。关于销项税额的确定时间,总的原则是销项税额的确定不得滞后。税法对此作了严格的规定,具体确定销项税额时间的方法详见本项目任务五。

(二) 进项税额抵扣时限的界定

进项税额是纳税人购进货物、服务、无形资产或者不动产所支付或负担的增值税税额,进项税额的大小,直接影响纳税人的应纳税额的多少。

自 2020 年 3 月 1 日起,增值税一般纳税人取得 2017 年 1 月 1 日及以后开具的增值税专用发票、海关进口增值税专用缴款书、机动车销售统一发票、收费公路通行费增值税电子普通发票,取消认证确认、稽核比对、申报抵扣的期限。纳税人在进行增值税纳税申报时,应当通过本省(自治区、直辖市或计划单列市)增值税发票综合服务平台对上述扣税凭证信息进行用途确认。

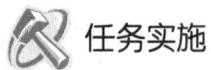 **任务实施**

基础训练

 巩固提升

1. 甲公司为增值税一般纳税人，主要提供餐饮、住宿服务，2025 年 7 月有关经营情况如下：

（1）提供餐饮、住宿服务取得含增值税收入 1 431 万元。

（2）出租餐饮设备取得含增值税收入 28.25 万元，出租房屋取得含增值税收入 5.45 万元。

（3）提供车辆停放服务取得含增值税收入 10.9 万元。

（4）发生员工出差火车票、飞机票（注明员工身份信息）支出合计 9.81 万元。

（5）支付技术咨询服务费，取得增值税专用发票注明税额 1.2 万元。

（6）购进卫生用具一批，取得增值税专用发票注明税额 1.6 万元。

（7）从农业合作社购进蔬菜，取得农产品销售发票注明买价 100 万元。

已知：有形动产租赁服务增值税税率为 13％；不动产租赁服务增值税税率为 9％；生活服务、现代服务（除有形动产租赁服务和不动产租赁服务外）增值税税率为 6％；交通运输服务增值税税率为 9％；农产品扣除率为 10％；取得的扣税凭证均已通过税务机关认证。

请计算甲公司当月增值税销项税额、进项税额及应纳增值税税额。

2. 乙公司为增值税一般纳税人（增值税税率为 13％），主要生产和销售洗衣机，2025 年 8 月有关经济业务如下：

（1）购进一批生产用原材料，取得增值税专用发票注明的金额为 50 万元，增值税为 6.5 万元；支付相关运费，取得增值税普通发票注明的金额为 2 万元，增值税为 0.18 万元。

（2）接受股东投资转入材料一批，取得增值税专用发票注明的金额为 100 万元，增值税为 13 万元。

（3）购进国内旅客运输服务，取得注明员工身份信息的航空运输电子客票行程单，票价共计 21 800 元；取得公路客票，票面金额共计 3 090 元，其中有 309 元的客票没有注明员工身份信息。

（4）销售洗衣机一批，取得不含税销售额 200 万元，另外收取包装物租金 1.13 万元。

（5）采取以旧换新方式销售洗衣机，新产品含税售价为 7.91 万元，旧产品作价 2 万元。

（6）因仓库管理不善，上月购进的一批生产用零配件全部毁损，该批零配件的采购成本为 10 万元（进项税额已抵扣）。

请计算甲公司当月增值税销项税额、进项税额及应纳增值税税额。

任务三　简易计税方法应纳税额计算

任务目标

1. 素养目标

(1) 树立依法纳税、规范操作意识。通过常态化练习,学生将依法纳税、规范操作意识融入日常学习与未来工作的每一个环节。

(2) 培养学生的敬业精神和工匠精神。通过持续的实操训练与反思,培养学生对计税工作一丝不苟的态度,激发他们对计税业务的钻研精神,逐步形成敬业精神和工匠精神。

(3) 培养工作态度严谨、遵守法律法规的良好道德品质。全面培养学生严谨的工作态度和遵守法律法规的良好道德品质,使他们在未来的财税工作中,始终严守法律底线,严谨对待每一项计税工作。

2. 知识目标

(1) 理解简易计税方法的概念和适用范围。

(2) 掌握一般纳税人简易计税的情形。

(3) 掌握简易计税方法应纳税额的计算公式,明确各要素的含义及确定方法。

3. 能力目标

(1) 熟练掌握经济业务采用简易计税方法应满足的条件。

(2) 熟练掌握采用简易计税方法计算应纳税额的方法。

任务导入

1. 某生产企业为增值税小规模纳税人,2025 年 8 月发生如下业务:

(1) 5 日,销售一批自产产品,开具普通发票,取得含税销售收入 51 500 元;采取折扣销售方式,将一批产品以八折出售,含税原价为 20 600 元,折扣额与销售额在同一张发票上注明。

(2) 8 日,由于产品质量问题,上月销售的产品被退回一部分,退还客户含税价款 3 090 元,该批产品销售时已缴纳增值税。

(3) 10 日,购进一批生产用原材料,取得增值税专用发票注明金额 8 000 元,税额 1 040 元;另外支付含税运输费用 2 060 元,取得运输公司开具的增值税专用发票。

(4) 16 日,出租一台闲置的生产设备,本月取得含税租金收入 6 180 元。

(5) 20 日,出租一处 2016 年 4 月 30 日前取得的厂房,本月取得含税租金收入 10 500 元。

(6) 28 日,为其他企业提供加工劳务,开具普通发票,取得含税收入 10 300 元。

根据上述资料,计算该生产企业 2025 年 8 月应缴纳的增值税税额。

2. 某建筑企业为增值税一般纳税人,在一些特定业务上选择适用简易计税方法。2025 年 10 月发生如下经济业务:

(1) 2 日,承接甲供工程,取得含税工程款收入 618 000 元。该工程部分材料由甲方提供,企业将其中一部分劳务分包给另一建筑公司,支付含税分包款 103 000 元。

(2) 8 日,销售一台 2013 年购入的施工设备,该设备购入时未抵扣进项税额,取得含税销售额 20 600 元。

(3) 12 日,出租 2016 年 4 月 30 日前取得的一处仓库,含税月租金为 31 500 元。

(4) 25 日,转让 2016 年 4 月 30 日前取得的一块土地使用权,取得含税收入 525 000 元,该土地使用权购置原价为 300 000 元。

根据上述资料,计算该建筑企业 2025 年 10 月应缴纳的增值税税额。

 知识准备

为方便小规模纳税人,减轻小规模纳税人的征税成本,我国对小规模纳税人采用简易计税方法。一般纳税人发生特定销售行为,也可以选择简易计税方法计税。简易计税方法的应纳税额,是指按照销售额和增值税征收率计算的增值税税额,不得抵扣进项税额。其计算公式为:

$$应纳税额=销售额×征收率$$

简易计税方法下的销售额与一般计税方法下的销售额的内容是一致的,都是销售货物、服务、无形资产或者不动产向购买方收取的全部价款和价外费用,但不包括从购买方收取的增值税税额。

一、小规模纳税人简易计税方法

小规模纳税人发生应税销售行为采用简易计税方法计税,应按照销售额和征收率计算应纳增值税税额,不得抵扣进项税额。其计算公式为:

$$应纳税额=销售额×征收率$$

其中,销售额应为不含税销售额,如果是含税销售额,应换算为不含税销售额。

$$不含税销售额=含税销售额÷(1+征收率)$$

其中,纳税人适用简易计税方法计税的,因销售折让、中止或者退回而退还给购买方的销售额,应当从当期销售额中扣减。扣减当期销售额后仍有余额造成多缴的税款,可以从以后的应纳税额中扣减。

小规模纳税人销售自己使用过的物品或旧货的税务处理如表 2-6 所示。

表 2-6 小规模纳税人销售自己使用过的物品或旧货的税务处理规定

情形		税务处理
其他个人（自然人）销售自己使用过的物品		免征增值税
小规模纳税人（其他个人除外）	销售自己使用过的设备等固定资产	应缴纳的增值税＝含税售价÷(1＋3%)×2%
	销售旧货	(1) 从事二手车经销的纳税人销售其收购的二手车： 　　应纳税额＝含税销售额÷(1＋0.5%)×0.5% (2) 其他二手物品： 　　应缴纳的增值税＝含税售价÷(1＋3%)×2%
	销售自己使用过的固定资产以外的其他物品	应缴纳的增值税＝含税售价÷(1＋3%)×3%

二、一般纳税人简易计税方法

（1）一般纳税人销售自产的下列货物，可选择按照简易办法依照3%征收率计算缴纳增值税：①县级及县级以下小型水力发电单位生产的电力[小型水力发电单位，是指各类投资主体建设的装机容量为5万千瓦以下（含5万千瓦）的小型水力发电单位]；②建筑用和生产建筑材料所用的砂、土、石料；③以自己采掘的砂、土、石料或其他矿物连续生产的砖、瓦、石灰（不含粘土实心砖、瓦）；④商品混凝土（仅限于以水泥为原料生产的水泥混凝土）；⑤用微生物、微生物代谢产物、动物毒素、人或动物的血液或组织制成的生物制品；⑥自来水（对属于一般纳税人的自来水公司销售自来水按简易办法依照3%的征收率征收增值税，不得抵扣其购进自来水取得增值税扣税凭证上注明的增值税税款）。

（2）一般纳税人销售货物属于下列情形之一的，暂按简易办法依照3%的征收率计算缴纳增值税：①寄售商店代销寄售物品（包括居民个人寄售的物品在内）；②典当业销售死当物品。

（3）一般纳税人销售下列服务，可以选择简易计税方法计税，征收率为3%：①公共交通运输服务，包括轮客渡、公交客运、地铁、城市轻轨、出租车、长途客运、班车；②经认定的动漫企业为开发动漫产品提供的动漫脚本编撰、形象设计、背景设计、动画设计、分镜、动画制作、摄制、描线、上色、画面合成、配音、配乐、音效合成、剪辑、字幕制作、压缩转码（面向网络动漫、手机动漫格式适配）服务，以及在境内转让动漫版权（包括动漫品牌、形象或者内容的授权及再授权）；③电影放映服务、仓储服务、装卸搬运服务、收派服务和文化体育服务；④以纳入"营改增"试点之日前取得的有形动产为标的物提供的经营租赁服务；⑤在纳入"营改增"试点之日前签订的尚未执行完毕的有形动产租赁合同；⑥提供物业管理服务的纳税人，向服务接受方收取的自来水水费；⑦非企业性单位中的一般纳税人提供的研发和技术服务、信息技术服务、鉴证咨询服务，以及销售技术、著作权等无形资产，提供技术转让、技术开发和与之相关的技术咨询、技术服务；⑧一般纳税人提供非学历教育服务、教育辅助服务。

（4）一般纳税人提供的建筑服务，可以选择简易计税方法计算应纳增值税，征收率为3%，具体包括：①一般纳税人以清包工方式提供的建筑服务，可以选择适用简易计税方法计税，以清包工方式提供建筑服务，是指施工方不采购建筑工程所需的材料或只采购辅助材料,并收取人工费、管理费或者其他费用的建筑服务;②一般纳税人为甲供工程提供的建筑服务,可以选择适用简易计税方法计税,甲供工程,是指全部或部分设备、材料、动力由工程发包方自行采购的建筑工程;③一般纳税人销售自产机器设备的同时提供安装服务,应分别核算机器设备和安装服务的销售额,安装服务可以按照甲供工程选择适用简易计税方法计税;④一般纳税人销售外购机器设备的同时提供安装服务,如果已经按照兼营的有关规定,分别核算机器设备和安装服务的销售额,安装服务可以按照甲供工程选择适用简易计税方法计税;⑤一般纳税人为建筑工程老项目提供的建筑服务,可以选择适用简易计税方法计税。

(5) 转让不动产的简易计税,具体如下:①一般纳税人转让其2016年4月30日前取得(不含自建)的不动产,可以选择适用简易计税方法计税,以取得的全部价款和价外费用扣除不动产购置原价或者取得不动产时的作价后的余额为销售额,按照5%的征收率计算应纳税额;②一般纳税人转让其2016年4月30日前自建的不动产,可以选择适用简易计税方法计税,以取得的全部价款和价外费用为销售额,按照5%的征收率计算应纳税额;③一般纳税人转让其2016年5月1日后取得(不含自建)的不动产,应适用一般计税方法,以取得的全部价款和价外费用为销售额计算应纳税额。纳税人应以取得的全部价款和价外费用减去不动产购置原价或者取得不动产时的作价后的余额,按照5%的预征率在不动产所在地预缴税款后,向机构所在地主管税务机关进行纳税申报;④一般纳税人转让其2016年5月1日后自建的不动产,应适用一般计税方法,以取得的全部价款和价外费用为销售额计算应纳税额。纳税人应以取得的全部价款和价外费用,按照5%的预征率在不动产所在地预缴税款后,向机构所在地主管税务机关进行纳税申报。

(6) 一般纳税人销售自己使用过的固定资产和旧货税务处理规定,如表2-7所示。

表2-7 一般纳税人销售自己使用过的固定资产和旧货税务处理规定

销售对象的具体情况		计税公式
自己使用过的物品	固定资产(不动产除外)	按规定不得抵扣且未抵扣过进项税额	应缴纳的增值税=含税售价÷(1+3%)×2%
		按规定可以抵扣进项税额	销项税额=含税售价÷(1+适用税率)×适用税率
	固定资产以外的其他物品		
旧货	(1) 从事二手车经销的纳税人销售其收购的二手车减按0.5%征收率征收增值税: 　应纳税额=含税销售额÷(1+0.5%)×0.5% (2) 其他二手物品: 　应缴纳的增值税=含税销售额÷(1+3%)×2%		

(7) 一般纳税人提供劳务派遣服务,可以选择差额纳税,以取得的全部价款和价外费用,扣除带用工单位支付给劳务派遣员工的工资、福利和为其办理社会保险及住房公积金后的余额为销售额,按照简易计税方法依5%的征收率计算缴纳增值税。纳税人提供安全保护服务,比照劳务派遣服务政策执行。

任务实施

 巩固提升

甲公司为增值税一般纳税人,专门从事认证服务。2025年10月发生如下业务:
(1) 16日,取得某项认证服务收入价税合计为106万元。
(2) 18日,购进一台经营用设备,取得增值税专用发票注明金额20万元,增值税为2.6万元;支付运输费用,取得增值税专用发票注明金额为1万元,增值税为0.09万元。
(3) 20日,支付广告服务费,取得增值税专用发票注明金额5万元,增值税为0.3万元。
(4) 28日,销售2009年1月1日以前购进的一台固定资产,售价0.206万元。

已知:认证服务适用的增值税税率为6%;一般纳税人销售自己使用过的属于税法规定不得抵扣且未抵扣进项税额的不动产以外的其他固定资产,按照简易办法依照3%征收率减按2%征收增值税。

请计算甲公司2025年10月应缴纳的增值税税额。

任务四　进口货物应纳税额计算

 任务目标

1. 素养目标

(1) 培养学生依法纳税的意识,激发学生主动学习和运用税收法规的积极性,将依法纳税意识深植于学生心中,使其在未来参与国际贸易活动时,能够自觉依法纳税。

(2) 增强学生对国际贸易规则的理解,开展小组讨论,引导学生探讨贸易规则变化对进口货物应纳税额计算的影响,帮助学生构建国际贸易规则知识体系,提升学生计算应纳税额的能力。

(3) 提升学生的职业素养和责任感,从工作态度、团队协作、责任意识等多维度对学生进行评价,全面提升学生的职业素养和责任感。

2. 知识目标

(1) 掌握进口货物增值税完税价格的确定方法。
(2) 理解进口货物增值税应纳税额的计算公式。

3. 能力目标
(1) 能够准确确定进口货物的完税价格。
(2) 掌握根据完税价格和税率计算进口货物应纳增值税税额的方法。

 **任务导入**

1. 华耀商贸有限公司为增值税一般纳税人,2025年1月从国外进口一批高档化妆品,关税完税价格为200万元。已知:进口关税税率为25%,消费税税率为15%。同时进口一台新型智能生产设备,关税完税价格为50万元,进口关税税率为10%。

根据以上资料,完成以下任务:
(1) 计算进口高档化妆品应缴纳的关税、消费税和增值税。
(2) 计算进口新型智能生产设备应缴纳的关税和增值税。
(3) 计算该公司当月进口环节应缴纳的增值税税额。

2. 天天商场2025年10月进口货物一批,该批货物在国外的买价为40万元,运抵我国海关前发生的包装费、运输费、保险费等共计20万元,货物进口关税税率15%,增值税税率13%。货物报关后,商场按规定缴纳了进口环节的增值税并取得了海关开具的完税凭证。该批进口货物在国内全部销售。取得不含税销售额80万元。

根据以上资料,完成以下任务:
(1) 计算进口环节应缴纳的关税和增值税。
(2) 计算国内销售环节应缴纳的增值税税额。

 知识准备

对进口货物征税是国际惯例。根据有关规定,中国境内进口货物的单位和个人均应按规定缴纳增值税。

一、纳税人

进口货物增值税的纳税人为进口货物的收货人或办理报关手续的单位和个人,包括国内一切从事进口业务的企事业单位、机关团体和个人。

二、征税范围

申报进入中华人民共和国海关境内的货物,均应缴纳增值税。在进口环节,由海关代征增值税。

确定一项货物是否属于进口货物,主要看是否有报关手续。只要是报关进境的应税货物,不论是自行采购用于贸易还是自用,不论是购进还是国外捐赠,均应按照规定缴纳进口环节的增值税(免税进口的货物除外)。

三、税率

进口货物增值税税率与一般纳税人在国内销售同类货物的税率相同。

四、应纳税额的计算

纳税人进口货物,无论是一般纳税人还是小规模纳税人,均应按照组成计税价格和规定的税率计算应纳税额,不允许抵扣发生在境外的任何税金。其计算公式为:

$$应纳税额 = 组成计税价格 \times 税率$$

其中,组成计税价格分两种情况:

(1) 进口货物只征收增值税的,其组成计税价格为:

$$组成计税价格 = 关税完税价格 + 关税$$
$$= 关税完税价格 \times (1 + 关税税率)$$

(2) 进口货物同时征收消费税的,其组成计税价格为:

$$组成计税价格 = 关税完税价格 + 关税 + 消费税$$
$$= 关税完税价格 \times (1 + 关税税率) \div (1 - 消费税税率)$$

【特别提示】

进口货物增值税的组成计税价格中包括已纳关税税额,如果进口货物属于消费税应税消费品,其组成计税价格中还要包括进口环节已纳消费税税额。

一般贸易下进口货物的关税完税价格以海关审定的成交价格为基础的到岸价格作为完税价格。成交价格是一般贸易项下进口货物的买方为购买该项货物向卖方实际支付或应当支付的价格;到岸价格,包括货价,加上货物运抵我国关境内输入地点起卸前的包装费、运费、保险费和其他劳务费等费用构成的一种价格。

 任务实施

基础训练

巩固提升

1. 阳光商贸公司于 2025 年 1 月进口一批高档化妆品,该批高档化妆品在国外的采购价为 75 万元,运抵我国海关前发生的运输费、装卸费、保险费等合计 10 万元。高档化妆品进口关税税率为 20%,消费税税率为 15%,增值税税率为 13%。货物报关后,公司按规定缴纳了进口环节的各项税费并取得了海关开具的完税凭证。之后该批高档化妆品在国内市场全部售出,取得含税销售额 226 万元。

请根据业务内容协助会计李雯完成以下任务:
(1) 计算该批高档化妆品进口环节应缴纳的关税、消费税和增值税。
(2) 计算国内销售环节应缴纳的增值税税额。

2. 甲公司是增值税一般纳税人,9 月从国外进口一批生产用原材料,海关审定的关税完税价格 100 万元,应缴纳关税 10 万元,按 13% 税率向海关缴纳了进口环节增值税,并取得了海关进口增值税专用缴款书。该批原材料当月加工成产品后全部在国内销售,取得不含税销售收入 200 万元;同时支付运输费,取得的增值税专用发票上注明运费 8 万元,增值税税额 0.72 万元。

请根据业务内容协助会计李雯完成以下任务:
(1) 计算进口原材料应纳的增值税税额。
(2) 计算国内销售环节应纳的增值税税额。

任务五　增值税智慧化申报管理

任务目标

1. 素养目标
(1) 培养依法纳税的责任感与风险防范意识,引导学生持续关注税收政策变化以应对各类税务风险。
(2) 培养严谨细致的职业态度与遵守法律法规的道德品质,引导学生深刻认识到遵守法律法规的重要性,形成依法依规操作的良好习惯。
(3) 保持有效沟通,关注增值税政策动态,更新知识体系以应对申报管理工作中的各种挑战。

2. 知识目标
(1) 掌握增值税纳税义务发生时间、纳税期限和纳税地点。
(2) 掌握增值税纳税申报流程。

3. 能力目标
(1) 能够根据业务资料填制增值税纳税申报表(主表、附表)。
(2) 熟练掌握增值税的网上申报。

企业名称:上海创新有限责任公司。

增值税纳税人身份:一般纳税人。

登记注册类型:其他有限责任公司。

法定代表人姓名:王强;办税员:赵刚。

企业地址及电话:上海市浦东新区创新路88号,021-66666666。

企业所属行业:制造业(生产销售空调,出厂不含税单价为3 000元/台,成本为2 500元/台)。

开户银行及账号:中国建设银行上海分行浦东支行8809753001234567890。

纳税人识别号:98760100000020089N。

2025年1月,该公司购销情况如下:

(1) 3日,向当地一家大型商场销售空调200台,开具增值税专用发票,不含税单价3 000元/台,不含税销售额共计600 000元,双方约定若商场在15天内付款,可享受不含税价款3‰的现金折扣,商场于2月10日付款,给予其现金折扣(现金折扣不考虑增值税)。

(2) 10日,向外地某经销商销售300台空调并开具增值税普通发票,价税合计1 017 000元,同时支付给运输公司运费价税合计6 540元,取得增值税专用发票,注明运费金额6 000元,增值税税额540元,外地经销商款项未付。

(3) 12日,将3台空调用于本单位职工宿舍,但未开具发票。

(4) 15日,没收逾期未收回的包装物押金22 600元,确认收入但未开具发票。

(5) 16日,购进原材料、零部件一批,取得的增值税专用发票上注明金额300 000元,增值税税额39 000元。支付给运输公司运费价税合计4 360元,取得的增值税专用发票上注明运费金额4 000元,增值税税额360元。上述货款未付,运费已支付,货物已运达企业并入库。

(6) 18日,购进空调配件一批,货款已付,取得的增值税专用发票上注明金额150 000元,增值税税额19 500元,物资尚未验收入库。

(7) 20日,从小规模纳税人处购进零件,支付价税合计80 000元,取得增值税普通发票,该零件已入库,且款项已付。

(8) 22日,从一般纳税人处购进零件,支付价税合计50 000元,取得增值税普通发票,该零件已入库,且款项已付。

(9) 25日,为推广新型空调,采用以旧换新方式向消费者个人销售新产品,共收取现金697 500元(已扣除收购旧空调底价150 000元),开具增值税普通发票。

(10) 27日,购置办公用打印机一批,取得的增值税专用发票上注明金额80 000元,增值税税额10 400元,款项已付。

(11) 28日,外购办公用纸张一批,取得的增值税专用发票上注明金额2 000元,增值税税额260元,办公用纸张直接交付办公室使用,款项已付。

(12) 29 日,企业建职工活动室,领用上月购进的原材料铝合金一批,实际成本 80 000 元,该批铝合金的进项税额 10 400 元,已在购进当期申报抵扣。

(13) 30 日,接受某企业投资转入生产用材料一批,取得的增值税专用发票上注明金额 120 000 元,增值税税额 15 600 元,材料已验收入库。

(14) 30 日,委托加工物资一批并支付加工费,取得的增值税专用发票上注明金额 15 000 元,增值税税额 1 950 元,款项已付。

上海创新有限责任公司不适用小微企业"六税两费"减免政策。该公司于 2025 年 1 月 10 日缴纳上期应交未交增值税 80 000 元,且 2025 年 1 月取得增值税专用发票当月均符合抵扣规定。

根据以上资料,计算该公司 2025 年 1 月应纳增值税税额,并填写增值税纳税申报表。

知识准备

一、纳税义务发生时间

纳税人发生应税销售行为,其纳税义务发生时间为收讫销售款项或者取得索取销售款项凭据的当日;先开具发票的,为开具发票的当日。具体如下:

(1) 采取直接收款方式销售货物,不论货物是否发出,均为收到销售款或者取得索取销售款凭据的当日。

纳税人生产经营活动中采取直接收款方式销售货物,已将货物移送对方并暂估销售收入入账,但既未取得销售款或取得索取销售款凭据也未开具销售发票的,其纳税义务发生时间为取得销售款或取得索取销售款凭据的当日;先开具发票的,为开具发票的当日。

(2) 采取托收承付和委托银行收款方式销售货物,为发出货物并办妥托收手续的当日。

(3) 采取赊销和分期收款方式销售货物,为书面合同约定的收款日期的当日,无书面合同的或者书面合同没有约定收款日期的,为货物发出的当日。

(4) 采取预收货款方式销售货物,为货物发出的当日。但生产销售生产工期超过 12 个月的大型机械设备、船舶、飞机等货物,为收到预收款或者书面合同约定的收款日期的当日。

(5) 委托其他纳税人代销货物,为收到代销单位的代销清单或者收到全部或部分货款的当日。未收到代销清单及货款的,为发出代销货物满 180 天的当日。

(6) 纳税人提供租赁服务采取预收款方式的,其纳税义务发生时间为收到预收款的当日。

(7) 纳税人从事金融商品转让的,为金融商品所有权转移的当日。

纳税人发生视同应税交易,纳税义务发生时间为完成视同应税交易的当日。

进口货物,其纳税义务发生时间为报关进口的当日。

增值税扣缴义务发生时间为纳税人增值税纳税义务发生的当日。

二、纳税期限

增值税的纳税期限分别为 10 日、15 日、1 个月或者 1 个季度。

纳税人的具体纳税期限,由主管税务机关根据纳税人应纳税额的大小分别核定。不能按照固定期限纳税的,可以按次纳税。

以 1 个季度为一个纳税期限的规定适用于小规模纳税人、银行、财务公司、信托投资公司、信用社,以及财政部和国家税务总局规定的其他纳税人。

按固定期限纳税的小规模纳税人可以选择以 1 个月或 1 个季度为一个纳税期限,一经选择,一个会计年度内不得变更。

纳税人以 1 个月或者 1 个季度为一个纳税期的,自期满之日起 15 日内申报纳税;以 10 日或者 15 日为一个纳税期的,自期满之日起 5 日内预缴税款,于次月 1 日起 15 日内申报纳税并结清上月应纳税款。

纳税人进口货物,应当于海关规定的期限申报并缴纳税款。

三、纳税地点

1. 固定业户的纳税地点

(1) 有固定生产经营场所的纳税人,应当向其机构所在地或者居住地主管税务机关申报纳税。总机构和分支机构不在同一县(市)的,应当分别向各自所在地的税务机关申报纳税;经国务院财政、税务部门或者其授权的财政、税务机关批准,可以由总机构汇总向总机构所在地的税务机关申报纳税。

(2) 固定业户到外县(市)销售货物或者劳务的,应当向其机构所在地的税务机关报告外出经营事项,并向其机构所在地的税务机关申报纳税。未报告的,应当向销售地或者劳务发生地的税务机关申报纳税;未向销售地或者劳务发生地的税务机关申报纳税的,由其机构所在地的税务机关补征税款。

2. 非固定业户的纳税地点

无固定生产经营场所的纳税人,应当向其应税交易发生地主管税务机关申报纳税;未申报纳税的,由其机构所在地或者居住地主管税务机关补征税款。

3. 进口货物的纳税地点

进口货物的纳税人,应当由进口人或其代理人向报关地海关申报纳税。

4. 扣缴义务人的纳税地点

扣缴义务人,应当向其机构所在地或者居住地的税务机关申报缴纳其扣缴的税款;未申报纳税的,由其机构所在地或者居住地主管税务机关补征税款。

5. 其他

自然人销售或者租赁不动产、转让自然资源使用权、提供建筑服务,应当向不动产所在地、自然资源所在地、建筑服务发生地主管税务机关申报纳税。

四、简易确认式申报

1. 简易确认式申报概念

简易确认式申报是指在金税四期系统下,依托税收大数据和智能算税规则,结合纳税人缴费人标签特征,针对业务要素特征简单的纳税人,提供增值税及附加、消费税及附加、企业所得税、文化事业建设费等共7个税(费)种的一次性确认申报。由系统自动提取数据、自动计算税额、自动生成要素化表单,经纳税人确认完成申报,实现多税费"一次确认,一次提交"的简易确认式申报功能。

2. 简易确认式申报办税流程

纳税人登录电子税务局平台,点击【我要办税】—【税费申报及缴纳】—【简易确认式申报】,系统自动判断纳税人是否符合简易确认式申报条件,若不符,系统会自动阻断;若符合,则成功进入税(费)种选择页面。

系统默认勾选可申报的税种,纳税人可根据实际情况进行选择;对于不符合申报条件的税(费)种,系统默认不可勾选并展示不符合申报条件的原因,纳税人可根据提示进行申报办理。选择完成后,点击【去办理】,即可进入税费试算界面。

系统会根据纳税人涉税信息,自动展示纳税人所选税费种的本期应补(退)税额合计、经营情况、享受优惠情况等数据。纳税人需对预填内容进行确认,如与实际经营情况不符,可在经营情况栏次直接修改。修改完成后,点击【下一步】进入申报确认页面。

纳税人可点击【查看报表】,查看明细数据,确认无误后,点击【提交申报】即可完成申报。

五、增值税纳税申报

增值税是国家最重要的税种,通过国家电子税务平台实现了线上全流程自动申报,借助信息化、智能化手段,提高了纳税申报、风险管理及税务筹划效率。

(一)增值税一般纳税人的纳税申报

增值税一般纳税人纳税申报需要填制《增值税及附加税费申报表(一般纳税人适用)》(表2-8)、《增值税及附加税费申报表附列资料》(表2-9至表2-13)以及《增值税减免税申报明细表》(表2-14)。

表2-8 增值税及附加税费申报表

(一般纳税人适用)

根据国家税收法律法规及增值税相关规定制定本表。纳税人不论有无销售额,均应按税务机关核定的纳税期限填写本表,并向当地税务机关申报。

税款所属时间:自 年 月 日至 年 月 日　　填表日期: 年 月 日　　金额单位:元(列至角分)

纳税人识别号(统一社会信用代码):□□□□□□□□□□□□□□□□□□□□　　所属行业:

纳税人名称:		法定代表人姓名		注册地址		生产经营地址	
开户银行及账号		登记注册类型				电话号码	

(续表)

项目		栏次	一般项目		即征即退项目	
			本月数	本年累计	本月数	本年累计
销售额	（一）按适用税率计税销售额	1				
	其中:应税货物销售额	2				
	应税劳务销售额	3				
	纳税检查调整的销售额	4				
	（二）按简易办法计税销售额	5				
	其中:纳税检查调整的销售额	6				
	（三）免、抵、退办法出口销售额	7			—	—
	（四）免税销售额	8			—	—
	其中:免税货物销售额	9			—	—
	免税劳务销售额	10			—	—
税款计算	销项税额	11				
	进项税额	12				
	上期留抵税额	13				—
	进项税额转出	14				
	免、抵、退应退税额	15				
	按适用税率计算的纳税检查应补缴税额	16				
	应抵扣税额合计	17＝12＋13－14－15＋16			—	—
	实际抵扣税额	18（如17＜11,则为17,否则为11）				
	应纳税额	19＝11－18				
	期末留抵税额	20＝17－18				—
	简易计税办法计算的应纳税额	21				
	按简易计税办法计算的纳税检查应补缴税额	22				
	应纳税额减征额	23				
	应纳税额合计	24＝19＋21－23				
税款缴纳	期初未缴税额(多缴为负数)	25				
	实收出口开具专用缴款书退税额	26				

(续表)

项目		栏次	一般项目		即征即退项目	
			本月数	本年累计	本月数	本年累计
税款缴纳	本期已缴税额	27＝28＋29＋30＋31				
	①分次预缴税额	28		—		—
	②出口开具专用缴款书预缴税额	29		—		—
	③本期缴纳上期应纳税额	30				
	④本期缴纳欠缴税额	31				
	期末未缴税额(多缴为负数)	32＝24＋25＋26－27				
	其中:欠缴税额(≥0)	33＝25＋26－27		—		—
	本期应补(退)税额	34＝24－28－29				
	即征即退实际退税额	35	—	—		
	期初未缴查补税额	36			—	—
	本期入库查补税额	37			—	—
	期末未缴查补税额	38＝16＋22＋36－37			—	—
附加税费	城市维护建设税本期应补(退)税额	39			—	—
	教育费附加本期应补(退)费额	40			—	—
	地方教育附加本期应补(退)费额	41			—	—
声明:此表是根据国家税收法律法规及相关规定填写的,本人(单位)对填报内容(及附带资料)的真实性、可靠性、完整性负责。						
			纳税人(签章): 年 月 日			
经办人: 经办人身份证号: 代理机构签章: 代理机构统一社会信用代码:			受理人: 受理税务机关(章): 受理日期: 年 月 日			

表2-9 增值税及附加税费申报表附列资料（一）

（本期销售情况明细）

税款所属时间：　　年　月　日 至　　年　月　日

纳税人名称：（公章）

金额单位：元（列至角分）

项目及栏次			开具增值税专用发票		开具其他发票		未开具发票		纳税检查调整		合计			服务、不动产和无形资产扣除项目本期实际扣除金额	扣除后	
			销售额	销项(应纳)税额	销售额	销项(应纳)税额	销售额	销项(应纳)税额	销售额	销项(应纳)税额	销售额	销项(应纳)税额	价税合计		含税(免税)销售额	销项(应纳)税额
			1	2	3	4	5	6	7	8	9=1+3+5+7	10=2+4+6+8	11=9+10	12	13=11−12	14=13÷(100%+税率或征收率)×税率或征收率
一、一般计税方法计税	全部征税项目	13%税率的货物及加工修理修配劳务 1													—	—
		13%税率的服务、不动产和无形资产 2													—	—
		9%税率的货物及加工修理修配劳务 3													—	—
		9%税率的服务、不动产和无形资产 4													—	—
		6%税率 5													—	—
	其中:即征即退项目	即征即退货物及加工修理修配劳务 6	—	—	—	—	—	—	—	—	—	—	—	—	—	—
		即征即退服务、不动产和无形资产 7	—	—	—	—	—	—	—	—	—	—	—	—	—	—

(续表)

项目及栏次			开具增值税专用发票		开具其他发票		未开具发票		纳税检查调整		合计			服务、不动产和无形资产扣除项目本期实际扣除金额	扣除后	
			销售额	销项(应纳)税额	销售额	销项(应纳)税额	销售额	销项(应纳)税额	销售额	销项(应纳)税额	销售额	销项(应纳)税额	价税合计		含税(免税)销售额	销项(应纳)税额
			1	2	3	4	5	6	7	8	9=1+3+5+7	10=2+4+6+8	11=9+10	12	13=11−12	14=13÷(100%+税率或征收率)×税率或征收率
二、简易计税方法计税	全部征税项目	6%征收率	8													
		5%征收率的货物及加工修理修配劳务	9a													
		5%征收率的服务、不动产和无形资产	9b													
		4%征收率	10													
		3%征收率的货物及加工修理修配劳务	11													
		3%征收率的服务、不动产和无形资产	12													
		预征率 %	13a	—		—		—		—		—		—	—	—
		预征率 %	13b	—		—		—		—		—		—	—	—
		预征率 %	13c	—		—		—		—		—		—	—	—
	其中:即征即退项目	即征即退货物及加工修理修配劳务	14													
		即征即退服务、不动产和无形资产	15	—		—		—		—		—		—	—	—

（续表）

项目及栏次			开具增值税专用发票		开具其他发票		未开具发票		纳税检查调整		合计			服务、不动产和无形资产扣除项目本期实际扣除金额	扣除后	
			销售额	销项（应纳）税额	销售额	销项（应纳）税额	销售额	销项（应纳）税额	销售额	销项（应纳）税额	销售额	销项（应纳）税额	价税合计		含税（免税）销售额	销项（应纳）税额
			1	2	3	4	5	6	7	8	9=1+3+5+7	10=2+4+6+8	11=9+10	12	13=11-12	14=13÷(100%+税率或征收率)×税率或征收率
三、免抵退税	货物及加工修理修配劳务	16	—	—	—	—	—	—	—	—	—	—	—	—	—	—
	服务、不动产和无形资产	17	—	—	—	—	—	—	—	—	—	—	—	—	—	—
四、免税	货物及加工修理修配劳务	18	—	—	—	—	—	—	—	—	—	—	—	—	—	—
	服务、不动产和无形资产	19	—	—	—	—	—	—	—	—	—	—	—	—	—	—

表 2-10 增值税及附加税费申报表附列资料(二)

(本期进项税额明细)

税款所属时间： 年 月 日至 年 月 日

纳税人名称：(公章)　　　　　　　　　　　　　　　　　　　　　　　　　金额单位:元(列至角分)

一、申报抵扣的进项税额				
项目	栏次	份数	金额	税额
(一)认证相符的增值税专用发票	1=2+3			
其中:本期认证相符且本期申报抵扣	2			
前期认证相符且本期申报抵扣	3			
(二)其他扣税凭证	4=5+6+7+8a+8b			
其中:海关进口增值税专用缴款书	5			
农产品收购发票或者销售发票	6			
代扣代缴税收缴款凭证	7			—
加计扣除农产品进项税额	8a	—	—	
其他	8b			
(三)本期用于购建不动产的扣税凭证	9			
(四)本期用于抵扣的旅客运输服务扣税凭证	10			
(五)外贸企业进项税额抵扣证明	11		—	
当期申报抵扣进项税额合计	12=1+4+11			
二、进项税额转出额				
项目	栏次			税额
本期进项税额转出额	13=14至23之和			
其中:免税项目用	14			
集体福利、个人消费	15			
非正常损失	16			
简易计税方法征税项目用	17			
免抵退税办法不得抵扣的进项税额	18			
纳税检查调减进项税额	19			
红字专用发票信息表注明的进项税额	20			
上期留抵税额抵减欠税	21			
上期留抵税额退税	22			
异常凭证转出进项税额	23a			
其他应作进项税额转出的情形	23b			

(续表)

三、待抵扣进项税额				
项目	栏次	份数	金额	税额
(一)认证相符的增值税专用发票	24	—	—	—
期初已认证相符但未申报抵扣	25			
本期认证相符且本期未申报抵扣	26			
期末已认证相符但未申报抵扣	27			
其中:按照税法规定不允许抵扣	28			
(二)其他扣税凭证	29=30至33之和			
其中:海关进口增值税专用缴款书	30			
农产品收购发票或者销售发票	31			
代扣代缴税收缴款凭证	32		—	
其他	33			
	34			
四、其他				
项目	栏次	份数	金额	税额
本期认证相符的增值税专用发票	35			
代扣代缴税额	36	—	—	

表 2-11 增值税及附加税费申报表附列资料(三)

(服务、不动产和无形资产扣除项目明细)

税款所属时间：　　年　月　日至　　年　月　日

纳税人名称：(公章)　　　　　　　　　　　　　　　　　　　　　　　金额单位:元(列至角分)

项目及栏次		本期服务、不动产和无形资产价税合计额(免税销售额)	服务、不动产和无形资产扣除项目				
			期初余额	本期发生额	本期应扣除金额	本期实际扣除金额	期末余额
		1	2	3	4=2+3	5(5≤1且5≤4)	6=4-5
13%税率的项目	1						
9%税率的项目	2						
6%税率的项目(不含金融商品转让)	3						
6%税率的金融商品转让项目	4						
5%征收率的项目	5						

(续表)

项目及栏次		本期服务、不动产和无形资产价税合计额（免税销售额）	服务、不动产和无形资产扣除项目				
			期初余额	本期发生额	本期应扣除金额	本期实际扣除金额	期末余额
		1	2	3	4=2+3	5(5≤1且5≤4)	6=4−5
3%征收率的项目	6						
免抵退税的项目	7						
免税的项目	8						

表2-12 增值税及附加税费申报表附列资料（四）
（税额抵减情况表）

税款所属时间：　年　月　日至　年　月　日

纳税人名称：（公章）　　　　　　　　　　　　　　　　　金额单位：元（列至角分）

		一、税额抵减情况				
序号	抵减项目	期初余额	本期发生额	本期应抵减税额	本期实际抵减税额	期末余额
		1	2	3=1+2	4≤3	5=3−4
1	增值税税控系统专用设备费及技术维护费					
2	分支机构预征缴纳税款					
3	建筑服务预征缴纳税款					
4	销售不动产预征缴纳税款					
5	出租不动产预征缴纳税款					
		二、加计抵减情况				
序号	加计抵减项目	期初余额	本期发生额	本期调减额	本期可抵减额	本期实际抵减额	期末余额
		1	2	3	4=1+2−3	5	6=4−5
6	一般项目加计抵减额计算						
7	即征即退项目加计抵减额计算						
8	合计						

表 2-13 增值税及附加税费申报表附列资料(五)

(附加税费情况表)

税(费)款所属时间： 年 月 日至 年 月 日

纳税人名称:(公章) 金额单位:元(列至角分)

税(费)种	栏次	计税(费)依据			税(费)率(%)	本期应纳税(费)额	本期减免税(费)额		试点建设培育产教融合型企业		本期已缴税(费)额	本期应补(退)税(费)额
		增值税税额	增值税免抵税额	留抵退税本期扣除额			减免性质代码	减免税(费)额	减免性质代码	本期抵免金额		
		1	2	3	4	5=(1+2-3)×4	6	7	8	9	10	11=5-7-9-10
城市维护建设税	1								—	—		
教育费附加	2											
地方教育附加	3											
合计	4	—										
本期是否适用试点建设培育产教融合型企业抵免政策	□是 □否	当期新增投资额				5						
		上期留抵可抵免金额				6						
		结转下期可抵免金额				7						
可用于扣除的增值税留抵退税额使用情况		当期新增可用于扣除的留抵退税额				8						
		上期结存可用于扣除的留抵退税额				9						
		结转下期可用于扣除的留抵退税额				10						

表 2-14 增值税减免税申报明细表

税款所属时间:自 年 月 日至 年 月 日

纳税人名称(公章): 金额单位:元(列至角分)

一、减税项目						
减税性质代码及名称	栏次	期初余额	本期发生额	本期应抵减税额	本期实际抵减税额	期末余额
		1	2	3=1+2	4≤3	5=3-4
合计	1					
	2					
	3					

(续表)

减税性质代码及名称	栏次	期初余额	本期发生额	本期应抵减税额	本期实际抵减税额	期末余额
		1	2	3=1+2	4≤3	5=3-4
	4					
	5					
	6					
二、免税项目						
免税性质代码及名称	栏次	免征增值税项目销售额	免税销售额扣除项目本期实际扣除金额	扣除后免税销售额	免税销售额对应的进项税额	免税额
		1	2	3=1-2	4	5
合计	7					
出口免税	8		—	—	—	
其中:跨境服务	9		—	—	—	
	10				—	
	11				—	
	12				—	
	13				—	
	14				—	
	15				—	
	16				—	

(二)小规模纳税人增值税纳税申报

增值税小规模纳税人纳税申报需要填制《增值税及附加税费申报表(小规模纳税人适用)》(表 2-15)、《增值税及附加税费申报表(小规模纳税人适用)附列资料》(表 2-16 和表 2-17)。

表 2-15 增值税及附加税费申报表

(小规模纳税人适用)

纳税人识别号(统一社会信用代码):□□□□□□□□□□□□□□□□□□□□

纳税人名称:　　　　　　　　　　　　　　　　　　　　　　　　　金额单位:元(列至角分)

税款所属期:　　年　月　日至　　年　月　日　　　　　　填表日期:　　年　月　日

一、计税依据	项目	栏次	本期数		本年累计	
			货物及劳务	服务、不动产和无形资产	货物及劳务	服务、不动产和无形资产
	(一)应征增值税不含税销售额(3%征收率)	1				

(续表)

	项目	栏次	本期数		本年累计	
			货物及劳务	服务、不动产和无形资产	货物及劳务	服务、不动产和无形资产
一、计税依据	增值税专用发票不含税销售额	2				
	其他增值税发票不含税销售额	3				
	(二)应征增值税不含税销售额(5%征收率)	4	—		—	
	增值税专用发票不含税销售额	5	—		—	
	其他增值税发票不含税销售额	6	—		—	
	(三)销售使用过的固定资产不含税销售额	7(7≥8)		—		—
	其中:其他增值税发票不含税销售额	8		—		—
	(四)免税销售额	9=10+11+12				
	其中:小微企业免税销售额	10				
	未达起征点销售额	11				
	其他免税销售额	12				
	(五)出口免税销售额	13(13≥14)				
	其中:其他增值税发票不含税销售额	14				
二、税款计算	本期应纳税额	15				
	本期应纳税额减征额	16				
	本期免税额	17				
	其中:小微企业免税额	18				
	未达起征点免税额	19				
	应纳税额合计	20=15−16				
	本期预缴税额	21				
	本期应补(退)税额	22=20−21			—	—
三、附加税费	城市维护建设税本期应补(退)税额	23				
	教育费附加本期应补(退)费额	24				
	地方教育附加本期应补(退)费额	25				

(续表)

声明:此表是根据国家税收法律法规及相关规定填写的,本人(单位)对填报内容(及附带资料)的真实性、可靠性、完整性负责。	
	纳税人(签章): 年 月 日
经办人: 经办人身份证号: 代理机构签章: 代理机构统一社会信用代码:	受理人: 受理税务机关(章): 受理日期: 年 月 日

表2-16 增值税及附加税费申报表(小规模纳税人适用)附列资料(一)
(服务、不动产和无形资产扣除项目明细)

税款所属期: 年 月 日至 年 月 日　　　　　　　　　　　　　　　填表日期: 年 月 日
纳税人名称(公章):　　　　　　　　　　　　　　　　　　　　　　　　金额单位:元(列至角分)

应税行为(3%征收率)扣除额计算			
期初余额	本期发生额	本期扣除额	期末余额
1	2	3(3≤1+2之和,且3≤5)	4=1+2−3
应税行为(3%征收率)计税销售额计算			
全部含税收入(适用3%征收率)	本期扣除额	含税销售额	不含税销售额
5	6=3	7=5−6	8=7÷1.03
应税行为(5%征收率)扣除额计算			
期初余额	本期发生额	本期扣除额	期末余额
9	10	11(11≤9+10之和,且11≤13)	12=9+10−11
应税行为(5%征收率)计税销售额计算			
全部含税收入(适用5%征收率)	本期扣除额	含税销售额	不含税销售额
13	14=11	15=13−14	16=15÷1.05

表 2-17 增值税及附加税费申报表(小规模纳税人适用)附列资料(二)

(附加税费情况表)

税(费)款所属时间： 年 月 日至 年 月 日

纳税人名称：(公章) 金额单位：元(列至角分)

税(费)种	计税(费)依据		税(费)率(%)	本期应纳税(费)额	本期减免税(费)额		增值税小规模纳税人"六税两费"减征政策		本期已缴税(费)额	本期应补(退)税(费)额
	增值税税额				减免性质代码	减免税(费)额	减征比例(%)	减征额		
	1		2	3=1×2	4	5	6	7=(3−5)×6	8	9=3−5−7−8
城市维护建设税										
教育费附加										
地方教育附加										
合计	—		—		—			—		

任务实施

巩固提升

请谈谈增值税的申报流程。

基础训练

项目小结

本项目全面覆盖增值税计算与申报管理,从基础知识梳理到实际业务计算,再到纳税申报全流程实践,深化对这一重要税种的理解和运用。在计算环节,明确一般计税方法、简易计税方法及进口货物应纳税额的计算。精准确定不同销售方式下的销售额,严格界定准予抵扣和不得抵扣进项税额的情形。在申报环节,熟练掌握增值税纳税申报表及各类附表的填写规则,准确将计算数据填入相应栏次,并通过电子税务局等平台完成申报工作。通过本项目学习,学生可有效提升自身税务处理能力。

项目三 消费税的计算与智慧化申报管理

任务一　消费税认知

 任务目标

1. 素养目标

(1) 培养学生依法纳税责任感与风险防范意识,关注税收政策变化以应对税务风险。

(2) 培养学生严谨细致的职业态度与守法道德品质,形成依规操作习惯;增强法律意识,通过学习消费税及应税消费品,认知税收法规重要性。

(3) 培养学生正确消费理念,避免过度消费和浪费;培养社会责任感,了解消费行为对社会和环境的影响。

2. 知识目标

(1) 知晓消费税的纳税义务人、征税范围。

(2) 理解消费税的税目及税率。

(3) 熟悉消费税的缴纳环节。

3. 能力目标

(1) 掌握应税消费品的判断。

(2) 能够进行计税依据分析。

(3) 熟练掌握纳税环节分析。

任务导入

李晓红在毕业后顺利入职一家进出口贸易公司。该公司业务多元,生产经营的产品极为丰富,其中既包含卷烟、电子烟、酒、化妆品、金银首饰这类特殊商品,又包含零食、日用品等常见生活用品。初入公司,面对种类繁杂的产品线,李晓红对哪些产品需要缴纳消费税,以及具体在何时缴纳消费税的问题,感到十分困惑。

会计主管刘亮了解情况后,告知李晓红,若要厘清这些疑问,需系统学习消费税相关知识,对消费税形成全面而深入的认识。李晓红的首要任务便是明确消费税纳税人和征税范围的界定,只有精准把握这一点,才能判断公司的各类产品是否处于消费税的征收范围之内。同时,准确判定不同应税消费品适用的税率也不容忽视,因为不同品类产品的税率各有差异。此外,清晰掌握消费税的纳税义务环节同样关键,这决定了产品在哪个具体阶段需缴纳消费税。鉴于公司涉及进出口业务,李晓红还需学习消费税出口退(免)税的计算方法。针对不同的出口情形,如生产企业自营出口、委托外贸企业代理出口等,所适用的退(免)税政策与计算方式也不尽相同。

相较于内容更为繁杂的增值税纳税实务,消费税纳税实务的内容相对精简。李晓红已熟练掌握增值税纳税实务,那么在学习消费税纳税实务时,便会相对轻松,更易上手。接下来,请你帮助李晓红系统梳理消费税纳税实务的基础知识,助力其解决公司产品消费税判定及纳税环节等一系列实际问题。

知识准备

一、依据法规

《中华人民共和国消费税暂行条例》(以下简称《消费税暂行条例》)、《中华人民共和国消费税暂行条例实施细则》。

二、消费税的纳税义务人、征税范围

(一)纳税义务人

消费税,是针对在我国境内,从事应税消费品生产、委托加工以及进口的单位和个人,依据其销售额或者销售数量,在特定环节所征收的一种税。通俗来讲,消费税就是专门针对特定消费品以及消费行为征收的税。国家征收消费税,主要有着多重目的:一是可以调节产品结构,优化产业布局;二是能够引导大众的消费方向,使其更加符合经济与社会发展需求;三是能为国家财政收入提供坚实保障,确保各项公共事务和社会事业的顺利开展。

消费税的要素

在中华人民共和国境内生产、委托加工、进口《消费税暂行条例》规定消费品的单位和个人,以及国务院确定销售该类消费品的其他单位和个人,是消费税纳税人。

境内指应税消费品起运地或所在地在境内;单位包括企业、行政、事业单位、军事、社会

团体等；个人指个体工商户及其他个人。

电子烟生产环节纳税人是获烟草专卖生产企业许可证且持有商标的企业，代加工由持商标企业缴消费税；批发环节纳税人是获烟草专卖批发企业许可证并经营电子烟批发业务的企业；进口环节纳税人是进口电子烟的单位和个人。

消费税是在普遍征收增值税基础上选部分消费品征收，所以消费税纳税人同时也是增值税纳税人。

（二）征税范围

1. 征税范围的确定原则

1）对人身健康、社会秩序、生态环境等有危害的特殊消费品

一些特殊消费品，若过度消费，会在人身健康、社会秩序、生态环境等多个方面产生危害，如烟、酒、鞭炮、焰火、小汽车、摩托车、电池、涂料。

2）高档消费品、奢侈品及非生活必需品

一些高档消费品、奢侈品或者非生活必需品，如高档化妆品、贵重首饰及珠宝玉石、高尔夫球及球具、高档手表、游艇等。

3）不可再生和替代的稀缺消费品

部分消费品具有不可再生和难以替代的特性，属于稀缺消费品，如成品油、木制一次性筷子、实木地板。

2. 具体征税范围

1）生产销售应税消费品

纳税人生产的应税消费品，在销售时产生纳税义务。

2）自产自用应税消费品

（1）用于连续生产应税消费品，即作为直接材料生产最终应税消费品且构成其实体的，无需纳税。

（2）用于其他方面，如生产非应税消费品、在建工程、管理部门、非生产机构、提供劳务、馈赠、赞助、集资、广告、样品、职工福利、奖励等，在移送使用时纳税。

3）特殊情况视为生产销售应税消费品

工业企业以外的单位和个人，出现以下行为视为应税消费品生产行为，按规定征收消费税：

（1）把外购的非消费税应税产品当作消费税应税产品对外销售。

（2）将外购的低税率消费税应税产品以高税率应税产品对外销售。

3. 委托加工应税消费品相关规定

委托加工应税消费品是指由委托方提供原料和主要材料，受托方仅收取加工费和代垫部分辅助材料进行加工的应税消费品。若受托方提供原材料生产，或先卖原材料给委托方再接受加工，又或是以委托方名义购进原材料生产，不论财务如何处理，都不能作为委托加工应税消费品，应按销售自制应税消费品缴纳消费税。

4. 进口应税消费品税务规定

单位和个人进口应税消费品，需在报关进口时缴纳消费税。为降低征税成本，进口环节消费税由海关代征。

5. 零售应税消费品相关规定

1) 商业零售金银首饰

(1) 自 1995 年 1 月 1 日起,金银首饰消费税征收环节由生产销售改为零售,范围限于金基、银基合金首饰及金、银和金基、银基合金镶嵌首饰。

(2) 2002 年 1 月 1 日起,钻石及钻石饰品消费税纳税环节后移至零售环节。

(3) 2003 年 5 月 1 日起,铂金首饰消费税改为零售环节征税。

以下业务视同零售业,在零售环节缴纳消费税:①为经营单位以外的单位和个人加工金银首饰(包括带料加工、翻新改制、以旧换新,不包括修理和清洗);②经营单位将金银首饰用于馈赠、赞助、集资、广告样品、职工福利、奖励等;③未经中国人民银行总行批准,经营金银首饰批发业务的单位将金银首饰销售给经营单位。

2) 零售超豪华小汽车

自 2016 年 12 月 1 日起,对超豪华小汽车,在生产(进口)环节按现行税率征收消费税基础上,零售环节加征消费税,向消费者销售超豪华小汽车的单位和个人为零售环节纳税人。

6. 批发销售卷烟相关规定

(1) 自 2015 年 5 月 10 日起,卷烟批发环节从价税税率由 5% 提升至 11%,并按 0.005 元/支加征从量税。

(2) 烟草批发企业将卷烟销售给其他烟草批发企业,无需缴纳消费税。

(3) 卷烟消费税改为生产和批发两环节征收后,批发企业计算应纳税额时不得扣除已含的生产环节消费税税款。

(4) 纳税人兼营卷烟批发和零售业务,应分别核算批发和零售环节的销售额、销售数量;未分别核算的,按全部销售额、销售数量计征批发环节消费税。

三、消费税的税目及税率

依据《消费税暂行条例》,我国明确了 15 种应税消费品,并将消费税税目划分为 15 个类别。考虑到不同应税消费品的特性,消费税税率设定了比例税率与定额税率这两种形式。每个税目所对应的税率形式存在差异,正常情况下,一种应税消费品仅对应一种税率形式。不过,卷烟和白酒较为特殊,采取的是比例税率和定额税率相结合的复合计税方式。消费税税目及税率,如表 3-1 所示。

表 3-1 消费税的税目及税率

税目	税率	征税内容	备注
一、烟		以烟叶作为原料加工制造而成的产品,涵盖出口卷烟、白包卷烟、雪茄烟、烟丝和未经国务院批准纳入计划的企业及个人生产的卷烟	
1. 卷烟			
(1) 甲类卷烟(生产环节)	56%加 0.003 元/支(生产环节)		
(2) 乙类卷烟(生产环节)	36%加 0.003 元/支(生产环节)		

(续表)

税目	税率	征税内容	备注
(3) 甲类卷烟和乙类卷烟(批发环节)	11%加 0.005 元/支(批发环节)	以烟叶作为原料加工制造而成的产品,涵盖出口卷烟、白包卷烟、雪茄烟、烟丝和未经国务院批准纳入计划的企业及个人生产的卷烟	
2. 雪茄烟(生产环节)	36%(生产环节)		
3. 烟丝(生产环节)	30%(生产环节)		
二、酒		包含白酒(其中有粮食白酒和薯类白酒)、黄酒、啤酒还有其他酒(像果木酒、药酒、葡萄酒等等)	(1) 饮食业、商业、娱乐业所开设的啤酒屋(啤酒坊),若利用啤酒生产设备进行啤酒生产,则该啤酒应被征收消费税。 (2) 调味料酒不在消费税征收范围内
1. 白酒(含粮食白酒和薯类白酒)	20%加 0.5 元/500 克(或者 500 毫升)		
2. 黄酒	240 元/吨		
3. 啤酒			
(1) 甲类啤酒	250 元/吨		
(2) 乙类啤酒	220 元/吨		
4. 其他酒	10%		
三、高档化妆品	15%	包括各类高档美容、修饰类化妆品,高档护肤类化妆品以及成套化妆品。这里所说的高档化妆品,是指不含税销售价格达到 10 元/毫升(克)或者 15 元/片(张)及以上的美容、修饰类化妆品和护肤类化妆品	舞台、戏剧、影视演员用于化妆的上妆油、卸装油、油彩无需征收消费税
四、贵重首饰及珠宝玉石		涵盖各种金银珠宝首饰,以及经过采掘、打磨、加工处理的各类珠宝玉石	
1. 金银首饰、铂金首饰和钻石及钻石饰品(零售环节)	5%(零售环节)		
2. 其他贵重首饰和珠宝玉石	10%		
五、鞭炮、焰火	15%	包括各种鞭炮、焰火	体育上用的发令纸、鞭炮药引线,不征消费税
六、成品油		包括汽油、柴油、石脑油、溶剂油、航空煤油、润滑油、燃料油 7 个子目	航空煤油暂缓征收消费税
1. 汽油	1.52 元/升		
2. 柴油	1.2 元/升		
3. 航空煤油(暂缓征收)	1.2 元/升		
4. 石脑油	1.52 元/升		
5. 溶剂油	1.52 元/升		
6. 润滑油	1.52 元/升		
7. 燃料油	1.2 元/升		

(续表)

税目	税率	征税内容	备注
七、小汽车		由动力驱动，具备4个或4个以上车轮，并且不是在轨道上行驶的承载车辆。包含各类乘用车（座位数小于等于9个）和各类中轻型商用客车（座位数在10～23个，包含10座和23座）	（1）电动汽车无需缴纳消费税。（2）车身长度达到7米及以上，并且座位数量在10～23座（包含10座和23座）的商用客车，不征收消费税。（3）沙滩车、雪地车、卡丁车、高尔夫车不被征收消费税。（4）企业购进货车后改装生产的专用汽车，不涉及消费税征收。（5）超豪华小汽车为每辆不含增值税的零售价为130万元
1. 乘用车			
（1）气缸容量（排气量，下同）在1.0升（含1.0升）以下的	1%		
（2）气缸容量在1.0升以上至1.5升（含1.5升）的	3%		
（3）气缸容量在1.5升以上至2.0升（含2.0升）的	5%		
（4）气缸容量在2.0升以上至2.5升（含2.5升）的	9%		
（5）气缸容量在2.5升以上至3.0升（含3.0升）的	12%		
（6）气缸容量在3.0升以上至4.0升（含4.0升）的	25%		
（7）气缸容量在4.0升以上的	40%		
2. 中轻型商用客车	5%		
3. 超豪华小汽车（零售环节）	10%（零售环节），生产环节同乘用车和中轻型商用客车		
八、摩托车		包含气缸容量为250毫升的摩托车，以及气缸容量超过250毫升（不包含250毫升）的摩托车这两种类型	最大设计车速不超过每小时50公里，发动机气缸总工作容量不超过50毫升的三轮摩托车，不征收消费税
1. 气缸容量（排气量，下同）为250毫升的	3%		
2. 气缸容量为250毫升以上的	10%		
九、高尔夫球及球具	10%	包括高尔夫球、高尔夫球杆及其配套的球包（袋），还有高尔夫球杆的杆头、杆身以及握把	
十、高档手表	20%	销售价格（不包含增值税）每只在10 000元（包含10 000元）及以上的各类手表	
十一、游艇	10%	包括艇身长度处于大于等于8米、小于等于90米的范围，内置发动机，能够在水上移动，一般是由私人或者团体购置，主要用于非盈利活动的各类机动艇	

(续表)

税目	税率	征税内容	备注
十二、木制一次性筷子	5%	包含各种规格的木制一次性筷子,以及未经打磨、倒角处理的木制一次性筷子	
十三、实木地板	5%	涵盖各类规格的实木地板、实木指接地板、实木复合地板,还有用于装饰墙壁、天棚,侧端面为榫、槽结构的实木装饰板,以及未经涂饰的素板	
十四、电池	4%	包括原电池、蓄电池、燃料电池、太阳能电池以及其他电池	(1)无汞原电池、金属氢化物镍蓄电池(也称氢镍蓄电池或镍氢蓄电池)、锂原电池、锂离子蓄电池、太阳能电池、燃料电池和全钒液流电池,可免征消费税。(2)铅蓄电池在2015年12月31日前享受免税政策,从2016年1月1日起开始征收消费税
十五、涂料	4%	涂覆在物体表面后,能够形成具有保护、装饰或者特殊性能固态涂膜的一类液体或固体材料,包含油脂类、天然树脂类、酚醛树脂类、沥青类、橡胶类、纤维素类以及其他成膜物类	施工状态下挥发性有机物(VOC)含量低于420克/升(含)的涂料,可免征消费税

由表3-1可知,啤酒、黄酒和成品油采用从量计征方式核算消费税,卷烟和白酒采用从量加从价的复合计征方式核算消费税,除此之外,均采用从价计征方式核算消费税。

 特别提醒

(1)每标准条(200支)不含增值税调拨价格达到70元及以上的卷烟,属于甲类卷烟。
(2)每标准条(200支)不含税调拨价格在70元以下的卷烟,属于乙类卷烟。

(3) 以下几类卷烟,不论其征税类别如何,都统一按照56%的比例税率征税,同时按照每标准箱150元的定额标准计算征税:①白包卷烟;②手工卷烟;③未经国务院批准纳入计划的企业和个人所生产的卷烟。

(4) 国家针对卷烟在批发环节额外加征一道税,卷烟批发企业相互之间销售卷烟的情况,不属于批发环节的征税范畴。

(5) 每吨不含增值税的出厂价格在3 000元及以上的啤酒是甲类啤酒。

(6) 每吨不含增值税的出厂价格在3 000元以下的啤酒是乙类啤酒。

(7) 自2009年8月1日起,若生产企业销售给销售单位的白酒,其消费税计税价格低于销售单位对外售价的70%,税务机关就应当核定最低计税价格。

(8) 饮食业、商业、娱乐业所举办的啤酒屋(啤酒坊),利用啤酒生产设备生产的啤酒,单位税额为250元/吨。

(9) 当纳税人兼营不同税率的应税消费品时,应当分别核算不同税率应税消费品的销售额和销售数量。如果没有分别核算销售额、销售数量,或者把不同税率的应税消费品组成成套消费品进行销售的,需从高适用税率。

四、消费税的纳税环节

消费税与增值税在征税方式上存在显著差异。增值税要求在商品的所有流通环节都交税,而消费税有着征税环节单一的特性。一般情况下,消费税主要在生产环节进行征收,在批发环节、零售环节、委托加工环节以及进口环节也会征收。

(一) 生产环节

1. 直接销售场景

当纳税人生产应税消费品并直接用于销售时,需要在销售的这个时间节点缴纳消费税。

2. 连续生产应税消费品场景

如果应税消费品被用于连续生产其他应税消费品,那么在这个过程中无需缴纳消费税。

3. 用于其他方面场景

当应税消费品被用于其他用途时,需在移送的时刻缴纳消费税。这里所说的"用于其他方面",具体涵盖纳税人将自产的应税消费品用于生产非应税消费品、投入在建工程、供管理部门使用、用于非生产机构、提供劳务、进行馈赠、开展赞助、集资活动、用于广告宣传、作为样品展示、发放给职工当作福利、用于奖励等诸多方面。

(二) 批发环节

在众多应税消费品里,卷烟有着特殊的征税规定。它不仅要在生产环节缴纳消费税,还必须在批发环节额外加征一道消费税。从2015年5月10日开始,国家对卷烟批发环节的税率进行了调整,将从价税税率从5%提高到了11%,同时还按照每支0.005元加征从量税。并且,批发企业在计算应缴纳税额的时候,不允许扣除已经包含在生产环节的消费税税款。

此外,还有一些特殊情况需要注意。烟草批发企业将卷烟销售给其他烟草批发企业的情况不属于规定的批发环节,无需缴纳消费税。对于那些既经营卷烟批发业务又经营零售业务的纳税人,必须分别核算批发环节和零售环节的销售额以及销售数量;如果没有分别核算,就会按照全部的销售额和销售数量来计征批发环节的消费税。

(三)零售环节

在零售环节需要纳税的应税消费品主要有以下两类。

1. 金银首饰类

金银首饰、铂金首饰、钻石及钻石饰品在生产环节无需交税,只在零售环节缴纳消费税,对应的税率是5%。

2. 超豪华小汽车类

超豪华小汽车除了在生产环节需要交税,从2016年12月1日起,在零售环节还要加征一道消费税,税率为10%。

(四)委托加工环节

委托加工应税消费品是由委托方提供原材料以及主要材料,受托方仅仅收取加工费并且代垫部分辅助材料的一种加工方式。但是,如果出现由受托方提供原材料进行生产、受托方先把原材料卖给委托方然后再接受加工,或者受托方以委托方的名义购进原材料进行生产等情况,不管在财务上如何进行核算,都不能当作委托加工来处理,而是要按照受托方销售自产应税消费品的方式来计算缴纳消费税。

(五)进口环节

当纳税人进口应税消费品时,需要在报关进口的这个时间点缴纳消费税。进口环节的消费税由海关负责代征。

 **任务实施**

基础训练

 **巩固提升**

请谈谈消费税和增值税的区别和联系。

任务二　消费税应纳税额计算

 任务目标

1. 素养目标

(1)培养学生的法律意识和诚信纳税观念,使其能够依法履行纳税义务,同时具备良好的职业道德和严谨的职业品质。

(2) 培养学生注重团队合作能力和实事求是的工作作风,通过小组讨论或案例分析等方式,提升学生的沟通能力,并培养学生一丝不苟、认真负责的工作态度。

(3) 培养学生的分析与创新能力,鼓励学生运用所学知识解决实际问题,同时培养其创新意识和解决问题的能力。

2. 知识目标

(1) 知晓消费税的计税依据。

(2) 知晓消费税计征的方法。

(3) 掌握各环节消费税应纳税额的计算公式。

3. 能力目标

(1) 能够进行消费税计税依据判断。

(2) 掌握消费税的组成计税价格。

(3) 熟练掌握各环节消费税应纳税额的计算。

子任务一 生产销售环节应纳消费税的计算

任务导入

生产应税消费品应纳税额计算

1. 湖南红星实木地板厂为增值税一般纳税人,2025年7月1日,向当地一家大型装修批发商场销售一批实木地板,开具增值税专用发票一张,发票上注明不含增值税销售额50万元,增值税税额26万元。收到包装物押金1.3万元。已知:实木地板的消费税税率为5%。请为会计杨宏计算该实木地板厂应缴纳的消费税税额。

2. 2025年7月10日,湘乡啤酒厂自产啤酒40吨,赠送某啤酒节,每吨啤酒成本1 200元,无同类产品售价,当月收到包装物押金1.5万元,同时收到逾期的包装物押金1.13万元。请计算该啤酒厂应缴纳的消费税税额。

3. 湖南友华鞭炮生产公司为增值税一般纳税人。2025年8月某大型商场开张营业,从湖南友华鞭炮生产公司采购一批鞭炮、焰火,开具增值税专用发票,取得不含增值税销售额45万元,另外还向商场收取了延期付款费用2.5万元。已知:鞭炮、焰火适用消费税税率为15%。请帮助会计赵莉计算该批鞭炮、焰火应缴纳的消费税税额。

4. 湖南南阳大曲公司是一家白酒生产企业,为增值税一般纳税人,本年8月销售粮食白酒20吨,取得不含增值税的销售额为145万元,销售薯类白酒15吨,取得不含增值税的销售额为63万元,收取包装物押金3.39万元。本月产生逾期的包装物押金3万元。已知:白酒消费税的比例税率为20%,定额税率为0.5元/500克。请帮助会计孙小军计算公司本月应缴纳的消费税税额。

5. 张女士从2025年1月份开始建立家庭消费电子账,6月份从甲超市购买了下列商品:①高档粉底液一盒,支出480元;②白酒1千克,支出550元;③食品支出910元,其中橄榄油2 500克,支出380元;淀粉1千克,支出12元;新鲜蔬菜50千克,支出518元。同时,她对部分商品的供货渠道和价格进行了追溯,主要数据如表3-2所示。

表3-2 商品详情

商品项目	高档粉底液	白酒	橄榄油	淀粉	新鲜蔬菜
供货方	B市化妆品厂	B市白酒厂	A市外贸公司	A市调料厂	A市蔬菜公司
供货方式	自产自销	自产自销	进口销售	自产自销	外购批发
不含增值税供货价	325元/盒	285元/500克	68元/500克	4.5元/500克	3.5元/500克

已知:高档化妆品消费税税率为15%,白酒消费税税率为20%加0.5元/500克。请帮助张女士计算并分析:

(1) 购买高档粉底液支出中包含的消费税税额,并确定消费税的纳税人。

(2) 购买白酒支出中包含的消费税税额,并确定消费税的纳税人。

(3) 食品支出是否需要缴纳消费税。

6. 长沙卷烟厂期初库存烟丝20 000元,本期外购烟丝70 000元(不含税价),本期月末库存30 000元,领用烟丝生产出卷烟对外销售,销售数量为10标准箱,取得不含税销售额280 000元。甲类卷烟的消费税税率为56%加0.003元/支。乙类卷烟的消费税税率为36%加0.003元/支,烟丝的消费税税率为30%。请帮助会计曾艳计算该卷烟厂应纳消费税税额。

知识准备

一、从价计征方式下应缴纳消费税税额的计算

(一) 计算公式

从价计征消费税是指以应税消费品的销售额为基础计算消费税。消费税与增值税在从价计征方式下,其计税依据基本相同,但是,值得注意的是消费税属于价内税,而增值税则属于价外税。两者均以包含消费税但不包含增值税的销售额作为计算应纳税额的依据。其计算公式为:

实行从价计征消费税的应缴税额=应税消费品的销售额×比例税率

(二) 应税消费品销售额的确定方法

1. 销售额的确定

在消费税的范畴里,销售额是指纳税人销售应税消费品时,从购买方那里收取的全部价款以及价外费用。这里所说的价外费用,其认定标准和增值税所确认的价外费用是一样的,

具体涵盖了在价格之外收取的手续费、补贴、基金、集资费、返还利润、奖励费、违约金、滞纳金、延期付款利息、赔偿金、代收款项、代垫款项、包装费、包装物租金、储备费、优质费、运输装卸费,还有其他各类性质的价外收费。以下项目是不包含在销售额里的。

1）代垫运费情况

当纳税人代垫运费,并且同时把承运部门开具给购货方的增值税专用发票转交给购货方时,这部分代垫运费不属于销售额。

2）特定收费情况

同时满足以下几个条件代为收取的政府性基金或者行政事业性收费也不属于销售额：

（1）该基金或收费是由国务院或者财政部批准设立的政府性基金,以及由国务院或者省级人民政府及其财政、价格主管部门批准设立的行政事业性收费。

（2）收取的时候开具的是省级以上(含省级)财政部门监(印)制的财政票据;所收取的款项会全额上缴财政。

除了上述项目,其他所有的价外费用,不管是否真正属于纳税人的收入,都需要并入销售额来计算应缴纳的税款。

若纳税人销售的应税消费品是以人民币以外的货币来结算销售额的,那么其销售额换算成人民币的折合率,可以在销售额发生的当天或者当月1日的人民币汇率中间价中进行选择。纳税人需要事先确定好采用哪种折合率,一旦确定,在接下来的1年内不能再变更。

对于实行从价计征办法来计算应纳税额的应税消费品,如果连同包装物一起销售,不管包装物是否单独计价,也不管在会计上是如何核算的,都要把包装物的价值并入应税消费品的销售额中,一并缴纳消费税。但如果包装物不是作价随同产品销售,而是采用收取押金的方式,并且单独核算,同时押金未过期的话,这部分押金就不需要并入应税消费品的销售额中征税。然而,对于那些因为逾期没有收回包装物而不再退还的押金,或者已经收取1年以上的押金,就应当并入应税消费品的销售额,按照应税消费品适用的税率来缴纳消费税。需要特别注意的是,酒类包装物是个例外情况,只要收取酒类产品的包装物押金,不管是否逾期,在收到押金的时候就需要并入销售额中缴纳消费税。此处收到的包装物押金是含税的,在进行消费税计算前要将其换算成不含税价格。包装物押金流转税征收的法律规定,如表3-3所示。

表3-3 包装物押金流转税征收的法律规定

流转税		增值税		消费税	
包装产品种类		收到押金时	逾期时	收到押金时	逾期时
非酒类产品		不征	征收	不征	征收
酒类产品	黄酒、啤酒	不征	征收	不征	不征
	除黄酒、啤酒外的其他酒	征收	不征	征收	不征

2. 销售额含增值税的计算

与一般货物一样,应税消费品在缴纳消费税的同时,也需要缴纳增值税。应税消费品的销售额,不涵盖应向购货方收取的增值税税款。

当纳税人应税消费品的销售额没有扣除增值税税款,或者因为不能开具增值税专用发票,出现价款与增值税税款一并收取的情况时,在计算消费税的过程中,必须把包含增值税的销售额,换算成不包含增值税税款的销售额。换算公式为:

$$应税消费品的销售额＝含增值税的销售额÷(1＋增值税税率或征收率)$$

在运用此换算公式时,需要依据纳税人的具体情形来分别选用增值税税率或征收率。若消费税的纳税人同时也是增值税一般纳税人,那就适用13%的增值税税率;若消费税的纳税人是增值税小规模纳税人,就适用3%的征收率。

二、从量计征方式下应缴纳消费税税额的计算

(一) 计算公式

从量计征方式下,一般会把每单位应税消费品的重量、容积或者数量当作计税的依据,并且针对每单位应税消费品设定一个固定的税额,这个固定的税额称为定额税率。从量计征的计税公式如下:

$$实行从量计征消费税的应缴税额＝应税消费品的销售数量×定额税率$$

(二) 应税消费品的销售数量

在我国,消费税针对黄酒、啤酒、成品油等应税消费品实行定额税率,采用从量定额的征税办法,计税依据是纳税人销售应税消费品的数量。从量计征方式下,应纳税额的计算由应税消费品的销售数量以及单位税额这两个关键因素决定。销售数量不仅包含纳税人生产、加工和进口应税消费品的实际数量,还涵盖其他视同销售的数量,以及加工及进口的数量。具体的规定如下:

(1) 销售应税消费品:以应税消费品实际的销售数量作为计税数量。
(2) 自产自用应税消费品:按照应税消费品移送使用的数量来确定计税数量。
(3) 委托加工应税消费品:计税数量是纳税人收回的应税消费品数量。
(4) 进口应税消费品:计税数量为海关核定的应税消费品进口征税数量。

黄酒、啤酒是以吨为单位来确定销售数量计算消费税,而成品油是以升为单位来确定销售数量计算消费税。为了规范不同产品的计量单位,以提高消费税计算结果的准确性,将吨和升确定了换算标准,具体标准如表3-4所示。

表3-4 吨和升的换算标准

应税消费品	计量单位换算标准	应税消费品	计量单位换算标准
石脑油	1吨=1 385升	啤酒	1吨=988升
溶剂油	1吨=1 282升	黄酒	1吨=962升
润滑油	1吨=1 126升	汽油	1吨=1 388升
燃料油	1吨=1 015升	柴油	1吨=1 176升
航空煤油	1吨=1 246升		

三、复合计征方式下应缴纳消费税税额的计算

在我国,对卷烟和白酒采用从价计征和从量计征的复合计征方式计算应纳消费税。计

税依据既有销售收入,还有销售数量。复合计征的计算公式为:

实行复合计征消费税的应缴税额＝应税消费品的销售额×比例税率＋应税消费品的销售数量×定额税率

其中,对于纳税人生产销售卷烟、白酒而言,销售额是指其向购买方收取的所有价款以及各类价外费用。

销售数量方面,涵盖纳税人生产销售卷烟、白酒时的实际销售数量,进口卷烟、白酒时海关核定的数量,委托加工卷烟、白酒时委托方收回的数量,以及自产自用卷烟、白酒时的移送使用数量。

四、特殊情况下销售额与销售数量的确定方式

1. 计税价格偏低且无正当理由的处理

若纳税人应税消费品的计税价格显著低于正常水平,同时又不存在合理原因,那么计税价格将由主管税务机关进行核定。具体的核定权限划分如下:

(1) 卷烟、白酒和小汽车:其计税价格由国家税务总局负责核定,后报送至财政部备案。

(2) 其他应税消费品:其计税价格由各省、自治区、直辖市的国家税务局负责核定。

(3) 进口应税消费品:其计税价格由海关负责核定。

2. 外币结算销售额的折合率规定

当纳税人销售应税消费品,采用人民币以外的货币来结算销售额时,其销售额换算为人民币的折合率,可在销售额发生当日或者当月1日的人民币汇率中间价中任选其一。纳税人需要预先确定选用何种折合率,一旦确定,在接下来的1年内不得更改。

五、利用外购应税消费品再生产应税消费品的消费税计算

1. 外购应税消费品生产应税消费品的形式

现行消费税法律制度为避免重复征税作出规定:当把外购以及委托加工收回的已税消费品用于连续生产应税消费品并进行销售时,允许扣除外购应税消费品已缴纳的消费税。其扣除范围涵盖以下方面:

(1) 外购已税烟丝生产的卷烟(不包括雪茄烟)。

(2) 外购已税高档化妆品为原料生产的高档化妆品。

(3) 外购已税珠宝、玉石为原料生产的贵重首饰及珠宝、玉石(不包括金银铂钻)。

(4) 外购已税鞭炮、焰火为原料生产的鞭炮、焰火。

(4) 外购已税杆头、杆身和握把为原料生产的高尔夫球杆。

(6) 外购已税木制一次性筷子为原料生产的木制一次性筷子。

(7) 外购已税实木地板为原料生产的实木地板。

(8) 外购已税汽油、柴油、石脑油、燃料油、润滑油为原料连续生产的应税成品油。

(9) 从葡萄酒生产企业购进、进口葡萄酒连续生产应税葡萄酒的,准予扣除所耗用应税葡萄酒已纳消费税税款。

2. 外购应税消费品已纳消费税的扣除的计算公式

1）实行从价定率计算应纳税额

当期准予扣除的外购应税消费品已纳税款＝当期准予扣除外购应税消费品买价×外购应税消费品适用税率

即：

准予扣除的已纳税款＝当期准予扣除外购应税消费品买价×适用税率
当期准予扣除的外购应税消费品买价＝期初库存外购的应税消费品买价
　　　　　　　　　　　　　　　　＋当期购进的外购应税消费品买价
　　　　　　　　　　　　　　　　－期末库存的外购的应税消费品买价

即：

当期准予扣除的外购应税消费品买价＝期初库存买价＋当期购进买价－期末库存买价

2）实行从量定额计算应纳税额

当期准予扣除的外购应税消费品已纳税款＝当期准予扣除外购应税消费品数量
　　　　　　　　　　　　　　　　　　×外购应税消费品单位税额

即：

准予扣除的已纳税款＝当期准予扣除外购应税消费品数量×单位税额
当期准予扣除的外购应税消费品数量＝期初库存的外购应税消费品数量
　　　　　　　　　　　　　　　　＋当期购进的外购应税消费品数量
　　　　　　　　　　　　　　　　－期末库存的外购应税消费品数量

即：

当期准予扣除的外购应税消费品数量＝期初库存数量＋当期购进数量－期末库存数量

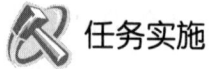
任务实施

基础训练

巩固提升

长沙卷烟厂为增值税一般纳税人，2025年7月从乙公司购进烟丝，取得增值税专用发票，注明不含税价款85万元，其中，60%用于生产A牌卷烟（甲类卷烟）；7月销售A牌卷烟80箱（标准箱），取得不含税销售额720万元。甲类卷烟消费税从价税率为56%，从量税率为150元/标准箱；烟丝消费税税率为30%。请计算长沙卷烟厂上述业务应缴纳的消费税税额。

子任务二　自产自用应纳消费税的计算

1. 邵阳酒业有限公司于 2025 年 8 月份生产一种新的粮食白酒，广告样品使用 0.2 吨。已知：该种白酒无同类产品出厂价，生产成本每吨 35 000 元，成本利润率为 10%，粮食白酒定额税率为每 500 克 0.5 元，比例税率为 20%。请计算该公司 8 月应缴纳的消费税和增值税。
2. 常德卷烟厂将生产的价值 70 万元、数量为 10 吨的烟丝，用于本厂的卷烟生产。请分析该卷烟厂是否需要对烟丝缴纳消费税，并说明理由。
3. 湖南有为化妆品制造有限公司将一批自产的高档化妆品作为职工福利，高档化妆品的成本为 10 000 元。该高档化妆品无市场同类产品销售价格，已知其成本利润率为 5%，消费税税率为 30%。请为会计尹丽计算该高档化妆品应缴纳的消费税税额。
4. 邵阳酒业有限公司将自产白酒 10 吨捐赠他人，成本 7 000 元/吨。已知该白酒的同类价格为 120 000 元，成本利润率为 5%。请为会计王丽计算应缴纳的消费税税额。

一、计税依据的相关规定

对于纳税人自产自用的应税消费品，计税依据的判定规则如下：若应税消费品用于连续生产应税消费品，在此环节无需纳税；但要是用于除连续生产应税消费品以外的其他用途，那么在移送使用的那一刻，就得计算缴纳消费税。其计算方式分为以下两种情况：

（1）若存在纳税人生产的同类消费品的销售价格，就以此销售价格作为依据来计算消费税。
（2）若没有同类消费品销售价格，那就按照组成计税价格来计算缴纳消费税。

二、应纳税额的计算

1. 从价计征

在采用从价计征消费税的模式下，涉及两个关键计算公式。
（1）组成计税价格公式：

$$组成计税价格＝（成本＋利润）÷（1－比例税率）$$

其中，成本特指应税消费品的生产成本；利润是依据应税消费品的全国平均成本利润率计算出来的，而全国平均成本利润率由国家税务总局确定。
（2）应纳税额是组成计税价格乘以比例税率，其计算公式为：

$$应纳税额＝组成计税价格×比例税率$$

2. 从量计征

当实行从量计征消费税时,计算应纳税额的公式比较简单,其计算公式为:

$$应纳税额 = 自产自用数量 \times 定额税率$$

3. 复合计征

实行复合计征消费税的情况相对复杂些,计算公式如下:

(1) 组成计税价格公式:

$$组成计税价格 = (成本 + 利润 + 自产自用数量 \times 定额税率) \div (1 - 比例税率)$$

其中各参数含义与从价计征时类似,只是多了自产自用数量与定额税率这两个影响因素。

(2) 应纳税额的计算是从价计征部分和从量计征部分之和,其计算公式为:

$$应纳税额 = 组成计税价格 \times 比例税率 + 自产自用数量 \times 定额税率$$

全国平均成本利润率,如表 3-5 所示。

表 3-5 全国平均成本利润率

货物名称	成本利润率	货物名称	成本利润率
甲类卷烟	10%	摩托车	6%
乙类卷烟	5%	高尔夫球及球具	10%
雪茄烟	5%	高档手表	20%
烟丝	5%	游艇	10%
粮食白酒	10%	木制一次性筷子	5%
薯类白酒	5%	实木地板	5%
其他酒	5%	采用车	8%
高档化妆品	5%	中轻型商用客车	5%
鞭炮、焰火	5%	电池	4%
贵重首饰及珠宝玉石	6%	涂料	7%

任务实施

 巩固提升

邵阳酒业有限公司为增值税一般纳税人,于 2025 年 9 月举办年会,将特制 4 吨新研制白酒赠送给嘉宾。该批白酒生产成本 7 万元,无同类售价,白酒的成本利润率为 10%。白酒消费税税率为 20% 加 0.5 元/500 克。请计算赠送给嘉宾特制新品白酒应缴纳的消费税税额。

子任务三 委托加工环节应纳消费税的计算

任务导入

1. 长沙卷烟厂为增值税一般纳税人,2025年7月发生下列业务:

(1) 长沙卷烟厂提供烟叶委托常德卷烟厂加工一批烟丝,烟叶成本120万元;常德卷烟厂收取加工费20万元、代垫部分辅助材料的费用5万元;烟丝当月完工并交付长沙卷烟厂,常德卷烟厂无同类烟丝销售。

(2) 长沙卷烟厂将委托加工收回烟丝的20%直接销售,取得销售额58万元。

加工完成的卷烟为甲类卷烟,甲类卷烟消费税税率为56%加每箱150元,烟丝消费税税率为30%,上述销售额和费用均不含增值税。

请帮助会计王量分析解决如下问题:

(1) 计算常德卷烟厂应代收代缴的消费税税额。

(2) 请问加工收回的卷烟是否要缴纳消费税,如果需要,请说明应缴纳消费税的理由并计算应缴纳的消费税税额。

2. 湖南湘江涂料有限公司为增值税一般纳税人,2025年7月发生如下业务:

(1) 15日委托甲涂料厂加工涂料,双方约定由甲涂料厂提供原材料,材料成本80万元,甲涂料厂开具的增值税专用发票上注明加工费10万元(含代垫辅助材料费用1万元)、增值税1.3万元。甲涂料厂无同类产品对外销售。

(2) 28日收回委托甲涂料厂加工的涂料并于本月售出80%,取得不含增值税销售额85万元。涂料消费税税率为4%。

根据上述资料,请帮助会计张文计算分析如下问题:

(1) 公司由甲涂料厂代收代缴的消费税税额。

(2) 公司是否应缴纳消费税,计算消费税应纳税额。

3. 邵阳酒业有限公司为增值税一般纳税人,2025年8月发生以下业务:

(1) 从农业生产者手中收购粮食25吨,每吨收购价2 500元,共计支付收购价款62 500元。

(2) 邵阳酒业有限公司将收购的粮食从收购地直接运往湘乡酒厂生产加工白酒,白酒加工完毕,企业收回白酒7吨,取得湘乡酒厂开具防伪税控的增值税专用发票,上面注明加工费55 000元,其中含代垫辅料18 000元,加工的白酒当地无同类产品市场价格。请为会计王健分析计算应代收代缴的消费税税额。

4. 湖南健康木地板有限公司为增值税一般纳税人。2025年8月将一批未经涂饰的素板委托长乐木地板有限公司加工成高档实木地板,素板的实际成本为20万元,加工费为2.5万元,辅助材料费为1.5万元。加工的高档实木地板当地无同类产品市场价格。8月高档实木地板产生了50万元的不含税收入。公司期初库存的委托加工素板的已纳税款为1.8万元,期末库存的委托加工素板的已纳税款为0.9万元,实木地板的消费税税率为5%。请帮助会计宋勇进行以下分析计算:

(1) 长乐木地板有限公司8月应代扣代缴的消费税税额。
(2) 8月准予扣除的已缴纳的消费税税额。
(3) 湖南健康木地板有限公司8月应缴纳的消费税税额。

知识准备

一、委托加工应税消费品的范围

由委托方提供原料及主要材料,受托方收取加工费并代垫部分辅助材料的加工方式为委托加工应税消费品的范围。受托方主要提供加工劳务,而不是卖货。

二、委托加工应税消费品的纳税义务人与扣缴义务人

(1) 关于委托加工应税消费品的税款缴纳,除受托方是个人(含个体工商户)的情况外,一般都是在委托方提货的时候由受托方代收代缴税款。
(2) 若受托方是个人,那么就需要委托方在收回产品之后自行缴纳消费税。

三、委托加工收回的后续处理

(1) 委托方用于连续生产应税消费品的,之前已经缴纳的税款按规定准予抵扣。
(2) 委托方以不高于受托方计税价格出售收回的应税消费品,属于直接出售,不再缴纳消费税;若以高于受托方计税价格出售,则不属于直接出售,需申报缴纳消费税,计税时准予扣除受托方已代收代缴的消费税。

四、委托加工应税消费品代收代缴消费税的计税依据

1. 计税依据的确定顺序

(1) 受托方有同类消费品的销售价格的,按此价格计算消费税。
(2) 受托方没有同类消费品销售价格的,按照组成计税价格计算消费税。

2. 组成计税价格公式

1) 实行从价计征的消费品

$$组成计税价格=(材料成本+加工费)\div(1-比例税率)$$

2) 实行复合计征的消费品

$$组成计税价格=(材料成本+加工费+委托加工数量\times定额税率)\div(1-比例税率)$$

五、委托加工应税消费品应纳税额的计算

1. 实行从价计征的应税消费品应纳税额的计算公式

$$应纳税额=组成计税价格\times比例税率$$

2. 实行从量计征的应税消费品应纳税额的计算公式

应纳税额＝委托加工收回的数量×定额税率

3. 实行复合计征的应税消费品应纳税额的计算

应纳税额＝组成计税价格×比例税率＋委托加工收回的数量×定额税率

六、利用委托加工收回的应税消费品再生产应税消费品的税额扣除计算

1. 委托加工收回的应税消费品生产应税消费品的形式

委托加工的应税消费品在加工环节已由受托方代收代缴了消费税，所以当委托方收回货物，并将其投入到连续生产应税消费品的流程中时，委托加工环节已缴纳的税额，准许依照相关规定，从连续生产出的应税消费品的应纳税额里进行扣除。具体扣除范围如下：

（1）以委托加工收回的已税烟丝为原料生产的卷烟。
（2）以委托加工收回的已税高档化妆品为原料生产的高档化妆品。
（3）以委托加工收回的已税珠宝、玉石为原料生产的贵重首饰及珠宝、玉石。（不包括金银铂钻）
（4）以委托加工收回的已税鞭炮、焰火为原料生产的鞭炮、焰火。
（5）以委托加工收回的已税杆头、杆身和握把为原料生产的高尔夫球杆。
（6）以委托加工收回的已税木制一次性筷子为原料生产的木制一次性筷子。
（7）以委托加工收回的已税实木地板为原料生产的实木地板。
（8）以委托加收回的已税汽油、柴油、石脑油、燃料油、润滑油为原料用于连续生产的应税成品油。

2. 委托加工应税消费品已纳消费税扣除的计算

准予扣除的已纳消费税税款计算公式为：

当期准予扣除的委托加工应税消费品已纳税款＝期初库存的委托加工应税消费品已纳税款
＋当期收回的委托加工应税消费品已纳税款
－期末库存的委托加工应税消费品已纳税款

委托加工应税消费品应纳税额计算

任务实施

巩固提升

基础训练

邵阳酒业有限公司8月从农业生产者手中收购粮食，共计支付收购价款60 000元。公司将收购的粮食从收地直接运往常德酒厂生产加工白酒。白酒加工完毕，公司收回白酒8吨，取得常德酒厂开具的增值税专用发票，注明加工费25 000元，代垫辅料价值15 000元。加工的白酒当地无同类产品市场价格。

请计算乙酒厂应代收代缴的消费税及应纳增值税税额。

子任务四　进口环节应纳消费税的计算

1. 湖南江南进出口外贸公司2025年10月从国外进口一批高尔夫球,海关核定的关税完税价格为54 750元(关税税率为20%,消费税税率为10%),已取得海关开具的专用缴款书。10月份公司把其中的一部分高尔夫球在国内市场销售,取得不含税销售收入213 000元。公司本月无其他增值税业务。请为会计李智分析计算高尔夫球销售环节应缴纳的增值税和消费税。

2. 湖南太宇进出口贸易公司,是增值税一般纳税人,2025年8月从国外进口卷烟200标准箱(每箱250条,每条200支),支付买价2 100 000元,到达我国海关前的运输费25 000元,保险费5 000元。假定进口卷烟关税税率20%。请为会计刘明计算该批卷烟在进口环节应缴纳的消费税税额。

一、进口应税消费品的计税依据

当纳税人进口应税消费品时,需依据组成计税价格以及规定税率来计算应纳税额。具体的计税依据确定方式如下。

1. 实行从价定率办法计算纳税的进口应税消费品

计税依据为组成计税价格,其计算公式为:

$$组成计税价格＝(关税完税价格＋关税)÷(1－比例税率)$$

其中,关税完税价格是指由海关核定的关税计税价格。

2. 实行从量定额办法计算纳税的进口应税消费品

计税依据是海关核定的应税消费品进口数量。

3. 实行复合计税办法计算纳税的进口应税消费品

从价部分以组成计税价格计算纳税,从量部分则以海关核定的应税消费品进口数量作为计税依据计算纳税。其组成计税价格计算公式为:

$$组成计税价格＝(关税完税价格＋关税＋海关核定的应税消费品的进口数量×定额税率)÷(1－比例税率)$$

其中,关税完税价格同样是海关核定的关税计税价格。

二、进口应税消费品应纳税额的计算

进口应税消费品,在报关进口环节需缴纳消费税,该消费税由海关负责代征。

在纳税申报方面,进口应税消费品应由进口人或其代理人向报关地海关进行申报。

关于税款缴纳时间,纳税人进口应税消费品后,需自海关填发海关进口消费税专用缴款书之日起 15 日内完成税款缴纳。

在应纳税额计算上,纳税人进口应税消费品存在不同计征方式:实行从价计征以及复合计征的,需按照组成计税价格与规定的税率来计算应纳税额;实行从量计征的,则按照进口数量与定额税率进行计算。具体的计算公式如下:

(1) 进口应税消费品实行从价定率办法应纳税额的计算公式:

$$应纳税额=组成计税价格×比例税率$$

(2) 进口应税消费品实行从量定额办法应纳税额的计算公式:

$$应纳税额=关核定的应税消费品进口数量×定额税率$$

(3) 进口应税消费品实行复合计税办法应纳税额的计算公式:

$$应纳税额=组成计税价格×比例税率+关核定的应税消费品进口数量×定额税率$$

任务实施

巩固提升

基础训练

某进出口公司作为增值税一般纳税人,位于市区,于 2025 年 3 月进口了一批应税消费品,成交价折合人民币 75 万元。此外,该公司还支付了该货物从运抵我国境内输入地点起卸前发生的运费 4 万元和保险费 6 万元。在缴纳了相应的进口税金后,海关予以放行,并取得了海关开具的完税凭证。入库后,该公司在本月将这批进口应税消费品全部销售,取得了含税销售额 226 万元。已知:该货物适用关税税率 20%、增值税税率 13%、消费税税率 15%。

根据上述资料,完成如下问题:

(1) 计算进口环节关税应纳税额。
(2) 计算进口环节消费税应纳税额。
(3) 计算进口环节增值税应纳税额。

子任务五 特殊环节和特殊方式下应纳消费税的计算

任务导入

1. 湖南伟创制造公司生产电子烟(以下简称伟创公司)持有电子烟商标 A 生产电子烟产品。2025 年 9 月,伟创公司生产销售 A 电子烟给电子烟批发企业,不含增值税销售额为 200 万元。同时,当月伟创公司(不持有电子烟商标 B)从事电子烟代加工业务,生产销售B电子烟给乙电子烟生产企业(持有电子烟商标B),不含增值税销售额为60万元。

请帮助会计曾丽完成主管交予的如下任务:

(1)如果伟创公司分开核算A电子烟和B电子烟销售额,计算公司应申报缴纳的消费税。

(2)如果伟创公司没有分开核算A电子烟和B电子烟销售额,计算公司应申报缴纳的消费税。

2. 德胜珠宝行为增值税一般纳税人,8月将金项链100克作为奖品奖励本店职工。无同类金项链的零售价格。该批金项链的进价为355元/克。金银首饰成本利润率为6%。请计算应纳消费税税额。

3. 湘南摩托车制造有限公司为增值税一般纳税人,6月份将生产的某型号摩托车50辆,以每辆出厂价8 000元(不含增值税)给自设非独立核算的门市部,门市部又以每辆13 380元(含增值税)全部销售给消费者。请计算公司6月份应缴纳的消费税(摩托车适用消费税税率10%)。

进口、零售和批发应税消费品应纳税额的计算

4. 长沙卷烟厂2025年5月份发生以下经济业务:

(1)10日,以20个标准箱卷烟换入烟丝一批。

(2)15日,将自产的8个标准箱卷烟换入办公设备一批。

(3)20日,以6个标准箱卷烟抵偿湖南顺达运输有限公司货款。

(4)25日,以300个标准箱卷烟对常德卷烟厂进行投资。

据调查,目前市场上同类卷烟含税平均售价为18 000元/标准箱,含税最低售价为16 000元/标准箱,含税最高售价为21 000元/标准箱。请为会计王磊分析计算长沙卷烟厂应缴纳的消费税税额。

5. 周生生百货公司为增值税一般纳税人,公司黄金饰品部2025年8月发生以下经济业务:

(1)直接零售金银首饰404 540元,随同首饰销售配有首饰盒,另收取零售款1 638.5元。

(2)以旧换新销售金首饰,收回旧首饰200克,换出新首饰600克,收取含税差价81 900元,销售包金首饰取得零售款30 000元。

(3)当期该首饰部购进金首饰认定发票可抵扣进项税额45 200元。

请帮助会计赵芳完成以下工作任务:

(1)计算该黄金饰品部当月应缴纳的消费税税额。

(2)计算该黄金饰品部当月应缴纳的增值税税额。

6. 2025年10月,湘潭市明洁日化厂将某品牌的100套成套化妆品分给职工作奖励。该套装是将高档化妆品与护肤品组合而成,其中,化妆品的生产成本为120元/套,护肤品的生产成本为35元/套。化妆品成本利润率为5%,消费税税率为15%。请帮助会计顾斌分析该日化厂应缴纳的消费税税额。

7. 永州市烟草集团公司属于增值税一般纳税人,持有烟草批发许可证,2025年6月收回委托加工的卷烟350箱。公司将其中50箱销售给烟草批发商白沙公司,取得含税销售额185万元;100箱销售给烟草零售商精品卷烟专卖店,取得不含税销售额450万元;200箱作为投资与丰庆公司合资成立一家烟草经销商利化烟草公司。请帮助会计杜林分析计算上述350箱卷烟分别应缴纳的消费税税额。

8. 东风汽车4S店为汽车销售公司,属于增值税一般纳税人,2025年10月1日向消费者个人销售含税价150万元的小汽车3辆。同年10月3日,湖南吉利汽车有限公司,向消费者胡波直接销售汽车1台,含税价为150万元。小汽车气缸容量均为3.0升。请分析计算4S店和吉利汽车公司本月分别应缴纳的消费税税额。

知识准备

一、电子烟生产及批发环节消费税规定

(一) 纳税义务人

在中华人民共和国境内,从事电子烟生产(进口)、批发业务的单位和个人,为消费税纳税义务人,需按规定缴纳消费税。

(二) 适用税率

电子烟采用从价定率方法计算应纳税额,不同环节适用税率有所差异:

(1) 生产(进口)环节适用税率36%。

(2) 批发环节适用税率11%。

(三) 计税价格

1. 常规销售

纳税人生产、批发电子烟时,以其生产、批发电子烟取得的销售额作为计税依据,计算缴纳消费税。

2. 代销情形

电子烟生产环节纳税人若采用代销方式销售电子烟,按经销商(代理商)销售给电子烟批发企业的销售额,计算缴纳消费税。

3. 进口业务

纳税人进口电子烟,按照组成计税价格计算缴纳消费税。

(四) 代加工业务销售额核算

电子烟生产环节纳税人开展电子烟代加工业务,需分别核算持有商标电子烟的销售额和代加工电子烟的销售额。若未分开核算,需将两者销售额合并,一并计算缴纳消费税。

(五) 出口及边民互市政策

1. 出口业务

纳税人出口电子烟,适用出口退(免)税政策。

2. 边民互市

电子烟已被增列至边民互市进口商品不予免税清单,需照章征收消费税。

二、卷烟批发环节应纳消费税

1. 纳税义务人

在中华人民共和国境内,从事卷烟批发业务的单位和个人属于纳税义务人。具体而言,只有当纳税人将卷烟销售给纳税人以外的单位和个人时,才在销售时纳税。纳税人之间相互销售的卷烟无需缴纳消费税。也就是说,卷烟批发企业只有在卖给零售单位或者直接对外零售时,才需要征收批发环节消费税;而卷烟批发企业之间互相销售卷烟,则不征收消费税。

2. 征税范围

征税范围涵盖纳税人批发销售的所有牌号、规格的卷烟。

3. 适用税率

从价税税率为 11%,从量税税率为 0.05 元/支(换算后为 1 元/条,250 元/箱)。

4. 计税依据

以批发卷烟的销售额(不含增值税)以及销售数量作为计税依据。若纳税人同时经营卷烟批发和零售业务,应当分别核算。若未分别核算批发和零售环节的销售额以及销售数量,则全额计征批发环节消费税。

5. 纳税义务发生时间

纳税义务发生时间以纳税人收讫销售款项或者取得索取销售款凭据的当天为准。

6. 纳税地点

其纳税地点为卷烟批发企业的机构所在地。若总机构与分支机构不在同一地区,情况特殊(此处不展开)。

三、金银首饰销售额的确定

1. 兼营销售情况

对于既销售金银首饰,又销售非金银首饰的生产、经营单位,应当清晰划分两类商品,并分别核算其销售额。若划分不清或无法分别核算,在生产环节销售的,一律从高适用税率征收消费税;在零售环节销售的,一律按金银首饰征收消费税。

2. 成套销售情况

当金银首饰与其他产品组成成套消费品进行销售时,应按销售额全额征收消费税。

3. 包装物销售情况

金银首饰连同包装物一同销售的,无论包装物是否单独计价,也不论在会计上如何核算,都应将包装物的价值并入金银首饰的销售额,计征消费税。

4. 带料加工情况

对于带料加工的金银首饰,应按照受托方销售同类金银首饰的销售价格来确定计税依据,进而征收消费税。若没有同类金银首饰销售价格,则按照组成计税价格计算纳税。

5. 以旧换新销售情况

纳税人采用以旧换新(含翻新改制)方式销售金银首饰时,应按实际收取的不含增值税的全部价款确定计税依据,征收消费税(这种按差额计征消费税的方式,与增值税规定一致)。

四、超豪华小汽车零售环节应纳消费税

1. 征税范围

每辆零售价格达到130万元(不含增值税)及以上的乘用车和中轻型商用客车,即属于乘用车和中轻型商用客车子税目中的超豪华小汽车范畴。

超豪华小汽车在生产环节和零售环节都需要缴纳消费税。

2. 纳税义务人

将超豪华小汽车销售给消费者的单位和个人,是零售超豪华小汽车的纳税义务人。

3. 税率

将超豪华小汽车直接销售给消费者,属于零售环节。其零售环节的税率为10%。在生产环节,其消费税税率为5%。

4. 计算公式

$$应纳税额=零售环节销售额(不含增值税)\times 零售环节税率(10\%)$$

5. 特殊情况

如果国内汽车生产企业直接将超豪华小汽车销售给消费者,消费税税率需按照生产环节税率(5%)与零售环节税率(10%)加总计算。计算公式为:

$$应纳税额=零售销售额(不含增值税)\times(生产环节税率+零售环节税率)$$

五、用于"换、投、抵"的应税消费品

当纳税人使用应税消费品开展换取生产资料与消费资料、投资入股、抵偿债务(以下简称"换、投、抵")等经济活动时,在税务计算方面有着明确的区分。在计算消费税时,需将纳税人同类应税消费品里的最高销售价格作为计税的基础;而在计算增值税时,计税依据则是同类应税消费品的平均销售价格。

六、应税消费品视同销售的应纳税额的计算

当纳税人自产应税消费品,将其自用于生产非应税产品、在建工程等其他被视同销售的情形时,确定销售额的顺序如下:

(1) 依据纳税人当月销售同类消费品的销售价格来计算。若当月同类消费品的销售价格存在高低差异,那么需按照销售数量进行加权平均计算。不过,要是销售价格明显偏低且没有正当理由,或者压根不存在销售价格,这类情况就不能纳入加权平均计算的范畴。

(2) 若当月没有发生销售行为,或者当月销售活动尚未结束,则按照同类消费品在上月或者最近月份的销售价格来计算。

倘若没有同类消费品的销售价格,那么就要按照组成计税价格来计算:

其一,对于实行从价定率办法计算纳税的,组成计税价格计算公式为:

$$组成计税价格=(成本+利润)\div(1-比例税率)$$

其二,若实行复合计征办法计算纳税,组成计税价格计算公式为:

组成计税价格＝(成本＋利润＋自产自用数量×定额税率)÷(1－比例税率)
　　　　　＝[成本×(1＋成本利润率)＋自产自用数量×定额税率]÷(1－比例税率)

七、非独立核算门市部销售自产应税消费品

自产应税消费品若由纳税人通过自设的非独立核算门市部进行销售,需依据门市部对外的销售额或销售数量来征收消费税。

八、消费税出口退税的计算

除国务院另有规定外,对纳税人出口应税消费品免征消费税。

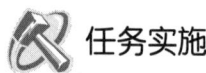任务实施

基础训练 巩固提升

湖南有为化妆品制造有限公司为增值税一般纳税人,2025年3月发生如下经济业务:

(1) 销售给一小型美容院(小规模纳税人)一批高档化妆品,开具增值税专用发票上注明的价款为22.6万元。

(2) 以成本价转给统一核算的门市部某应税消费品35万元,门市部当月取得含税收入48.5万元。

请帮助会计周艳分析计算公司3月应缴纳的消费税税额。

任务三　消费税智慧化申报管理

任务目标

1. 素养目标

(1) 培养学生诚信纳税意识,强调消费税的合法合规申报与缴纳,树立依法诚信的纳税意识。

(2) 培养学生关注税收政策动态的意识,及时、全面地掌握消费税政策更新,避免因政策不明了而导致的申报错漏。

(3) 培养学生积极进取,勤于思考的职业态度,面对复杂的税收问题时,学生能够主动学习、探索,勇于面对挑战,并善于解决问题。

2. 知识目标

(1) 知晓消费税的征收管理。
(2) 知晓消费税的税收优惠。
(3) 知晓消费税的纳税申报方法。

3. 能力目标

(1) 熟悉消费税的征收管理。
(2) 能够进行消费税的优惠政策分析。
(3) 熟练掌握消费税的纳税申报。

任务导入

湖南中烟工业有限责任公司(以下简称中烟公司)为增值税一般纳税人,公司的办税人为陈果,财务负责人为苏萌,公司联系电话为0731-82558297,纳税人识别号为91430000740640740W。公司主要经营内容为生产销售芙蓉王卷烟,芙蓉王卷烟平均售价为150元/条(不含增值税)。2025年8月发生下列经济业务:

(1) 外购已税烟丝,取得防伪税控增值税专用发票,注明金额为100万元、增值税为13万元,本月生产领用其中的80%用于生产芙蓉王牌卷烟。

(2) 移送烟叶一批委托长沙县一加工厂加工成烟丝3吨,烟叶成本为40万元。该加工厂提供辅料,加工完成后直接发给中烟公司,共收取辅料及加工费9万元,开具增值税专用发票给中烟公司(受托方没有同类产品售价)。中烟公司收到了加工厂的消费税代收代缴税款凭证,注明消费税为21万元[(40+9)÷(1-30%)×30%]。芙蓉王卷烟公司生产车间本月领用委托加工收回烟丝的60%用于继续生产芙蓉王卷烟。

(3) 向当地宏信烟草商贸公司销售芙蓉王卷烟200标准箱(1标准箱=250标准条,1标准条=200支),取得不含税销售额550万元,并收取包装物租金共计45.2万元。

(4) 本月没收芙蓉王卷烟逾期包装物押金11.3万元。

(5) 上月应交未交消费税150万元,本月12日缴纳上月应交未交消费税150万元。

已知:卷烟定额税率为每支0.003元,1标准箱的定额税为150元。比例税率为每标准条对外调拨价格在70元以上(含70元)的,税率为56%;70元以下的,税率为36%。烟丝消费税税率为30%。

请针对以上业务为中烟公司会计周子成计算分析公司8月份应缴纳的消费税税额,并进行纳税申报。

知识准备

一、消费税的征收管理

(一) 纳税期限

(1) 消费税规定的纳税期限有1日、3日、5日、10日、15日、1个月或者1个季度。

(2) 主管税务机关会依据纳税人应纳税额的多少,分别核定其具体纳税期限。若无法按照固定期限纳税,纳税人可按次纳税。

(3) 若纳税人以1个月或者1个季度作为1个纳税期,需自期满之日起15日内申报纳税。若以1日、3日、5日、10日或者15日为1个纳税期,自期满之日起5日内预缴税款,于次月1日起15日内申报纳税并结清上月应纳税款。

(二) 纳税地点

(1) 通常情况下,纳税人无论是销售应税消费品,还是将应税消费品用于自产自用,除存在特殊规定的情况外,均应当向其机构所在地或者居住地的主管税务机关进行纳税申报。

(2) 关于委托加工应税消费品的纳税地点:①如果受托方不是个人,那么由受托方向其机构所在地或者居住地的主管税务机关解缴消费税税款;②若受托方为个人(包含个体工商户),则在委托方收回应税消费品之后,由委托方向自身机构所在地的主管税务机关申报纳税。

(3) 纳税人进口应税消费品,应当由进口人或者其代理人向报关地海关申报纳税。

(4) 若纳税人前往外县(市)销售自产应税消费品,或者委托外县(市)代销自产应税消费品,都要在应税消费品销售完成后,向机构所在地或者居住地主管税务机关申报纳税。若纳税人的总机构与分支机构处于同一省(自治区、直辖市),但不在同一县(市),经省(自治区、直辖市)财政厅(局)、税务局审批同意后,可由总机构汇总向总机构所在地的主管税务机关申报纳税。

(5) 若纳税人销售的应税消费品因质量等原因出现退货,其已经缴纳的消费税税款是可以退还的。在办理退税手续时,纳税人需要把开具的红字增值税发票、退税证明等相关资料报送主管税务机关备案。

(6) 当纳税人直接出口应税消费品并办理免税后,若发生退关或者国外退货,且复进口时已享受免税的,可暂时不办理补税,等到该应税消费品转为国内销售的当月,再申报缴纳消费税。

(三) 纳税义务发生时间

1. 销售应税消费品

针对纳税人销售应税消费品的情形,纳税义务发生时间按照以下规则确定:

(1) 当纳税人采用赊销和分期收款结算方式时,以书面合同所规定的收款日期当日作为纳税义务发生时间;若书面合同未约定收款日期,或者根本没有书面合同,那么纳税义务发生时间为发出应税消费品的当日。

(2) 若纳税人采用预收货款结算方式,纳税义务发生时间就是发出应税消费品的当日。

(3) 若纳税人采用托收承付和委托银行收款方式销售应税消费品,需在发出应税消费品并办妥托收手续的当日确认纳税义务发生。

(4) 若纳税人采用除上述之外的其他结算方式,纳税义务发生时间为收到销售款或者取得索取销售款凭据的当日。

2. 自用应税消费品

纳税人将应税消费品用于自产自用的情况,纳税义务发生时间为移送使用该应税消费品的当日。

3. 委托加工应税消费品

当纳税人委托加工应税消费品时,纳税义务发生时间是纳税人提取所委托加工应税消费品的当日。

4. 进口应税消费品

对于纳税人进口应税消费品,纳税义务发生时间为报关进口的当日。

二、消费税的税收优惠

(1) 节能环保电池免税:对无汞原电池、金属氢化物镍蓄电池(又称氢镍蓄电池或镍氢蓄电池)、锂原电池、锂离子蓄电池、太阳能电池、燃料电池和全钒液流电池免征消费税。

(2) 节能环保涂料免税:对施工状态下挥发性有机物含量低于420克每升的涂料免征消费税。

(3) 对同时符合下列条件废弃动植物油生产纯生物柴油免税:①生产原料中废弃的动物油和植物油用量所占比重不低于70%;②生产的纯生物柴油符合国家《柴油机燃料调合生物柴油(BD100)》标准。

(4) 取消气缸容量250毫升(不含)以下的小排量摩托车消费税。

(5) 取消汽车轮胎税目。

(6) 取消车用含铅汽油消费税,汽油税目不再划分二级子目,统一按照无铅汽油税率征收消费税。

(7) 取消酒精消费税。取消酒精消费税后,"酒及酒精"品目相应改为"酒",并继续按现行消费税政策执行。

(8) 生产企业自营出口和委托外贸企业代理出口的应税消费品,可以按照其实际出口数量和金额免征消费税。

(9) 来料加工复出口的应税消费品,可以免征消费税。

(10) 国家特准可以退还或者免征消费税的消费品主要有:对外承包工程公司运出中国境外,用于对外承包项目的;企业在国内采购以后运出境外,作为境外投资的;利用中国政府的援外优惠贷款和援外合资合作项目基金方式出口的;对外补偿贸易、易货贸易、小额贸易出口的;外轮供应公司、远洋运输供应公司销售给外轮和远洋国轮,并收取外汇的;对外承接修理、修配业务的企业用于所承接的修理、修配业务的;保税区内的企业从保税区外有进出口经营权的企业购进应税消费品,用于出口或者加工以后出口的;经国务院批准设立,享有进出口经营权的中外合资商业企业收购自营出口的中国生产的应税消费品;外商投资企业省级外经贸主管部门批准收购应税消费品出口的;委托其他企业加工回收以后出口的应税消费品;外国驻华使馆、领事馆及其有关人员购买的列名的中国生产的应税消费品。

（11）外商投资企业以来料加工、进料加工贸易方式进口的应税消费品,可以免征进口环节的消费税。

（12）子午线轮胎可以免征消费税,翻新轮胎不征收消费税。

（13）边境居民通过互市贸易进口规定范围以内的生活用品,每人每日价值人民币8 000元以下的部分,可以免征进口环节的消费税。

（14）外国政府、国际组织无偿赠送的进口物资,可以免征进口环节的消费税。

（15）成品油生产企业在生产成品油过程中作为燃料、动力和原料消耗的自产成品油,用外购和委托加工回收的已税汽油生产的乙醇汽油,利用废弃动植物油脂生产的纯生物柴油,可以免征消费税。

（16）航空煤油暂缓征收消费税。

（17）纳税人销售的应税消费品,由于质量等原因由购买者退回的时候,经机构所在地或者居住地税务机关审核批准,可以退还已经缴纳的消费税。

三、消费税的纳税申报

在中华人民共和国境内生产、委托加工和进口规定的消费品的单位和个人,以及国务院确定的销售规定的消费品的其他单位和个人,依据相关税收法律、法规、规章及其他有关规定,在规定的纳税申报期限内填报《消费税及附加税费申报表》和其他相关资料,向税务机关进行纳税申报。相关表格如表3-6至表3-13所示。

表3-6 消费税及附加税费申报表

税款所属期：自　　年　月　日至　　年　月　日
纳税人识别号（统一社会信用代码）：□□□□□□□□□□□□□□□□□□
纳税人名称：　　　　　　　　　　　　　　　　　　　　　金额单位：人民币元（列至角分）

项目 应税消费品名称	适用税率		计量单位	本期销售数量	本期销售额	本期应纳税额
	定额税率	比例税率				
	1	2	3	4	5	6＝1×4+2×5
合计	—	—	—		—	

	栏次	本期税费额
本期减(免)税额	7	
期初留抵税额	8	
本期准予扣除税额	9	
本期应扣除税额	10＝8+9	

(续表)

	栏次	本期税费额
本期实际扣除税额	11[10<(6－7),则为 10,否则为 6－7]	
期末留抵税额	12=10－11	
本期预缴税额	13	
本期应补(退)税额	14=6－7－11－13	
城市维护建设税本期应补(退)税额	15	
教育费附加本期应补(退)费额	16	
地方教育附加本期应补(退)费额	17	

声明:此表是根据国家税收法律法规及相关规定填写的,本人(单位)对填报内容(及附带资料)的真实性、可靠性、完整性负责。	
	纳税人(签章):　　　年　月　日
经办人: 经办人身份证号: 代理机构签章: 代理机构统一社会信用代码:	受理人: 受理税务机关(章): 受理日期:　　年　月　日

表 3-7　本期准予扣除税额计算表

金额单位:元(列至角分)

准予扣除项目			应税消费品名称			合计
一、本期准予扣除的委托加工应税消费品已纳税款计算		期初库存委托加工应税消费品已纳税款	1			
		本期收回委托加工应税消费品已纳税款	2			
		期末库存委托加工应税消费品已纳税款	3			
		本期领用不准予扣除委托加工应税消费品已纳税款	4			
		本期准予扣除委托加工应税消费品已纳税款	5=1+2－3－4			
二、本期准予扣除的外购应税消费品已纳税款计算	(一)从价计税	期初库存外购应税消费品买价	6			
		本期购进应税消费品买价	7			
		期末库存外购应税消费品买价	8			

(续表)

准予扣除项目			应税消费品名称				合计
二、本期准予扣除的外购应税消费品已纳税款计算	（一）从价计税	本期领用不准予扣除外购应税消费品买价	9				
		适用税率	10				
		本期准予扣除外购应税消费品已纳税款	11＝(6＋7－8－9)×10				
	（二）从量计税	期初库存外购应税消费品数量	12				
		本期外购应税消费品数量	13				
		期末库存外购应税消费品数量	14				
		本期领用不准予扣除外购应税消费品数量	15				
		适用税率	16				
		计量单位	17				
		本期准予扣除的外购应税消费品已纳税款	18＝(12＋13－14－15)×16				
三、本期准予扣除税款合计			19＝5＋11＋18				

表3-8 本期准予扣除税额计算表

（成品油消费税纳税人适用）

金额单位：元（列至角分）

一、扣除税额及库存计算

扣除油品类别	上期库存数量	本期外购入库数量	委托加工收回连续生产数量	本期准予扣除数量	本期准予扣除税额	本期领用未用于连续生产不准予扣除数量	期末库存数量
1	2	3	4	5＝3＋4	6	7	8＝2＋3＋4－5－7
汽油							
柴油							
石脑油							
润滑油							
燃料油							
合计							

(续表)

二、润滑油基础油(废矿物油)和变性燃料乙醇领用存

产品名称	上期库存数量	本期入库数量	本期生产领用数量	期末库存数量
1	2	3	4	5=2+3-4
润滑油基础油（废矿物油）				
变性燃料乙醇				

表 3-9 本期减(免)税额明细表

金额单位:元(列至角分)

应税消费品名称	项目	减(免)性质代码	减(免)项目名称	减(免)税销售额	适用税率(从价定率)	减(免)税销售数量	适用税率(从量定额)	减(免)税额
1		2	3	4	5	6	7	8=4×5+6×7
出口免税		—	—					
合计		—	—					

表 3-10 本期委托加工收回情况报告表

金额单位:元(列至角分)

一、委托加工收回应税消费品代收代缴税款情况

应税消费品名称	商品和服务税收分类编码	委托加工收回应税消费品数量	委托加工收回应税消费品计税价格	适用税率		受托方已代收代缴的税款	受托方(扣缴义务人)名称	受托方(扣缴义务人)识别号	税收缴款书(代扣代收专用)号码	税收缴款书(代扣代收专用)开具日期
				定额税率	比例税率					
1	2	3	4	5	6	7=3×5+4×6	8	9	10	11

(续表)

二、委托加工收回应税消费品领用存情况

应税消费品名称	商品和服务税收分类编码	上期库存数量	本期委托加工收回入库数量	本期委托加工收回直接销售数量	本期委托加工收回用于连续生产数量	本期结存数量
1	2	3	4	5	6	7＝3＋4－5－6

表 3-11　卷烟批发企业月份销售明细清单

（卷烟批发环节消费税纳税人适用）

卷烟条包装商品条码	卷烟牌号规格	卷烟类别	卷烟类型	销售价格	销售数量	销售额	备注
1	2	3	4	5	6	7	8

表 3-12　卷烟生产企业合作生产卷烟消费税情况报告表

（卷烟生产环节消费税纳税人适用）

品牌输出方		品牌输入方		卷烟条包装商品条码	卷烟牌号规格	销量	销售价格	销售额	品牌输入方已缴纳税款
企业名称	统一社会信用代码	企业名称	统一社会信用代码						
1	2	3	4	5	6	7	8	9	10
合计							—		

表 3-13　消费税附加税费计算表

金额单位:元(列至角分)

税(费)种	计税(费)依据 消费税税额	税(费)率(征收率)(%)	本期应纳税(费)额	本期减免税(费)额		本期是否适用增值税小规模纳税人"六税两费"减征政策 □是　□否		本期已缴税(费)额	本期应补(退)税(费)额
				减免性质代码	减免税(费)额	减征比例(%)	减征额		
	1	2	3=1×2	4	5	6	7=(3−5)×6	8	9=3−5−7−8
城市维护建设税									
教育费附加									
地方教育附加									
合计	—	—		—		—			

任务实施

巩固提升

基础训练

湖南利华木业制造公司主营业务是木制地板的生产、进口及销售,公司是增值税一般纳税人,2025 年 3 月发生如下业务:

(1) 进口实木地板 A 一批,海关审定的关税完税价格为 8 万元,进口关税税率为 30%。

(2) 从乙实木地板厂购进未经涂饰的素板,取得的增值税专用发票上注明价款 5 万元,增值税 0.65 万元。当月领用进口实木地板 A 的 20% 和未经涂饰素板的 70% 用于继续生产实木地板 B,生产完成后以直接收款方式将部分实木地板 B 对外出售,取得不含税销售收入 32 万元。

(3) 采取赊销方式向某商场销售剩余的实木地板 B,不含税销售额 150 万元,合同约定当月 15 日付款,由于商场资金周转困难,当月实际支付 100 万元,剩余款项下月支付。

(4) 将自产的一批实木地板 C 投资给某企业,该批实木地板的最低不含增值税销售价格为 160 万元,平均不含增值税销售价格为 180 万元,最高不含增值税销售价格为 200 万元。

(5) 将新生产的豪华实木地板用于本厂办公室装修,该批实木地板成本为 90 万元,市场上无同类产品的销售价格。实木地板消费税税率为 5%、成本利润率为 5%。

根据上述相关资料,完成以下任务。
(1) 计算甲地板厂应缴纳的进口环节增值税和消费税。
(2) 计算甲地板厂应向税务机关缴纳的消费税税额。

 项目小结

  本项目以深入且全面的视角,系统阐释了消费税在从价计税、从量计税、自产自用应税消费品、委托加工应税消费品、进口应税消费品以及零售金银首饰等多种情形下,税额的计算方式。在讲解过程中,始终秉持理论与实际紧密结合的原则,通过丰富的实际案例,如化妆品企业从价计税、啤酒厂从量计税等,帮助学生透彻理解不同计算方法的应用,着重培养学生消费税计算与申报的实操能力。同时,精心设置习题,借助针对性的练习,让学生对所学知识进行巩固与深化,促使其知识掌握程度进一步提升。

项目四 企业所得税的计算与智慧化申报管理

任务一　企业所得税认知

 任务目标

1. **素养目标**
(1) 培养学生诚信纳税与关注税收政策动态意识,强调消费税合规申报。
(2) 培养学生主动钻研与学习复杂税收政策的能力,助力企业合法节税;了解纳税对公共利益的影响,激发学生的社会责任感,形成辩证思维。
(3) 培养学生进取善思的职业态度,以应对复杂税收问题;培养依法纳税的观念,弘扬法治精神,增强法治意识。

2. **知识目标**
(1) 熟悉企业所得税的征税范围、纳税义务人及税率。
(2) 熟悉企业所得税的征税对象。
(3) 熟悉企业所得税的税收优惠。

3. **能力目标**
(1) 掌握企业所得税征税范围和纳税义务人。
(2) 能够明确企业所得税的征收对象。
(3) 能够灵活运用相关政策享受税收优惠。

任务导入

1. 李东升大学毕业进入广东中华科技有限公司工作。这是一家软件开发公司，2025年7月被评为高新技术企业。财务部经理严珍吩咐李东升进行企业所得税的申报，并叮嘱其公司评选为高新技术企业后，能享受的税收优惠政策一定要充分享受。严珍经理告知他，要正确进行企业所得税的申报就需要系统地了解企业所得税的相关优惠政策、国家对高新技术企业的政策扶持、所得税的计算等相关知识。李东升在此之前已经掌握了增值税和消费税的纳税申报，有了一定的知识铺垫。请帮助李东升普及企业所得税的税率、纳税人、征税对象及税收优惠政策等相关知识。

2. 李小双是湖南红惠鞋业有限公司会计，该公司是一家小型微利企业，请帮助李小双普及小型微利企业的税收优惠政策。

一、依据法规

《中华人民共和国企业所得税法》。

二、企业所得税的征税范围、纳税义务人

2008年1月1日起，我国开始对企业征收企业所得税。企业所得税是整合了原企业所得税以及外商投资企业和外国企业所得税后形成的一个重要税种。

在中华人民共和国境内的企业以及其他取得收入的组织，属于企业所得税的纳税义务人。不过，个人独资企业、合伙企业并不适用《中华人民共和国企业所得税法》。我国实行地域管辖权与居民管辖权相结合的双重管辖权标准，企业所得税的纳税人被划分为居民企业和非居民企业，具体划分如表4-1所示。

表4-1 居民企业和非居民企业的划分

企业类型	含义	注意事项
居民企业	依法在中国境内成立，或者依照外国（地区）法律成立但实际管理机构在中国境内的企业	具体包括企业、事业单位、社会团体及其他取得收入的组织
非居民企业	依照外国（地区）法律成立且实际管理机构不在中国境内，但在中国境内设立机构、场所的企业。或者在中国境内未设立机构、场所，但有来源于中国境内所得的企业	机构、场所包括： (1) 管理机构、营业机构、办事机构。 (2) 工厂、农场、开采自然资源的场所。 (3) 提供劳务的场所。 (4) 从事建筑、安装、装配、修理、勘探等工程作业的场所。 (5) 其他从事生产经营活动的机构、场所

(续表)

企业类型	含义	注意事项
非居民企业		非居民企业委托营业代理人在中国境内从事生产经营活动的,包括委托单位或者个人经常代其签订合同,或者储存、交付货物等,该营业代理人视为非居民企业在中国境内设立的机构、场所(非独立代理人常设机构)

三、企业所得税的税率

企业所得税的税率作为反映国家与企业分配关系的关键因素,其设计遵循兼顾国家、企业双方利益的原则。一方面要确保财政收入稳步增长,另一方面需让企业在开展生产经营活动时具备一定的资金保障,同时充分考量企业的实际状况与负担能力,并且维持税率的一致性。

企业所得税采用比例税率。这种税率形式操作简便、透明度高,在征税过程中不会对企业间的收入分配比例造成改变,对提升效率具有积极的促进作用。按照现行规定:

(1) 基本税率为25%,适用于居民企业,以及在中国境内设有机构、场所,且所得与该机构、场所有关联的非居民企业。现行企业所得税将基本税率确定为25%,这一数值的设定,综合权衡了我国财政的承受能力以及企业的负担水平。

(2) 低税率为20%,适用于在中国境内未设立机构、场所,或者虽设立机构、场所,但取得的所得与其所设机构、场所并无实际联系的非居民企业。不过,在实际征税时,这类企业适用10%的税率。

企业所得税的要素

企业所得税税率的具体规定如表4-2所示。

表4-2 企业所得税税率

种类	对应税率	适用范围
基本税率	25%	(1) 居民企业。 (2) 在中国境内设有机构、场所且所得与机构、场所有关联的非居民企业
低税率	20%(实际适用10%税率)	(1) 在中国境内未设立机构、场所的非居民企业。 (2) 在中国境内虽设立机构、场所但取得的所得与其所设机构、场所没有实际联系的非居民企业

四、企业所得税的征税对象

(一)居民企业的征税对象(基于居民管辖权)

居民企业以来源于中国境内、境外的所得为征税对象。这里的所得包含销售货物所得、提供劳务所得、转让财产所得、股息与红利等权益性投资所得、利息所得、租金所得、特许权使用费所得、接受捐赠所得以及其他所得。

（二）非居民企业的征税对象（基于属地管辖权）

（1）若非居民企业在中国境内设立了机构、场所，其应就所设机构、场所取得的来源于中国境内的所得，以及发生在中国境外但与该所设机构、场所有实际联系的所得，缴纳企业所得税。

（2）若非居民企业在中国境内未设立机构、场所，或者虽设立了机构、场所，但取得的所得与其所设机构、场所没有实际联系，则其应当就其来源于中国境内的所得缴纳企业所得税。上述提及的"实际联系"，是指非居民企业在中国境内设立的机构、场所，持有可据以取得所得的股权、债权，且拥有、管理或控制可据以取得所得的财产。

五、企业所得税的税收优惠

税收优惠，是指国家对某一部分特定企业和课税对象给予减轻或免除税收负担的一种措施。税法规定的企业所得税的税收优惠方式包括免征、减征、加计扣除、加速折旧、减计收入、税额抵免等。

（一）免征与减征优惠

1. 从事农、林、牧、渔业项目所得的相关规定

从事农、林、牧、渔业免征与减征项目，如表4-3所示。

表4-3 免征与减征项目

优惠	具体项目
免征	（1）蔬菜、谷物、薯类、油料、豆类、棉花、麻类、糖料、水果、坚果的种植。 （2）农作物新品种的选育。 （3）中药材的种植。 （4）林木的培育和种植。 （5）牲畜、家禽的饲养。 （6）林产品的采集。 （7）灌溉、农产品初加工、兽医、农技推广、农机作业和维修等农、林、牧、渔服务业项目。 （8）远洋捕捞。
减征	（1）花卉、茶以及其他饮料作物和香料作物的种植。 （2）海水养殖、内陆养殖。

2. 从事国家重点扶持的公共基础设施项目投资经营所得相关规定

国家对于从事重点扶持的公共基础设施项目，涵盖港口码头、机场、铁路、公路、城市公共交通、电力、水利等投资经营的所得，自项目取得第一笔生产经营收入所属纳税年度起，实行"三免三减半"政策，即第1年至第3年免征企业所得税，第4年至第6年减半征收企业所得税。不过，若企业是通过承包经营、承包建设方式开展上述项目，或者项目为内部自建自用性质，则无法享受这一减免税优惠政策。

3. 从事符合条件的环境保护、节能节水项目所得的相关规定

从事符合条件的环境保护、节能节水项目的所得，同样自项目取得第一笔生产经营收入所属纳税年度起，执行"三免三减半"政策。需要注意的是，若在减免税期限内转让该项目，受让方自受让之日起，可在剩余期限内继续享受规定的减免税优惠；若减免税期限届满后转让,受让方不得就该项目重复享受减免税待遇。

4. 继续实施农村饮水安全工程所得的相关规定

针对农村饮水工程运营管理单位,其涉及《公共基础设施项目企业所得税优惠目录》规定的饮水工程新建项目投资经营所得,自项目取得第一笔生产经营收入所属纳税年度起,给予"三免三减半"优惠。

5. 符合条件的技术转让所得的相关规定

1) 税收优惠标准

在一个纳税年度内,居民企业转让技术所得存在不同税收处理方式。技术转让所得不超过500万元的部分,免征企业所得税;超过500万元的部分,减半征收企业所得税。

2) 技术转让范围

居民企业转让专利技术、计算机软件著作权、集成电路布图设计权、植物新品种、生物医药新品种、5年以上(含5年)非独占许可使用权,以及财政部和国家税务总局确定的其他技术,均在此列。

3) 技术转让所得的计算

$$技术转让所得 = 技术转让收入 - 技术转让成本 - 相关税费$$

或

$$技术转让所得 = 技术转让收入 - 无形资产摊销费用 - 相关税费 - 应分摊期间费用$$

当技术转让所得≤500万元时,免征企业所得税;当技术转让所得>500万元时:

$$技术转让所得应纳税额 = (技术转让所得 - 5\,000\,000) \times 50\% \times 税率$$

【特别提示】

(1) 技术转让收入是指当事人履行技术转让合同后获得的价款,不包含销售或转让设备、仪器、零部件、原材料等非技术性收入。

(2) 居民企业取得禁止出口和限制出口技术转让所得,不能享受技术转让减免企业所得税优惠政策。

(3) 居民企业从直接或间接持有股权之和达到100%的关联方取得的技术转让所得,无法享受技术转让减免企业所得税优惠政策。

(4) 享受技术转让所得减免企业所得税优惠的企业,必须单独计算技术转让所得,并合理分摊企业的期间费用;若未单独计算,则不得享受技术转让所得企业所得税优惠。

6. 资源综合利用生产所得的相关规定

企业若以《资源综合利用企业所得税优惠目录》规定的资源作为主要原材料,生产国家非限制和禁止且符合国家和行业相关标准的产品,其取得的收入可减按90%计入收入总额。

7. 经营性文化事业单位转制为企业所得的相关规定

按照财政部、税务总局、中央宣传部公告2023年第71号规定,经营性文化事业单位转制为企业后,自转制注册之日起5年内免征企业所得税。

(二)加计扣除的税收优惠

1. 研究开发费用加计扣除相关规定

自2023年1月1日起,企业开展研发活动所产生的实际研发费用,存在两种不同的扣除方式:一是若研发费用未形成无形资产而计入当期损益,在依照规定如实扣除的基础上,再按照实际发生额的100%在税前加计扣除;二是若研发费用形成了无形资产,那么按照无形资产成本200%在税前进行摊销。需要注意的是,烟草制造业、住宿和餐饮业、批发和零售业、房地产业、租赁和商务服务业、娱乐业等行业的企业无法享受研发费用加计扣除政策。

2. 可加计扣除的费用具体范围

(1)人员人工费用:涵盖直接投身于研发活动人员的工资、薪金,以及企业为其缴纳的基本养老保险费、基本医疗保险费、失业保险费、工伤保险费、生育保险费和住房公积金(五险一金),同时包含外聘研发人员的劳务费用。

(2)直接投入费用:是研发费用加计扣除范畴中的一部分。

(3)折旧费用:专门用于研发活动的仪器、设备在使用过程中产生的折旧费。

(4)无形资产摊销费用:研发过程中涉及的无形资产摊销所产生的费用。

(5)特定项目费用:新产品设计费、新工艺规程制定费、新药研制的临床试验费、勘探开发技术的现场试验费。

(6)其他相关费用:与研发活动紧密相关的其他费用,如技术图书资料费、资料翻译费、专家咨询费、高新科技研发保险费、研发成果的检索、分析、评议、论证费,以及知识产权的申请费、注册费等。需明确的是,这类费用的总额不能超过可加计扣除研发费用总额的10%。

3. 委托境外研发费用加计扣除规定

企业委托境外进行研究开发活动所产生的费用,按照费用实际发生额的80%计入委托方的委托境外研发费用。其中,不超过境内符合条件的研发费用2/3的部分,能够依照规定在企业所得税税前进行加计扣除。

4. 基础研究支出加计扣除规定

企业出资给非营利性科学技术研究开发机构、高等学校和政府性自然科学基金用于基础研究的支出,在计算应纳税所得额时,不仅可以按实际发生额在税前扣除,还能额外按照100%在税前加计扣除。

5. 集成电路企业和工业母机企业特殊加计扣除规定

自2023年1月1日至2027年12月31日,集成电路企业和工业母机企业开展研发活动实际发生的研发费用,若未形成无形资产计入当期损益,在按规定如实扣除的基础上,可再按照实际发生额的120%在税前扣除;若形成无形资产,则按照无形资产成本的220%在税前摊销。

6. 残疾人工资相关税收政策

在企业所得税预缴申报环节,企业安置残疾人所支付给残疾职工的工资,允许按照实际发放数额进行计算。当年度终了进行企业所得税年度申报以及汇算清缴时,企业还能够在已据实扣除的基础上,再按照支付给残疾职工工资的100%进行加计扣除。需要特别提醒的是,残疾人工资加计扣除这一项目属于纳税调减项目,不会对会计利润产生影响,也不会影响用于计算三项经费(职工福利费、工会经费、职工教育经费)的工资总额。

7. 企业预缴申报享受研发费用加计扣除的操作方法

1)7月份预缴申报相关规定

(1)若企业在7月份进行第2季度(按季预缴)或者6月份(按月预缴)企业所得税预缴申报时,能够准确归集和核算研发费用,那么企业可以依据自身生产经营的实际状况,自主决定是否选择就当年上半年的研发费用享受加计扣除政策。

(2)对于在7月份预缴申报期没有选择享受该优惠政策的企业,如果在后续10月份预缴申报或者年度汇算清缴时,能够准确归集核算研发费用,同样可以结合自身实际情况,自主选择在10月份预缴申报或者年度汇算清缴时统一享受此项优惠。

2)10月份预缴申报相关规定

(1)当企业在10月份进行第3季度(按季预缴)或者9月份(按月预缴)企业所得税预缴申报时,若能准确归集核算研发费用,企业便可以根据自身生产经营实际情况,自主决定是否选择就当年前三季度的研发费用享受加计扣除政策。

(2)对于10月份预缴申报期末选择享受优惠的企业,若在年度汇算清缴时能够准确归集核算研发费用,依然可以结合自身实际情况,自主选择在年度汇算清缴时统一享受研发费用加计扣除优惠政策。

(三)加速折旧的税收优惠

1. 可适用加速折旧的固定资产范围

当企业的固定资产因技术进步等因素,确实有加速折旧的需求时,能够采用缩短折旧年限或者运用加速折旧的方法。具体适用于以下两类固定资产:

(1)因技术进步,致使产品更新换代速度较快的固定资产。

(2)常年处于强震动、高腐蚀状态的固定资产。

在采用缩短折旧年限方法时,所确定的最低折旧年限不能低于规定折旧年限的60%;要是采取加速折旧方法,可选择双倍余额递减法或者年数总和法。

2. 加速折旧的特殊规定

对于生物药品制造业,专用设备制造业,铁路、船舶、航空航天和其他运输设备制造业,计算机、通信和其他电子设备制造业,仪器仪表制造业,信息传输、软件和信息技术服务业这六个行业的企业,在2014年1月1日之后新购进的固定资产,既可以缩短折旧年限,也能够采取加速折旧的方法。

(1)从2015年1月1日开始,轻工、纺织、机械、汽车四个领域重点行业的企业,新购进的固定资产,企业有权自主选择缩短折旧年限或者采取加速折旧的方法。

(2)自2018年1月1日至2027年12月31日,企业新购进的设备、器具(这里指的是除房屋、建筑物以外的固定资产),如果单位价值不超过500万元,允许一次性计入当期成本费用,在计算应纳税所得额时予以扣除,无需再分年度计算折旧;如果单位价值超过500万元,则依旧按照相关规定执行。

(3)为了助力制造业企业加快技术改造和设备更新,自2019年1月1日起,适用固定资产加速折旧优惠的行业范围,已经扩大到了全部制造业领域。

(四)减计收入的税收优惠

(1)当企业综合利用资源,生产出符合国家产业政策规定的产品,并取得相应收入时,在计算应纳税所得额时,可将这部分收入减按90%计入收入总额。

(2)支持农村金融发展相关优惠:①金融机构获取的农户小额贷款的利息收入,在计算应纳税所得额时,按90%计入收入总额;②保险公司为种植业、养殖业提供保险业务所取得的保费收入,在计算应纳税所得额时,同样按90%计入收入总额。

(五)税额抵免的税收优惠

若企业购置并且实际使用了规定的环境保护、节能节水、安全生产等专用设备,该专用设备投资额的10%能够从企业当年的应纳税额中进行抵免;如果当年抵免不完,还可以在以后5个纳税年度结转抵免。

【特别提示】

企业购置的上述专用设备,若在5年内进行转让、出租,就应当停止享受企业所得税优惠,并且需要补缴已经抵免的企业所得税税款。

(六)适用15%优惠税率的企业

适用15%优惠税率的企业,如表4-4所示。

表4-4 适用15%优惠税率的企业

类型	内容
高新技术企业	(1)国家予以重点扶持的高新技术企业,执行特殊的税收优惠政策,其企业所得税按15%的优惠税率征收。 (2)对于高新技术企业,其来源于境外的所得同样可享受所得税优惠政策。具体而言,该部分境外所得可按照15%的优惠税率缴纳企业所得税,并且在计算境外抵免限额时,境内外应纳税总额也依据15%的优惠税率来计算。 (3)企业的高新技术企业资格期满的当年,在尚未通过重新认定的这段时间内,企业所得税预缴暂按15%的税率执行。若到年底依然未成功取得高新技术企业资格,那么企业需要按照相关规定,补缴相应期间因适用优惠税率而少缴的税款
技术先进型服务企业	自2017年1月1日起,全国范围内经认定的技术先进型服务企业,享受企业所得税税率优惠,按15%的优惠税率征收企业所得税
从事污染防治的第三方企业优惠	根据财政部、税务总局、国家发展改革委、生态环境部公告2023年第38号的规定,符合条件的从事污染防治的第三方企业,在2024年1月1日起至2027年12月31日期间,享受企业所得税优惠,减按15%的税率征收企业所得税

(七)小型微利企业的税收优惠

自2023年1月1日至2027年12月31日,小型微利企业在计算应纳税所得额时,可减按25%进行计算,按照20%的税率缴纳企业所得税。同时,国家对小型微利企业的认定条件作出了调整:

(1)企业所从事的行业必须为国家非限制和禁止行业。

(2)需同时满足以下三个条件:年度应纳税所得额不超过300万元;从业人数不超过300人;资产总额不超过5 000万元。只有符合上述所有条件的企业,才能被认定为小型微利企业,从而享受相应的税收优惠政策。

小型微利企业所得税征收管理细则如下。

1. 征收方式不影响优惠享受

无论小型微利企业采用查账征收方式还是核定征收方式缴纳企业所得税,均有权享受小型微利企业所得税优惠政策。这意味着不同财务核算方式和征收方式的小型微利企业,都能在税收政策上得到平等的支持和鼓励。

2. 申报即享优惠

小型微利企业在进行企业所得税预缴和汇算清缴时,仅需按要求填写纳税申报表,即可便捷地享受小型微利企业所得税优惠政策,无需额外提交其他复杂的申请材料或履行特殊程序,大大简化了享受优惠的流程。

3. 预缴时指标判断依据

小型微利企业在预缴企业所得税时,资产总额、从业人数以及年度应纳税所得额这三个关键指标,暂时依据当年度截至本期预缴申报所属期末的实际情况进行判断。这种灵活的判断方式,能够更贴合企业在经营过程中的实际状况,确保企业在预缴环节就能准确适用优惠政策。

4. 中途符合条件的处理

若原不符合小型微利企业条件的企业,在年中预缴企业所得税时,依据相关政策标准判断符合小型微利企业条件,此时应按照截至本期预缴申报所属期末的累计情况,重新计算减免税额。并且,当年度此前期间因不符合小型微利企业条件而多预缴的企业所得税税款,可以在以后季度应预缴的企业所得税税款中进行抵减,有效避免了企业因政策适用时间差而导致的多缴税款问题。

5. 汇算清缴不符的处理

如果企业在预缴企业所得税时享受了小型微利企业所得税优惠政策,但在汇算清缴时经核查发现不符合相关政策标准,企业应当按照规定补缴相应的企业所得税税款,以确保税收征管的准确性和严肃性。

6. 预缴周期规定

小型微利企业所得税统一实行按季度预缴的方式。对于原本按月度预缴企业所得税的企业,如果在当年度4月、7月、10月预缴申报时,经判断符合小型微利企业条件,那么从下一个预缴申报期起,将调整为按季度预缴申报,且在当年度内,预缴申报周期一经调整不再变更。这种规定既考虑了小型微利企业的经营特点,又有助于税务机关更高效地开展税收征管工作。

(八)创业投资企业的税收优惠

创业投资企业从事国家需要重点扶持和鼓励的创业投资,可以按投资额的一定比例抵扣应纳税所得额。

创业投资企业优惠,是指创业投资企业采取股权投资方式直接投资于初创科技型企业满2年的,可以按照其投资额的70%在股权持有满2年的当年抵扣该创业投资企业的应纳税所得额;当年不足抵扣的,可以在以后纳税年度结转抵扣。

(九)非居民企业的税收优惠

非居民企业以下情况免征企业所得税:

(1) 外国政府向中国政府提供贷款,由此所获取的利息所得,享受特定政策。

(2) 国际金融组织向中国政府以及居民企业发放优惠贷款,其从中取得的利息所得,符合相关政策规定。

(3) 经国务院批准认可的其他所得,同样遵循相应规则。

(十)特殊行业的税收优惠

1. 软件产业和集成电路产业的税收优惠

软件产业和集成电路产业的税收优惠,如表 4-5 所示。

表 4-5 软件产业和集成电路产业的税收优惠

相关规定	税收优惠	
集成电路线宽小于 28 纳米(含),且经营期在 15 年以上的集成电路生产企业或项目	第 1 年至第 10 年免征企业所得税	对于享受优惠政策的集成电路生产企业,其优惠期限从企业实现获利的年度开始计算;而享受优惠的集成电路生产项目,优惠期则从项目取得第一笔生产经营收入所归属的纳税年度起开始计算
集成电路线宽小于 65 纳米(含),且经营期在 15 年以上的集成电路生产企业或项目	第 1 年至第 5 年免征企业所得税,第 6 年至第 10 年按照 25%的法定税率减半征收企业所得税(五免五减半)	
集成电路线宽小于 130 纳米(含),且经营期在 10 年以上的集成电路生产企业或项目	第 1 年至第 2 年免征企业所得税,第 3 年至第 5 年按照 25%的法定税率减半征收企业所得税(两免三减半)	
集成电路线宽小于 130 纳米(含)的集成电路生产企业	属于国家鼓励的集成电路生产企业清单年度之前 5 个纳税年度发生的尚未弥补完的亏损,准予向以后年度结转,总结转年限最长不得超过 10 年	
集成电路设计、装备、材料、封装、测试企业和软件企业	自获利年度起,第 1 年至第 2 年免征企业所得税,第 3 年至第 5 年按照 25%的法定税率减半征收企业所得税(两免三减半)	
重点集成电路设计企业和软件企业	自获利年度起,第 1 年至第 5 年免征企业所得税,接续年度减按 10%的税率征收企业所得税	

2. 证券投资基金的税收优惠

证券投资基金的税收优惠,如表 4-6 所示。

表 4-6 证券投资基金的税收优惠

相关规定	税收优惠
在证券市场中,证券投资基金取得的收入包含买卖股票、债券所获差价收入,股权的股息、红利收入,债券利息收入,以及其他收入	暂不征收企业所得税
投资者从证券投资基金分配中取得的收入	
证券投资基金管理人运用基金买卖股票、债券的差价收入	

3. 保险保障基金的税收优惠

根据财税〔2023〕44 号文件规定，截至 2027 年 12 月 31 日止，对中国保险保障基金有限责任公司（以下简称保险保障基金公司）根据《保险保障基金管理办法》取得的下列收入，免征企业所得税：

（1）境内保险公司依据法律规定缴纳的保险保障基金。

（2）依法从撤销或破产保险公司清算财产中获得的受偿收入和向有关责任方追偿所得，以及依法在保险公司风险处置中获得的财产转让所得。

（3）接受捐赠收入。

（4）银行存款利息收入。

（5）购买政府债券、中央银行、中央企业和中央级金融机构发行债券的利息收入。

（6）国务院批准的其他资金运用所取得的收入。

（十一）西部大开发的税收优惠

（1）自 2021 年 1 月 1 日至 2030 年 12 月 31 日，对于设立在西部地区且属于国家鼓励类产业的企业，执行税收优惠政策，征收企业所得税时减按 15% 的税率计算。

（2）若企业在西部地区新办交通、电力、水利、邮政、广播电视企业，并且上述项目的业务收入在企业收入总额中占比达到 60% 以上，便可享受相应的企业所得税优惠政策。具体来说，内资企业从开始生产经营的那天起，能够享受企业所得税"两免三减半"的税收优惠。

 **任务实施**

 **巩固提升**

基础训练

请谈谈企业所得税的征税特点。

任务二　企业所得税应纳税所得额计算

 任务目标

1. 素养目标

（1）培养学生诚信合规意识，强调遵守职业道德，保持诚信和公正，以避免税务欺诈行为；增强学生责任意识，确保企业税务合法合规。

(2) 培养学生终身学习的理念,随着经济的发展,我国税收政策和法规在不断变化和完善,学生需要持续关注最新的税收动态,不断提升自己的专业知识和技能。
(3) 培养学生团队合作意识和进行有效沟通的能力,在团队项目中,能够与他人合作完成复杂的税务计算任务,并能够清晰表达企业所得税计算的过程和结果,与相关部门进行有效沟通。

2. 知识目标

(1) 知晓收入确认的条件及各项收入对企业所得税的影响。
(2) 掌握企业所得税扣除项目的各项规定。
(3) 理解资产的税务处理。
(4) 理解亏损弥补方式和应纳税所得额的构成。

3. 能力目标

(1) 掌握收入的确定及企业所得税应税收入的计算。
(2) 掌握扣除项目的确定。
(3) 能够进行资产的税务处理。
(4) 熟练掌握应纳税所得额的计算。

子任务一　企业所得税应税收入的确定

广东中华科技有限公司属于一般纳税人企业,被评为高新技术企业。2025年第三季度发生如下收入业务:
(1) 销售软件产生收入3 500万元。
(2) 为客户提供劳务销售产生收入500万元。
(3) 出租2间厂房产生租金收入150万元。
(4) 收到国务院批准的财政性资金20万元。
(5) 接受捐赠材料一批,取得赠出方开具的增值税专用发票,注明价款100万元,增值税13万元,公司通过第三方运输公司将该批材料运回,支付运杂费2.5万元。
(6) 转让一项商标所有权,取得营业外收入260万元。
(7) 符合条件的非营利组织收入25万元。
(8) 收取当年让渡资产使用权的专利实施许可费,取得其他业务收入50万元。
(9) 获得股权转让收入400万元。
(10) 产生符合条件的居民企业之间的股息、红利等权益性投资收益50万元。
(11) 产生第三季度的利息收入38.5万元。

(12) 对华乐软件公司投资产生投资收益 200 万元。
(13) 收到政府补助款 80 万元。
(14) 收到地方政府债券利息收入 35 万元。
(15) 进行固定资产处置产生净收益 28 万元。
(16) 销售一批材料取得收入 22 万元。
(17) 收到环保部门的奖励金 2 万元。
(18) 购买的国债产生利息收入 40 万元。
(19) 取得未规定用途地方政府科技奖励资金 80 万元。
请帮助会计李东升分析公司第三季度的应税收入。

知识准备

一、企业收入总额

(一) 一般收入的确认

1. 销售产品收入

销售产品收入规定，如表 4-7 所示。

表 4-7 销售产品收入规定

要点	内容
收入确认条件	当企业开展商品销售活动时，若同时达成以下条件，便应确认收入得以实现： (1) 企业已签订商品销售合同，且与商品所有权相关的主要风险及报酬已成功转移至购货方。 (2) 针对已售出的商品，企业既未保留一般情况下与所有权紧密相连的继续管理权，也未实施有效的控制举措。 (3) 收入的具体金额能够精准且可靠地进行计量。 (4) 销售方已发生或者即将发生的成本，能够切实可靠地予以核算
收入实现时间	若销售行为符合收入确认条件，且采用以下商品销售方式，则应按对应规定来确定收入实现的时间： (1) 当销售商品采用托收承付方式时，企业在顺利办妥托收手续的时刻确认收入。 (2) 若销售商品采用预收款方式，那么在商品发出之时确认收入。 (3) 以分期收款方式销售货物，企业需依据合同所约定的收款日期来确认收入。 (4) 若销售商品采用支付手续费方式委托代销，在收到代销方提供的代销清单之际确认收入。 (5) 对于销售商品需要安装和检验的情况，在购买方接收商品并且完成安装和检验流程时确认收入；倘若安装程序较为简易，可在商品发出时便确认收入
售后回购	(1) 当企业采用售后回购的方式开展商品销售活动时，所销售的商品需按照其售价来确认收入；而回购的商品则要当作新购进的商品进行相应处理。 (2) 倘若存在证据能够表明该销售行为不符合销售收入确认条件，如以销售商品的形式进行融资，那么企业所收到的款项应被确认为负债。并且，若回购价格高于原售价，其间的差额应在回购期间内确认为利息费用

(续表)

要点	内容
以旧换新	在销售商品时,应依据销售商品收入的确认条件来确认相应的收入,而对于回收的商品,则需按照购进商品的方式来进行处理
商业折扣	企业为推动商品销售,在商品价格层面给出的价格扣减部分,属于商业折扣范畴。当商品销售存在商业折扣情况时,企业需依据扣除商业折扣后的金额,来确定销售商品的收入金额
现金折扣	债权人为促使债务人在规定期限内付款,给予债务人的债务扣除这一行为,称为现金折扣。一旦商品销售包含现金折扣,确定销售商品收入金额时要依据扣除现金折扣前的金额,实际发生的现金折扣则作为财务费用进行扣除
销售折让和销售退回	企业由于售出商品存在质量不合格等情况,在售价方面所给予的降低部分,称为销售折让;而企业因售出商品出现质量欠佳、品种与要求不符等状况进而产生的退货行为,则属于销售退回。倘若企业已确认销售收入的售出商品发生了销售折让或销售退回,应当在其发生的当期,对当期的销售商品收入进行冲减
买一赠一	企业采用买一赠一等组合形式销售自身商品时,此行为并非捐赠性质。企业需依据各项商品公允价值所占比例,对总的销售金额予以分摊,以此来分别确认各项商品的销售收入

2. 提供劳务收入

1) 收入确认条件

在各个纳税期末,倘若企业提供劳务交易的结果具备可靠估计的条件,那么就应当运用完工进度(即完工百分比)法来确认提供劳务收入。这里需要特别注意,此规定与增值税的相关规定有所不同。增值税中,提供劳务的纳税义务发生时间为提供劳务的同时收讫销售款,或者取得索取销售款凭据的当天。具体来说,提供劳务交易的结果能够可靠计量,意味着要同时满足以下这些条件:

(1) 收入金额的可靠计量:收入金额必须能够准确无误地进行计量。

(2) 完工进度的可靠确定:交易的完工进度需要有可靠的方式来加以确定。

(3) 成本核算的可靠执行:交易中已经发生以及预计将要发生的成本能够可靠地核算。

另外,企业确定提供劳务完工进度,可以从以下几种方法中进行选择:①已完工作测量法:通过对已完成工作进行精确测量来确定完工进度;②劳务占比法:依据已提供劳务占劳务总量的比例来确定完工进度;③成本占比法:按照发生成本占总成本的比例来确定完工进度。

企业所得税应税收入的确定

2) 收入确认时间

(1) 安装费收入确认:一般情况下,安装费应依据安装的完工进度来确认收入。如果安装工作是商品销售所附带的条件,那么安装费在确认商品销售实现的同时确认收入。

(2) 宣传媒介收费收入确认:对于宣传媒介的收费,在相关的广告或商业行为出现在公众面前时确认收入,而广告的制作费需根据制作广告的完工进度来确认收入。

(3) 软件费收入确认:为特定客户开发软件所收取的费用,应按照开发的完工进度来确认收入。

(4) 服务费收入确认:若服务费包含在商品售价内且能够明确区分,那么在提供服务的期间按照分期的方式确认收入。

(5) 特殊活动收费收入确认：如艺术表演、招待宴会以及其他特殊活动的收费，在相关活动实际发生的时候确认收入。若收费涉及多项活动，预先收取的款项需要合理分配到每一项活动，分别进行收入确认。

(6) 会员费收入确认：①单纯会籍型会员费：当入会会员仅能取得会籍，其他所有服务或商品都需要另行收费时，在取得该会员费时确认收入；②服务权益型会员费：会员在会员期内无需再额外付费就能够享受各种服务或商品，或者能够以低于非会员的价格购买商品、接受服务，这种情况下该会员费应在整个受益期内分期确认收入。

(7) 特许权费收入确认：①资产类特许权费：属于提供设备和其他有形资产的特许权费，在交付资产或者转移资产所有权时确认收入；②服务类特许权费：属于提供初始及后续服务的特许权费，在提供服务时确认收入。

(8) 劳务费收入确认：如果企业长期为客户提供重复的劳务并收取劳务费，那么在相关劳务活动发生时确认收入。

【特别提示】

企业受托加工制造大型机械设备、船舶、飞机，以及从事建筑、安装、装配工程业务或者提供其他劳务等，若持续时间超过12个月，需按照纳税年度内完工进度或者完成的工作量来确认收入的实现。

3. 转让财产收入

转让财产收入，是指企业通过转让固定资产、生物资产、无形资产、股权、债权等各类财产所获取的收入。

1) 收入确认时间规定

就企业转让股权收入而言，其收入确认的时间节点为转让协议正式生效并且完成股权变更手续之时。股权转让所得的计算方式为：转让股权收入减去为取得该股权所发生的成本。需要特别注意的是，企业在核算股权转让所得的过程中，被投资企业未分配利润等股东留存收益中，按照该项股权所可能分配到的金额，是不允许扣除的。

2) 不同股权处置情形下的考量差异

撤资、减资、清算涉及股权注销：需要对股权进行注销操作时，在相关计算和处理中，必须将该股权对应的股息、红利纳入考虑范围。

股权转让不涉及股权注销：仅需重点考虑转让收入以及取得该股权所付出的成本，对于该项股权对应的股息、红利则无需加以考虑。

4. 股息、红利等权益性投资收益

股息、红利等权益性投资收益，是指企业基于权益性投资行为，从被投资方获取的收入。

(1) 收入确认时间：在一般情况下（除另有特殊规定外），该类收入的确认时间，以被投资方作出利润分配决定的日期为准。

(2) 内地企业投资者通过沪港通投资香港联合交易所有限公司（以下简称香港联交所）上市股票涉及股息、红利所得税的处理方式：①收入及征税规定：内地企业投资者借助沪港通投资香港联交所上市股票所获得的股息、红利所得,应计入其收入总额,并依据相关法规依法计征企业所得税,若内地居民企业连续持有H股达到12个月及以上所取得的股息、红利所得,则可享受免征企业所得税的优惠政策;②代扣代缴与申报流程:香港联交所上市的H股上市公司需要向中国证券登记结算有限公司提出申请,由中国证券登记结算有限公司向H股上市公司提供内地企业投资者名册,在此情形下,H股上市公司无需为内地企业投资者代扣代缴股息、红利所得税款,相关应纳税款由内地企业投资者自行申报缴纳;③税收抵免规定:当内地企业投资者自行申报缴纳企业所得税时,若香港联交所非H股上市公司已代扣代缴了股息、红利所得税,内地企业投资者可依据相关法规,依法申请税收抵免。

5. 利息收入

利息收入,是指企业将自身资金提供给他人使用,但该行为并不构成权益性投资,或者因他人占用本企业资金而获取的收入,其中涵盖了存款利息、贷款利息、债券利息、欠款利息等各类利息收入。

收入确认时间:按照合同所约定的债务人应付利息的日期来确定。

6. 租金收入

租金收入,是指企业通过向他人提供固定资产、包装物等有形资产的使用权,从而获取的收入。

收入确认时间:①常规情况:租金收入按照合同约定的承租人应付租金的日期来确认收入实现;②特殊情况:若交易合同或协议中明确规定租赁期限跨越多个年度,并且租金是提前一次性支付的,那么出租人有权选择将上述已确认的收入,在整个租赁期内,按照分期均匀的方式计入相关年度收入。

> 【特别提示】
>
> 在增值税方面,当企业提供租赁服务采取预收款方式时,其增值税纳税义务发生时间为收到预收款的当日。

7. 特许权使用费收入

特许权使用费收入,是指企业将自身拥有的专利权、非专利技术、商标权、著作权等无形资产的使用权提供给他人使用,从而获取的收入。

收入确认时间:以合同中约定的特许权使用人应付特许权使用费的日期为准,届时确认收入的实现。

8. 接受捐赠收入

接受捐赠收入,是指企业从其他企业、组织或者个人处无偿获得的货币性资产或者非货币性资产。

收入确认时间:企业在实际收到捐赠资产的日期确认收入的实现。

9. 其他收入

其他收入,是指企业所取得的除上述各类收入之外的其他收入项目,具体涵盖企业资产溢余收入、逾期未退还的包装物押金收入、确实无法偿付的应付款项、已被当作坏账损失处理后又重新收回的应收款项、债务重组收入、补贴收入、违约金收入、汇兑收益等。

收入确认时间:一般情况下(除另有特殊规定外),其他收入均应在确认收入的年度一次性计入,并据此计算缴纳企业所得税。

10. 取得政府财政资金的收入

(1) 基于市场交易的情况:当企业按照市场价格进行货物销售、提供劳务服务等经营活动时,若政府财政部门依据企业销售货物、提供劳务服务的数量和金额的一定比例,给予全部或部分资金支付,那么企业应当按照权责发生制原则来确认这部分收入。

(2) 其他政府财政支付情况:除上述基于市场交易由政府财政部门按比例支付资金的情形之外,企业所取得的各种政府财政支付,如财政补贴、补助、补偿、退税等,均应当以企业实际取得收入的时间作为确认收入的时间。

(二) 特殊收入的认定规则

(1) 分期收款情形:当企业采用分期收款模式销售货物时,其收入确认时间节点为合同所约定的收款日期,届时确认相应收入的实现。

(2) 大型设备相关业务:若企业受托开展大型机械设备、船舶、飞机的加工制造工作,或是从事建筑、安装、装配工程业务,亦或是提供其他劳务,且项目持续时间超过 12 个月,那么需依据纳税年度内项目的完工进度,或者实际完成的工作量,来确认收入的实现情况。

(3) 产品分成模式:企业通过产品分成方式获取收入时,以实际分得产品的日期作为收入确认日,收入金额则按照所分得产品的公允价值加以确定。

(4) 视同销售范畴:企业发生非货币性资产交换,以及将货物、财产、劳务用于捐赠、偿债、赞助、集资、广告、样品、职工福利或者利润分配等用途,原则上应视同销售货物、转让财产或者提供劳务进行处理。国务院财政、税务主管部门另有特别规定的,则依照其规定执行。

(5) 铁路债券利息收入优惠:自 2024 年至 2027 年,企业投资者若持有由中国国家铁路集团有限公司发行的铁路债券,对于因持有这些债券而取得的利息收入,在缴纳企业所得税时,可享受减半征收的税收优惠政策。其中,铁路债券是指以中国国家铁路集团有限公司作为发行与偿还主体的债券,包括中国铁路建设债券、中期票据、短期融资券等各类债务融资工具。

(三) 处置资产收入的确认规则

(1) 属于内部处置资产,无需视同销售确认收入的情形:①当资产被用于生产、制造、加工另一产品时,属于内部处置资产,不视同销售确认收入;②若对资产的形状、结构或性能进行改变,此情况同样属于内部处置资产,不按视同销售确认收入;③资产用途发生改变,如将自建商品房转为自用或经营,这种情况视为内部处置资产,无需视同销售确认收入;④资产在总机构及其分支机构之间进行转移,属于内部处置资产范畴,不视同销售确认收入;⑤若出现上述两种或两种以上情形的混合情况,依然按照内部处置资产处理,不视同销售确认收入;⑥对于其他不会改变资产所有权属的用途,同样不视同销售确认收入。

(2) 资产移送他人,需按规定视同销售确定收入的情形:①资产被用于市场推广或销售活动,应按规定视同销售确定收入;②若资产用于交际应酬,需视同销售确定收入;③当资产用于职工奖励或福利发放时,必须按规定视同销售确定收入;④资产用于股息分配,需按视同销售确定收入;⑤若将资产用于对外捐赠,同样要按规定视同销售确定收入;⑥对于其他会改变资产所有权属的用途,均应按规定视同销售确定收入。

二、不征税收入和免税收入

(一) 不征税收入相关内容

财政拨款是指各级人民政府向纳入预算管理体系的事业单位、社会团体等组织所拨付的财政资金。国务院以及国务院财政、税务主管部门另外作出规定的情况,则依照其规定执行。

1. 依法收取并纳入财政管理的行政事业性收费、政府性基金

企业依照规定缴纳的,由国务院或者财政部批准设立的政府性基金、经国务院以及省、自治区、直辖市人民政府及其财政、价格主管部门批准设立的行政事业性收费,在计算应纳税所得额时,是准予扣除的。如果企业缴纳的是不符合审批权限所设立的基金、收费,那么在计算应纳税所得额时,不得进行扣除。

2. 国务院规定的其他不征税收入

(1) 国务院规定的其他不征税收入,是指企业获取到的,由国务院财政、税务主管部门明确规定专项用途,并且经过国务院批准的财政性资金。

(2) 财政性资金涵盖了直接减免的增值税,以及即征即退、先征后退、先征后返的各类税收。需要注意的是,企业按照规定所取得的出口退税款并不包含在其中。

(二) 免税收入相关内容

1. 国债利息收入

(1) 若企业从发行者处直接投资购买国债,并将其持有至到期,那么企业从发行者那里取得的国债利息收入,能够全额免征企业所得税。

(2) 若企业在国债到期前进行转让,或者是从非发行者处投资购买国债,那么其在持有期间尚未兑付的国债利息收入,同样免征企业所得税。尚未兑付的国债利息收入计算公式为:

$$尚未兑付的国债利息收入 = 国债金额 \times (适用年利率 \div 365) \times 持有天数$$

(3) 企业转让国债或者到期兑付国债所取得的价款,在减除其购买国债的成本,并扣除其持有期间尚未兑付的国债利息收入以及交易过程中产生的相关税费之后的余额,就是企业转让国债的收益(或损失)。

2. 符合条件的居民企业之间的股息、红利等权益性收益

这里指的是居民企业直接对其他居民企业进行投资所取得的投资收益。

3. 在中国境内设立机构、场所的非居民企业从居民企业取得与该机构、场所有实际联系的股息、红利等权益性投资收益

需要注意的是,该收益不包含连续持有居民企业公开发行并上市流通的股票时长不足12个月所取得的投资收益。

4. 符合条件的非营利组织的收入

这里指的是非营利组织的非营利性收入。非营利组织的以下收入属于免税收入:

(1) 接受其他单位或者个人捐赠所获得的收入。

(2) 除《中华人民共和国企业所得税法》第7条所规定的财政拨款之外的其他政府补助

收入，但因政府购买服务而取得的收入不包含在内。

（3）按照省级以上民政、财政部门规定标准收取的会费。

（4）不征税收入和免税收入所孳生的银行存款利息收入。

（5）财政部、国家税务总局规定的其他收入。

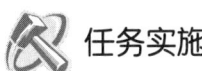

湖南永泰泵车制造有限公司是一家居民企业，2025年产生以下收入：

（1）销售货物收入2 020万元，产生现金折扣100万元，因商品质量问题，发生销货退回50万元。

（2）接受捐赠收入150万元。

（3）转让无形资产所有权收入25万元。

（4）国债利息收入50万元。

（5）确实无法偿付的应付款项5万元。

请帮助会计王斌计算公司2025年的企业所得税应税收入，并分析各业务收入确认的依据。

基础训练

子任务二　企业所得税扣除项目的确定

 任务导入

1. 湖南永泰泵车制造有限公司为增值税一般纳税人，2025年工资薪金总额为2 000万元，其中计入工资薪金的福利性支出800万元，包括企业内设福利部门发生费用100万元、交通补贴和住房补贴400万元、为职工发放供暖补贴200万元、为高危工作岗位人员提供福利性津贴100万元。其中，交通补贴、住房补贴和为高危工作岗位人员提供的福利性津贴是根据企业董事会制定的工资薪金制度按标准定期发放的，且公司依法代扣代缴了个人所得税，符合总局公告规定。公司纳税人识别号为310014200012050001。请帮助会计王斌分析公司职工福利费的扣除标准及应调整的应纳税所得额。

2. 湖南电化集团公司2025年在研发过程中，发生了人工费用50万元、直接投入费用30万元、折旧费用10万元以及无形资产摊销费用5万元等，总计95万元的研发费用，这些费用未形成无形资产，全部计入当期损益。另外，公司还有一项研发成果形成了无形资产，其成本为120万元，摊销年限为10年。请分析公司研发支出的税前扣除金额及摊销金额。

3. 湖南电气有限公司2025年全年营业收入为8 000万元，当年发生业务招待费50万元。请帮助会计杜成计算公司2025年业务招待费的税前扣除额及应调整的应纳税所得额。

4. 湖南有为化妆品制造有限公司为增值税一般纳税人，2025年公司发生如下业务：

(1) 发生广告费和业务宣传费共计1 800万元。

(2) 通过公益性组织向贫困地区捐赠了150万元，另有非公益性捐赠10万元。

(3) 向非关联方的非金融企业借款500万元，借款期限为1年，支付利息40万元，当年金融企业同期同类贷款利率为6%。

(4) 支付给残疾人工资35万元。

(5) 计提存货跌价准备20万元，支付税收滞纳金10万元。

已知：公司2025年销售收入为5 000万元，会计利润为1 000万元。

请帮助会计尹丽完成以下任务：

(1) 计算公司2025年广告宣传费的税前扣除额及应调整的应纳税所得额。

(2) 计算公司2025年公益性捐赠的税前扣除额及应调整的应纳税所得额。

(3) 计算公司2025年利息费用的税前扣除额及应调整的应纳税所得额。

(4) 计算公司2025年残疾人工资税前扣除额及应调整的应纳税所得额。

(5) 分析计提存货跌价准备、税收滞纳金是否可税前扣除。

税前扣除项目

  知识准备

一、准予扣除项目及标准

(一) 扣除项目的原则

企业申报的扣除项目和金额应真实、合法。除税收法规另有规定外，税前扣除一般应遵循的原则，如表4-8所示。

表4-8 扣除项目的原则

类型	内容
权责发生制原则	企业费用应在发生的所属期扣除，而不是在实际支付时确认扣除
配比原则	企业发生的费用应当与收入配比扣除。除特殊规定外，企业发生的费用不得提前或滞后申报扣除
相关性原则	企业可扣除的费用从性质和根源上必须与取得应税收入直接相关
确定性原则	企业可扣除的费用不论何时支付，其金额必须是确定的

(续表)

类型	内容
合理性原则	符合生产经营活动常规,应当计入当期损益或者有关资产成本的必要和正常的支出

(二) 扣除项目的范围

在计算应纳税所得额时,企业实际产生的、与获取收入存在关联且合理的各类支出,均可予以扣除。这些支出涵盖了成本、费用、税金、损失以及其他支出这五个主要方面。

扣除项目的范围具体如表4-9所示。

表4-9 扣除项目的范围

项目	具体内容		
成本	企业在开展生产经营活动时,所产生的成本涵盖销售成本、销货成本、业务支出以及其他各类耗费。其中,销售成本包含销售商品(如产品、材料、下脚料、废料、废旧物资等)的成本;在提供劳务过程中,也会产生相应成本;当企业转让固定资产以及无形资产(包含技术转让)时,同样会涉及成本支出,这些都构成了企业经营活动的成本体系		
费用	费用是企业在每一个纳税年度内,因生产、经营商品以及提供劳务等活动所产生的销售(经营)费用、管理费用和财务费用。已经计入成本的相关费用不在此列。 (1) 管理费用:重点关注业务招待费是否超出规定标准,以及保险费是否符合标准要求。 (2) 销售费用:主要核查广告费和业务宣传费有无超标情况,同时关注销售佣金、代销手续费等费用的合理性。 (3) 财务费用:着重审查利息费用是否超出标准,以及准确区分借款费用的资本化与费用化		
税金	准予税前扣除	计入税金及附加当期直接扣除	消费税、城市维护建设税、出口关税、资源税、土地增值税(房地产开发企业)、房产税、车船税、城镇土地使用税、印花税、环境保护税、教育费附加和地方教育附加(视同税金扣除)等
		计入相关资产的成本分期摊销结转扣除	车辆购置税、契税、耕地占用税、进口关税、不得抵扣的增值税
		通过损失扣除	购进货物发生非正常损失的增值税进项税额转出
	不得税前扣除	企业所得税、可抵扣的增值税	企业所得税、可抵扣的增值税
损失	企业在生产经营过程中产生的损失以及其他各类损失。 (1) 范围:涵盖企业在生产经营活动里出现的固定资产盘亏、存货盘亏、固定资产毁损、存货毁损、固定资产报废、存货报废等损失,和转让财产损失、呆账损失、坏账损失、因自然灾害等不可抗力因素导致的损失以及其他各类损失。 (2) 金额:企业在计算应纳税所得额时,允许税前扣除的损失为净损失。净损失的计算方式为用企业发生的损失减去责任人赔偿金额和保险赔款后的余额。 (3) 资产收回处理:若企业已将某项资产作为损失处理,而在后续纳税年度中,该资产又全部或部分收回,那么收回的资产价值应当计入当期收入,也就是计入资产收回当年的收入		
其他支出	除成本、费用、税金、损失外,企业在生产经营活动中发生的与生产经营活动有关的、合理的支出,以及符合国务院财政、税务主管部门规定的其他支出		

(三) 扣除项目及其标准

1. 工资、薪金支出

（1）企业产生的合理工资、薪金支出，能够依据实际发生数额进行扣除。工资、薪金支出，是指企业在每个纳税年度内，支付给在本企业任职或与本企业存在雇佣关系的员工的所有劳动报酬，形式包括现金与非现金，涵盖基本工资、奖金、津贴、补贴、年终加薪、加班工资，以及其他与任职或受雇相关的支出。

（2）当企业雇佣季节工、临时工、实习生、接受外部劳务派遣用工以及返聘离退休人员时，所实际发生的费用，需要区分成工资、薪金支出和职工福利费支出，并按照相关规定在企业所得税前扣除。其中，属于工资、薪金支出的部分，准许计入企业工资、薪金总额的基数，作为计算其他各项相关费用扣除的依据。

（3）企业接受外部劳务派遣用工所实际产生的费用，按照以下两种情况，依照规定在税前扣除：①若企业按照协议（合同）约定，直接向劳务派遣公司支付费用，这部分费用应作为劳务费支出；②若企业直接支付给员工个人费用，这部分费用应作为工资、薪金支出和职工福利费支出。其中，属于工资、薪金支出的费用，准许计入企业工资、薪金总额的基数，作为计算其他各项相关费用扣除的依据。

（4）关于股权激励计划的企业所得税处理：①对于股权激励计划实行后可立即行权的情况，上市公司能够依据实际行权时该股票的公允价格与激励对象实际行权支付价格的差额和数量，计算确定为当年上市公司工资、薪金支出，按照税法规定进行税前扣除；②对于股权激励计划实行后，需等待一定服务年限或达到规定业绩条件（等待期）才可行权的情况。在上市公司等待期内，会计上计算确认的相关成本费用，不得在对应年度计算缴纳企业所得税时扣除。只有在股权激励计划可行权后，上市公司才可以根据该股票实际行权时的公允价格与当年激励对象实际行权支付价格的差额及数量，计算确定为当年上市公司工资、薪金支出，依照税法规定进行税前扣除。

2. 职工福利费、工会经费、职工教育经费

企业在进行职工福利费、工会经费以及职工教育经费的扣除时，遵循如下规则：按照既定标准进行扣除，若实际发生金额未超过标准，就按实际发生的数额扣除；一旦超过标准，就只能按照标准扣除。

1）职工福利费

企业产生的职工福利费支出，在不超过工资、薪金总额14%的部分，允许在计算应纳税所得额时扣除。

2）工会经费

企业拨缴的工会经费，不超过工资、薪金总额2%的部分，准予扣除。

3）职工教育经费

自2018年1月1日起，除国务院财政、税务主管部门另有特殊规定外，企业发生的职工教育经费支出，不超过工资、薪金总额8%的部分准予扣除；超出这一比例的部分，准许结转至以后纳税年度扣除。

4）特殊情况

软件生产企业发生的职工教育经费中的职工培训费用（需准确划分），依据相关规定，可全额在企业所得税税前扣除。

核能发电企业为培养核电厂操作员发生的培养费用(要严格区分并单独核算),按照规定,可作为企业的发电成本在税前扣除。

【特别注意】

这里提到的"工资、薪金总额",并不涵盖企业的职工福利费、职工教育经费、工会经费,以及企业为职工缴纳的基本养老保险费、基本医疗保险费、失业保险费、工伤保险费、生育保险费等社会保险费和住房公积金。

3. 社会保险费和住房公积金

1)"五险一金"扣除规则

企业按照政府规定的范围与标准缴纳的"五险一金",具体涵盖基本养老保险费、基本医疗保险费、失业保险费、工伤保险费、生育保险费这几项基本社会保险费以及住房公积金,此类费用准予在相关税务处理中扣除。

2)补充保险费扣除条件

企业为投资者或者职工支付的补充养老保险费、补充医疗保险费,只有在国务院财政、税务主管部门所规定的范围和标准之内,才准予扣除。

3)其他保险费扣除情况

(1)财产保险费:企业参加财产保险,依照规定缴纳的保险费,准予扣除。

(2)特殊工种人身安全保险费及特定商业保险费:企业依照国家有关规定为特殊工种职工支付的人身安全保险费,以及符合国务院财政、税务主管部门规定可扣除的商业保险费,准予扣除。需要注意的是,企业为投资者或者职工支付的除上述特定可扣除商业保险费之外的其他商业保险费,不得扣除。

4. 利息费用税务处理规定

由于融资主体、融资对象以及融资方式存在差异,利息费用在税务处理上适用不同规则。

1)非金融企业向金融企业借款

非金融企业向金融企业借款的利息支出、金融企业的各项存款利息支出、同业拆借利息支出,以及企业经批准发行债券的利息支出,均可依据实际发生数额进行扣除。

2)非金融企业向非金融企业借款

非金融企业向非金融企业借款所产生的利息支出,其中不超过按照金融企业同期同类贷款利率计算得出数额的部分,可据实扣除;超出该数额的部分,则不允许扣除。

3)关联企业利息费用扣除

(1)比例限制:企业接受关联方债权性投资与权益性投资时存在一定比例要求,金融企业为5∶1,其他企业为2∶1。若超过该比例,超出部分的利息支出不得扣除。

(2)特殊情况准予扣除:若企业能够证明关联方相关交易活动符合独立交易原则,或者该企业的实际税负不高于境内关联方,那么企业实际支付给关联方的利息支出,准予扣除。

4）向自然人借款

（1）向股东或有关联关系自然人借款：向股东或者有关联关系的自然人借款的利息支出，参照上述关联企业利息费用扣除规定进行扣除。

（2）向职工或其他人员借款：向职工或者其他人员的借款利息支出，需满足真实、合法、有效且签订了借款合同的条件，参照上述非金融企业向非金融企业借款利息支出扣除规定进行扣除。

5. 借款费用

（1）无需资本化的借款费用：企业生产经营活动过程中所产生的合理且无需资本化的借款费用，在税务处理上准予扣除。这意味着此类借款费用可直接在当期作为费用列支，用于抵扣应纳税所得额。

（2）特定资产构建期间的借款费用：当企业为购置、建造固定资产、无形资产，以及针对需经过12个月以上建造方可达到预定可销售状态的存货而发生借款时，在相关资产的购置、建造期间所产生的合理借款费用，需进行资本化处理，即将这部分费用计入有关资产的成本，随着资产的折旧、摊销等方式逐步在后续期间分摊扣除。而在有关资产交付使用之后所发生的借款利息，则可在利息发生的当期直接扣除，无需再进行资本化。

（3）融资费用：企业通过诸如发行债券、取得贷款、吸收保户储金等各类融资方式所产生的合理费用支出，若符合资本化条件，应将其计入相关资产成本，与上述特定资产构建期间借款费用资本化处理一致；若不符合资本化条件，那么这部分费用应归类为财务费用，准予在企业所得税税前依据实际发生的数额进行扣除。

6. 汇兑损失

企业在货币交易活动中，以及在纳税年度终了之际，将人民币以外的货币性资产、负债按照期末即期人民币汇率中间价折算为人民币的过程中所产生的汇兑损失，除那些已经计入有关资产成本的部分，以及与向所有者进行利润分配相关的部分之外，其余的汇兑损失准予在计算应纳税所得额时扣除。也就是说，只有排除与资产成本挂钩以及涉及利润分配的汇兑损失，剩下的汇兑损失才能够在税前进行扣除，以此来确定企业的应税所得。

7. 业务招待费

1）一般企业业务招待费扣除

企业所发生的与生产经营活动存在关联的业务招待费支出，在税务扣除时，按照实际发生金额的60%进行扣除操作，但最高不得超过当年销售（营业）收入的5‰。这就要求企业在计算业务招待费扣除额时，需比较实际发生额的60%与当年销售（营业）收入的5‰，取两者中的较小值作为扣除金额。

2）从事股权投资业务企业的特殊规定

对于从事股权投资业务的企业，如集团公司总部、创业投资企业等，其从被投资企业所获取的股息、红利以及实现的股权转让收入，能够按照规定的比例来计算业务招待费扣除限额。这里的规定比例与一般企业业务招待费扣除比例规则一致，即按照实际发生额的60%扣除，但最高不得超过按上述收入计算得出的一定比例额度（实际为当年此类收入的5‰），以此来确定该类企业业务招待费的可扣除金额。

3）企业筹建期间业务招待费处理

企业在筹建期间所发生的与筹办活动相关的业务招待费支出,可将实际发生额的60%计入企业的筹办费当中,并依照有关规定在企业所得税税前进行扣除。筹建期的业务招待费通过这种方式先计入筹办费,再按照筹办费的相关扣除规定在后续合适期间进行扣除,以此规范企业筹建期间业务招待费的税务处理。

8. 广告费和业务宣传费

1）一般企业扣除标准

企业所产生的符合既定条件的广告费和业务宣传费支出,在通常情况下(除非国务院财政、税务主管部门另有特别规定),若这部分费用不超过当年销售(营业)收入的15%,那么该部分金额准予在当期进行扣除;而一旦超过当年销售(营业)收入15%的部分,并非不予扣除,而是准予结转到以后的纳税年度进行扣除,以此平衡企业在不同经营期间此类费用的扣除情况。

2）特定行业阶段性扣除标准

2021年1月1日至2025年12月31日,化妆品制造或销售企业、医药制造企业以及饮料制造(不包含酒类制造)企业发生的广告费和业务宣传费支出,扣除标准有所不同。当这部分费用不超过当年销售(营业)收入的30%时,准予在当期扣除;超出当年销售(营业)收入30%的部分,同样准予结转到以后的纳税年度进行扣除,这体现了国家对这些行业在特定时期的税收政策倾斜。

3）关联企业分摊规定

针对签订了广告费和业务宣传费分摊协议(以下简称分摊协议)的关联企业,存在特殊的扣除规则。其中一方所发生的、处于当年销售(营业)收入税前扣除限额比例之内的广告费和业务宣传费支出,既可以选择在本企业进行扣除,也能够依据分摊协议,将其中的部分或者全部费用归集到另一方进行扣除,这种灵活的分摊方式给予了关联企业在费用扣除上更多的自主性和筹划空间。

4）企业筹建期处理方式

企业处于筹建期间时发生的广告费和业务宣传费支出,处理方式较为特殊。这些费用可以按照实际发生的金额直接计入企业的筹办费,并且能够依照相关规定在企业所得税税前进行扣除,将筹建期的此类费用与企业正常经营期的费用扣除规定相区分,符合企业筹建阶段的经营特点。

5）烟草企业特殊限制

烟草企业的烟草广告费和业务宣传费支出,在计算应纳税所得额时,无论金额多少,一律不允许进行扣除。这是出于对烟草行业特殊管控的目的,通过税收政策来限制烟草企业在广告宣传方面的投入,进而对烟草行业的市场推广行为进行一定程度的约束。

9. 环境保护专项资金

企业依据法律、行政法规的相关规定,提取用于环境保护、生态恢复等方面的专项资金,允许进行扣除。如果这些专项资金在提取后被改变用途,就不允许扣除了。

10. 保险费

企业参加财产保险,并按照规定缴纳保险费的,所缴纳的保险费准予扣除。

11. 租赁费

企业因生产经营活动需要租入固定资产而支付的租赁费,按照以下方式进行扣除:

(1) 对于经营性租赁所产生的租入固定资产的租赁费支出,应依据租赁期限均匀扣除。

(2) 若是融资性租赁所产生的租入固定资产的租赁费支出,构成融资租入固定资产价值的那部分,应当提取折旧费用,分期扣除,且租赁费支出不能在当期直接扣除。

12. 劳动保护支出

(1) 劳动保护支出是指确实因工作需要,为雇员配备或提供工作服、手套、安全保护用品、防暑降温用品等所产生的支出。企业发生的合理的劳动保护支出,准予扣除。

(2) 若企业根据工作性质和特点,统一制作并要求员工在工作时统一着装所发生的工作服饰费用,准予在税前扣除。

不同来源的劳动保护用品与职工福利用品的涉税比较,如表 4-10 所示。

表 4-10 不同来源的劳动保护用品与职工福利用品的涉税比较

用途	来源	增值税	企业所得税
劳动保护用品	外购用品	可以抵扣进项税	不属于企业所得税的应税收入,列入成本费用扣除
	自产货物	不计销项税	
职工福利用品	外购用品	不得抵扣进项税	属于企业所得税的应税收入,在职工福利费限额内扣除
	自产货物	视同销售计销项税	

13. 公益性捐赠支出

1) 公益性捐赠的界定

公益性捐赠,是指企业借助公益性社会团体,或者县级(含县级)及以上人民政府及其部门,对符合《中华人民共和国公益事业捐赠法》所规定的公益事业展开的捐赠活动。

2) 公益性捐赠支出的扣除规则

企业所发生的公益性捐赠支出,在年度利润总额12%这个范围之内的部分,在计算应纳税所得额时准予扣除;超出年度利润总额12%的部分,准予在后续 3 年内,在计算应纳税所得额时扣除。这里的年度利润总额也就是会计利润。

3) 公益性捐赠的税务处理

公益性捐赠的税务处理,如表 4-11 所示。

表 4-11 公益性捐赠的税务处理

捐赠类型	扣除方法	内容
公益性捐赠	限额比例扣除	(1) 限额标准:年度利润总额×12%。 (2) 扣除方法:扣除限额与实际发生额中的较小者。 (3) 超标准捐赠,准予结转以后 3 年内税前扣除
非公益性捐赠	不得扣除	纳税人直接向受赠人的捐赠,应作纳税调整

若企业同时存在扶贫捐赠支出以及其他公益性捐赠支出,在计算公益性捐赠支出年度扣除限额时,符合条件的扶贫捐赠支出不纳入计算范畴。

14. 有关资产费用

企业在转让各类固定资产过程中所产生的费用，允许在税务处理时进行扣除。另外，企业按照规定标准计算得出的固定资产折旧费、无形资产摊销费以及长期待摊费用的摊销费，同样准予扣除。

15. 总机构分摊费用

对于非居民企业在中国境内所设立的机构、场所而言，若其境外总机构发生的某些费用与该境内机构、场所的生产经营活动存在关联，并且该境内机构、场所能够提供由总机构出具的关于费用汇集范围、定额、分配依据和方法等方面的证明文件，同时费用分摊合理的情况下，准予扣除这些费用。

16. 资产损失

企业向税务机关申报资产损失扣除时，仅需填报企业所得税年度纳税申报表中的《资产损失税前扣除及纳税调整明细表》即可，无需再报送资产损失相关资料。不过，相关资料需由企业自行留存，以备税务机关后续检查。

17. 特定费用

依照相关法律、行政法规以及国家的相关规定，如会员费、合理的会议费、差旅费、违约金、诉讼费用等费用，在符合规定的前提下，准予在税务处理时扣除。

18. 手续费及佣金支出

1）扣除限额规定

企业发生的与生产经营活动相关的手续费及佣金支出，在不超过以下规定计算限额的部分，准予扣除；超出部分则不得扣除。

保险企业：自2019年1月1日起，保险企业发生的与自身经营活动相关的手续费及佣金支出，若不超过当年全部保费收入扣除退保金等后的余额的18%（含本数）的部分，准予扣除。

其他企业：扣除限额按照与具有合法经营资格的中介服务机构或个人（不包括交易双方及其雇员、代理人和代表人等）所签订的服务协议或合同确认的收入金额的5%计算，即扣除限额等于与有合法经营资格中介服务机构或个人所签订服务协议或合同确认的收入金额的5%。

电信企业：电信企业在发展客户、拓展业务等活动过程中（如委托销售电话入网卡、电话充值卡等），向经纪人、代办商支付手续费及佣金时，扣除限额为企业当年收入总额的5%，即扣除限额等于企业当年收入总额的5%。

从事代理服务、主营业务收入为手续费、佣金的企业：证券、期货、保险代理等以手续费、佣金为主营业务收入的企业，为取得该类收入而实际发生的营业成本（包含手续费及佣金支出），准予在企业所得税税前按照实际发生金额扣除，没有扣除比例限制。

2）其他限制规定

（1）支付对象限制：手续费及佣金的支付对象必须是具备合法经营资格的中介服务企业或个人，严禁向交易双方人员（包括雇员、代理人、代表人）支付。

（2）支付方式限制：除委托个人代理这种情况外，企业若以现金等非转账方式支付手续费及佣金，相关支出不得在税前扣除。

（3）费用名目限制：手续费及佣金支出不能通过变换名目计入回扣、业务提成、返利、进场费等其他费用,也不允许坐支收入。

(4) 资产相关限制:企业已将手续费及佣金支出计入固定资产、无形资产等相关资产的,应当通过折旧、摊销等方式分期扣除,不能在支出发生的当期直接扣除。

(5) 权益化支出限制:对于权益化的手续费及佣金支出,不得在税前扣除。例如,企业为发行权益性证券而支付给有关证券承销机构的手续费及佣金,就不能在税前扣除。

19. 基于财务会计制度确认的支出

企业按照财务会计制度规定,在实际财务会计处理中已确认的支出,只要未超出《中华人民共和国企业所得税法》以及相关税收法规所规定的税前扣除范围和标准,便可依据企业实际会计处理所确认的支出金额,在企业所得税税前进行扣除。

(四) 企业所得税税前扣除凭证规定

企业所得税税前扣除凭证,是指无论是居民企业还是非居民企业,在计算企业所得税应纳税所得额时,用于证明与取得收入相关且合理的支出已实际发生,并据此在税前扣除各类支出的凭证。

1. 凭证管理原则

税前扣除凭证在管理过程中需遵循真实性、合法性、关联性原则。

2. 凭证获取要求

企业发生支出时,应当取得税前扣除凭证,以此作为计算企业所得税应纳税所得额时扣除相关支出的依据。企业必须在当年度企业所得税法规定的汇算清缴期结束前取得该凭证。

3. 相关资料留存

企业应将与税前扣除凭证相关的资料,如合同协议、支出依据、付款凭证等留存备查,以此来证实税前扣除凭证的真实性。

4. 非应税项目支出凭证

企业在境内发生的支出项目若不属于应税项目,当对方为单位时,应以对方开具的发票以外的其他外部凭证作为税前扣除凭证;当对方为个人时,则以内部凭证作为税前扣除凭证。

5. 不合规凭证处理

企业取得私自印制、伪造、变造、作废、开票方非法取得、虚开、填写不规范等不符合规定的发票(以下简称不合规发票),以及取得不符合国家法律、法规等相关规定的其他外部凭证(以下简称不合规其他外部凭证),均不得作为税前扣除凭证。

6. 汇算清缴期后处理

汇算清缴期结束后,若税务机关发现企业应当取得却未取得发票、其他外部凭证,或者取得不合规发票、不合规其他外部凭证并告知企业的,企业应自被告知之日起60日内补开、换开符合规定的发票、其他外部凭证。其中,若因对方特殊原因无法补开、换开发票、其他外部凭证的,企业应按照规定自被告知之日起60日内提供能够证实其支出真实性的相关资料。

7. 租赁资产费用凭证

企业租用(包括企业作为单一承租方租用)办公、生产用房等资产时,所发生的水、电、燃气、冷气、暖气、通信线路、有线电视、网络等费用,若出租方将其作为应税项目开具发票,企业以发票作为税前扣除凭证;若出租方采取分摊方式,企业则以出租方开具的其他外部凭证作为税前扣除凭证。

二、不准予扣除的项目

在计算应纳税所得额时,以下项目不得扣除:

(1) 企业向投资者支付的股息、红利等权益性投资收益款项。

(2) 企业应缴纳的企业所得税税款。

(3) 税收滞纳金,即纳税人因违反税收法规,被税务机关处以的滞纳金。

(4) 罚金、罚款和被没收财物的损失,是指纳税人因违反国家有关法律、法规规定,被有关部门处以的罚款,以及被司法机关处以的罚金和被没收财物的损失。

(5) 超过规定标准的捐赠支出。

(6) 赞助支出,即企业发生的与生产经营活动无关的各种非广告性质支出。

(7) 未经核定的准备金支出,是指企业未经国务院财政、税务主管部门核定而提取的各项资产减值准备、风险准备等准备金支出。

(8) 企业之间支付的管理费、企业内营业机构之间支付的租金和特许权使用费,以及非银行企业内营业机构之间支付的利息。

(9) 与取得收入无关的其他支出。

 任务实施

 巩固提升

基础训练

上海大众传媒公司是一家上市公司,于 2025 年 8 月 30 日向 50 名高级管理人员授予股票期权,约定这些管理人员工作满 2 年后即可以 5 元/股的价格购买 10 000 股公司股票。2025 年 9 月 1 日,已有 5 名高管离开公司,其余 45 名高管全部行权。行权日,公司股票面值为 1 元/股,公允价格为 11 元/股。公司 2025 年实际发生合理的工资、薪金支出 5 000 万元。请计算该公司 2025 年可以计入成本费用的工资、薪金支出的金额。

子任务三 资产的税务处理

 子任务导入

湖南永泰泵车制造有限公司为增值税一般纳税人,公司纳税人识别号为 310014200012050001。2025 年公司发生以下业务:

(1) 公司2025年6月购入一条生产线,入账价值100万元,预计使用年限5年,预计净残值率为5%,企业采用双倍余额递减法计提折旧(假设税法规定该类设备按直线法计提折旧,折旧年限和净残值率与会计规定相同)。

(2) 公司有一栋办公楼,原值500万元,预计使用年限20年,预计净残值率为5%,已使用10年,累计折旧237.5万元。2025年对该办公楼进行改建,发生改建支出100万元。

(3) 公司自行研发一项专利技术,2025年1月达到预定用途,研发过程中符合资本化条件的支出为300万元。该专利技术法律保护期限为10年,预计使用年限为8年。

(4) 公司外购一项商标权,支付价款200万元,合同约定使用年限为5年,2年后将其转让,取得转让收入120万元。

(5) 公司2025年1月1日A材料库存为100件,单价10元;2月10日购入A材料200件,单价12元;3月20日领用A材料150件。公司采用先进先出法核算存货成本。

请根据相关要求帮助会计王斌完成以下任务:

(1) 计算该生产线2025年应计提的折旧额,并分析在企业所得税汇算清缴时应如何进行纳税调整。

(2) 计算改建后办公楼的计税基础以及2025年可在企业所得税前扣除的折旧额(假设改建后预计使用年限不变)。

(3) 计算2025年该专利技术的摊销额以及在企业所得税前的扣除情况。

(4) 转让商标权时应确认的应纳税所得额。

(5) 计算领用A材料的成本以及对企业所得税的影响。

(6) 说明这种变更在税务处理上需要注意的事项,并计算对2025年企业所得税的影响。

知识准备

一、资产的税务处理认知

资产的税务处理,通常涵盖了多方面要点。从企业所得税角度而言,重点在于明确各项资产怎样在税前进行折旧、摊销以及扣除,具体内容包含资产的分类、确认方式、计价规则、扣除方法以及处置办法等。

在税务处理范畴内,资产主要划分为固定资产、生物资产、无形资产、长期待摊费用、投资资产、存货等类别。这一过程涉及诸多税种,如不动产税、个人所得税、企业所得税等。在资产转让、收益分配等环节中,精确且合理地计算并缴纳相应税费,不仅对企业的高效运营与管理意义重大,还对维护国家税收秩序的稳定以及保障税收公平性起着关键作用。

二、各项资产的税务处理介绍

(一) 固定资产的税务处理

固定资产,是指企业基于生产产品、开展劳务提供、实施出租业务或者进行经营管理等目的而持有的非货币性资产,其使用时长需超过 12 个月。此类资产涵盖房屋、建筑物,机器、机械,运输工具,以及其他一切与生产经营活动存在关联的设备、器具、工具等。

1. 固定资产计税基础

固定资产计税基础,如表 4-12 所示。

表 4-12 固定资产计税基础

类型	固定资产计税基础
外购的固定资产	购买价款和支付的相关税费以及直接归属于使该资产达到预定用途发生的其他支出
自行建造的固定资产	竣工结算前发生的支出
融资租入的固定资产	租赁合同约定的付款总额和承租人在签订租赁合同过程中发生的相关费用
盘盈的固定资产	同类固定资产的重置完全价值
通过捐赠、投资、非货币性资产交换、债务重组等方式取得的固定资产	资产的公允价值和支付的相关税费
改建的固定资产(除已足额提取折旧的固定资产和租入的固定资产以外)	以改建过程中发生的改建支出增加计税基础

2. 固定资产折旧的范围

以下几类固定资产不被允许计算折旧并进行扣除:
(1) 除房屋、建筑物之外,尚未投入实际使用的固定资产。
(2) 通过经营租赁方式租入的固定资产。
(3) 以融资租赁方式租出的固定资产。
(4) 已经足额提取折旧,却仍在继续使用的固定资产。
(5) 与企业经营活动毫无关联的固定资产。
(6) 经单独估价后作为固定资产入账的土地。
(7) 其他被规定不得计算折旧扣除的固定资产。

3. 固定资产折旧的计算方法

(1) 企业对固定资产进行折旧计算,应从固定资产投入使用月份的次月开始;而对于停止使用的固定资产,其折旧计算需自停止使用月份的次月起停止。
(2) 企业需依据固定资产自身的性质以及实际使用状况,合理地确定固定资产的预计净残值。并且,一旦确定了固定资产的预计净残值,便不允许再进行变更。
(3) 固定资产若采用直线法计算得出的折旧,可准予在相关税务处理中进行扣除。

4. 固定资产折旧的年限

在国务院财政、税务主管部门未另行作出规定的情况下,固定资产计算折旧时所适用的最低年限规定,如表 4-13 所示。

表 4-13　固定资产折旧最低年限规定

固定资产类型	最低折旧年限(年)
房屋、建筑物	20
飞机、火车、轮船、机器、机械和其他生产设备	10
与生产经营活动有关的器具、工具、家具等	5
飞机、火车、轮船以外的运输工具	4
电子设备	3

5. 固定资产折旧的处理

(1) 企业依据会计规定所提取的固定资产减值准备,在进行税前扣除时不被允许。

(2) 企业可在税前扣除的折旧,必须按照税法规定的计算方式进行扣除。

若会计上计算的折旧金额高于税法规定计提的折旧金额,企业需调增当期应纳税所得额;若会计上折旧已计算完毕,但按税法规定的折旧尚未足额扣除,那么准予企业继续依照规定进行扣除。

(3) 倘若企业固定资产的会计折旧年限比税法规定的最低折旧年限长,在进行折旧扣除时,应按照会计折旧年限执行,除非税法另有明确规定。

(4) 若企业依照税法规定采用加速折旧方法,那么按该加速折旧办法计算得出的折旧额,可在税前全额扣除。

6. 固定资产改扩建的税务处理

当企业针对房屋、建筑物等固定资产,在未足额提取折旧之前开展改扩建工作时,其税务处理方式如下:

(1) 对于未提足折旧就推倒重置的情况:需将该资产原值减去已提取折旧后的净值,并入重置后的固定资产计税成本。并且,从该固定资产投入使用的次月起,按照税法规定的折旧年限,一同计提折旧。

(2) 针对未提足折旧但进行提升功能、增加面积的情况:该固定资产的改扩建支出,应并入该固定资产的计税基础。同时,从改扩建完工并投入使用的次月起,重新按照税法规定的该固定资产折旧年限计提折旧。若改扩建后的固定资产尚可使用年限低于税法规定的最低年限,可按照尚可使用年限计提折旧。

(二)生物资产的税务处理

生物资产,是指具备生命特征的动物与植物。

1. 生物资产的计税基础

生产性生物资产计税基础的确定遵循如下方法:

(1) 若生产性生物资产为外购所得,其计税基础为购买价款与支付的相关税费之和。

(2) 当生产性生物资产是通过捐赠、投资、非货币性资产交换、债务重组等途径取得时计税基础则为该资产的公允价值加上支付的相关税费。

2. 生物资产的折旧方法

（1）生产性生物资产按直线法计算得出的折旧，允许在税务处理中进行扣除。

（2）企业对于生产性生物资产折旧的计算，应从其投入使用月份的次月开始；而当生产性生物资产停止使用时，需自停止使用月份的次月起停止计算折旧。

3. 生物资产的折旧年限

生产性生物资产计算折旧所适用的最低年限如下：

（1）林木类生产性生物资产，最低折旧年限为 10 年。

（2）畜类生产性生物资产，最低折旧年限为 3 年。

（三）无形资产的税务处理

无形资产，是指企业长期使用且不存在实物形态的资产，涵盖专利权、商标权、著作权、土地使用权、非专利技术以及商誉等。

1. 无形资产的计税基础

无形资产的计税基础按以下方式确定：

（1）若为外购的无形资产，其计税基础为购买价款、支付的相关税费，以及使该资产达到预定用途所直接发生的其他支出总和。

（2）自行开发的无形资产，计税基础为开发过程中，该资产符合资本化条件后至达到预定用途前所产生的支出。

（3）通过捐赠、投资、非货币性资产交换、债务重组等方式获取的无形资产，计税基础是该资产的公允价值与支付的相关税费之和。

2. 无形资产摊销的范围

以下无形资产不可计算摊销费用用于扣除：

（1）自行开发且其支出已在计算应纳税所得额时扣除的无形资产。

（2）自创的商誉。

（3）与企业经营活动毫无关联的无形资产。

（4）其他明确规定不得计算摊销费用扣除的无形资产。

3. 无形资产的摊销方法

（1）无形资产按直线法计算的摊销费用，准予在税务处理中扣除。

（2）外购商誉的支出，在企业进行整体转让或者清算时，准予扣除。

4. 无形资产的摊销年限

（1）无形资产的摊销年限不得少于 10 年。

（2）作为投资或者受让的无形资产，若相关法律规定或者合同约定了使用年限，可依据规定或者约定的使用年限进行分期摊销。

（四）长期待摊费用的税务处理

长期待摊费用，是指企业发生的应在 1 个年度以上或几个年度内进行摊销的费用。在计算应纳税所得额时，企业发生的以下支出可作为长期待摊费用，按规定摊销后准予扣除：

（1）已足额提取折旧的固定资产的改建支出。

（2）租入固定资产的改建支出。

（3）固定资产的大修理支出。

(4) 其他应作为长期待摊费用的支出。

【特别提示】

固定资产的大修理支出,需同时满足以下条件:
(1) 修理支出达到取得固定资产时计税基础的 50% 以上。
(2) 修理后固定资产的使用年限延长 2 年以上。

其他应作为长期待摊费用的支出,自支出发生月份的次月起分期摊销,摊销年限不得低于 3 年。

(五) 存货的税务处理

1. 存货的计税基础

存货成本按照以下方式确定:

(1) 若存货是通过现金支付的方式获取的,其成本为购买该存货所支付的价款以及与之相关的税费总和。

(2) 当存货是通过除现金支付以外的方式取得时,其成本以该存货的公允价值加上支付的相关税费来计算。

(3) 对于生产性生物资产收获的农产品,其成本是在产出或者采收过程中产生的材料费、人工费以及分摊的间接费用等必要支出。

2. 存货的成本计算方法

企业在对使用或销售的存货进行成本计算时,可从先进先出法、加权平均法、个别计价法这三种方法中择一选用。值得注意的是,一旦选定某种计价方法,就不可随意进行变更。

(六) 投资资产的税务处理

投资资产,是指企业因对外开展权益性投资以及债权性投资所形成的资产。

1. 投资资产的成本

投资资产的投资成本依照以下方法来确定:

(1) 若企业是通过支付现金的方式取得投资资产,那么投资成本即为购买价款。

(2) 当企业通过支付现金以外的其他方式获取投资资产时,投资成本则是该资产的公允价值与支付的相关税费之和。

2. 投资资产成本的扣除方法

(1) 在企业对外投资期间,计算应纳税所得额时,投资资产的成本不允许扣除。

(2) 当企业进行投资资产的转让或者处置时,投资资产的成本准予扣除。

3. 投资企业撤回或减少投资的税务处理

(1) 自 2011 年 7 月 1 日起,若投资企业从被投资企业撤回或减少投资:①相当于初始出资的那部分金额,应确认为投资收回;②相当于被投资企业累计未分配利润和累计盈余公积按照减少实收资本比例计算得出的部分,应确认为股息所得;③其余部分则确认为投资资产转让所得。

(2) 倘若被投资企业发生经营亏损,由被投资企业按照相关规定进行结转弥补。在此过程中,投资企业既不得调整降低其投资成本,也不能将其确认为投资损失。

（七）税法规定与会计规定差异的处理

（1）若企业无法提供完整、准确的收入以及成本、费用等资料，税务机关将对其应纳税所得额进行核定。

（2）企业依法开展清算工作时，清算所得是指企业全部资产的可变现价值或者交易价格，在减除资产净值、清算费用以及相关税费之后的余额。也就是说，以清算结束后的剩余资产价格，扣除资产净值、清算费用及相关税费等，得出清算所得。

（3）当财务会计核算与税法规定出现不一致的情况时，企业应当依据税法规定进行纳税调整。

（4）对于企业当年度实际发生的相关成本、费用，若因各种缘由未能及时获取该成本、费用的有效凭证，在预缴季度所得税时，企业可暂时按照账面发生金额进行核算。不过，在汇算清缴阶段，企业必须补充提供该成本、费用的有效凭证。

任务实施

巩固提升

基础训练

湖南三建有限责任公司为增值税一般纳税人，2025年发生以下业务：

（1）公司通过非货币性资产交换取得一台固定资产，该资产公允价值为30万元，支付相关税费2万元。

（2）公司有一栋办公楼，原值500万元，预计使用年限为20年，预计净残值率为5%，已使用10年，累计折旧237.5万元。2025年对该办公楼进行改建，发生改建支出100万元。

（3）公司1月1日外购一项专利技术，购买价款为500万元，相关税费20万元，为使该专利技术达到预定用途发生的其他支出30万元。该专利技术法律规定的有效年限为10年，合同约定的使用年限为8年，按照直线法摊销。

（4）公司5月20日购进一辆专用运输车，取得增值税专用发票注明的金额为60万元，增值税税额为7.8万元，发生上牌照等相关税费合计6.4万元，该车辆当月投入使用。运输车的预计净残值率为5%。

请帮助会计王斌完成以下任务：

（1）确定该固定资产的计税基础。

（2）计算改建后办公楼的计税基础以及2025年可在企业所得税前扣除的折旧额（假设改建后预计使用年限不变）。

（3）计算2025年该专利技术的摊销费用以及年末的计税基础。

（4）计算该批材料的入账价值以及可抵扣的增值税进项税额（不考虑其他因素）。

（5）不考虑加速折旧等相关优惠，计算该运输车在当年企业所得税税前最多可扣除的

折旧额。

(6) 计算2025年该无形资产的摊销费用在企业所得税前可扣除的金额。

(7) 计算该批毁损原材料造成的非常损失净额。

子任务四　应纳税所得额的确定

任务导入

1. 上海新浪潮软件有限公司为居民企业（适用税率25%），纳税人识别号为310039000510343001，2025年度取得销售货物收入6 000万元，转让专利技术收入800万元（其中技术转让所得550万元），国债利息收入50万元。发生销售成本3 000万元，税金及附加300万元，销售费用800万元，管理费用700万元（其中研发费用200万元），财务费用100万元，营业外支出50万元（资产清查中发生的固定资产盘亏40万元，税收滞纳金10万元）。上年度尚未弥补的亏损50万元。请采用直接计算法为会计胡利萍分析计算公司本年度的应纳税所得额。

2. 湖南宏利汽车有限责任公司为居民企业（非小型微利企业），2025年发生经营业务如下：

(1) 取得产品销售收入5 000万元。

(2) 发生产品销售成本3 500万元。

(3) 发生销售费用900万元（其中广告费780万元），管理费用380万元（其中同业务招待费30万元，新技术研发费用40万元），财务费用100万元。

(4) 税金及附加50万元。

(5) 营业外收入80万元，营业外支出40万元（含通过公益性社会组织向山区捐款35万元，支付税收滞纳金5万元）。

(6) 计入成本、费用中的实发工资总额200万元、拨缴职工工会经费5万元、发生职工福利费32万元、发生职工教育经费18万元。

(7) 在日本非独立纳税的分支机构发生亏损10万元。

公司2019—2024年产生的应纳税所得额如表4-14所示。

表4-14　2019—2024年公司的应纳税所得额

年度	2019年	2020年	2021年	2022年	2023年	2024年
应纳税所得额（万元）	－3	8	－5	15	－5	－10

(8) 购进符合企业所得税优惠的安全生产专用设备一套，支付价款50万元、增值税进项税额6.5万元，设备已经投入使用。

上述业务中相关票据齐全且合法，请采用间接计算法帮助会计王星分析计算2025年度的应纳税所得额。

知识准备

一、企业所得税应纳税所得额的计算

在实际操作中,计算应纳税所得额通常有两种方式。

(一)直接计算法

采用直接计算法时,企业应纳税所得额是每一纳税年度的收入总额,依次减去不征税收入、免税收入、各项扣除,以及允许弥补的以前年度亏损后的剩余金额。其计算公式为:

$$应纳税所得额=收入总额-不征税收入-免税收入-各项扣除-弥补亏损$$

(二)间接计算法

间接计算法以会计利润总额为基础,在此之上加上或减去按照税法规定需要调整的项目金额,所得结果即为应纳税所得额。目前,现行企业所得税年度纳税申报表采用的就是这种方法。其计算公式为:

$$应纳税所得额=会计利润总额±纳税调整项目金额$$

其中,纳税调整项目金额包含两个方面:一方面是由于企业财务会计制度规定的项目范围,与税法所规定的项目范围存在差异,因而需要进行调整的金额;另一方面是企业财务会计制度规定的扣除标准,与税法规定的扣除标准不一致所产生的差异,需要予以调整的金额。

二、企业亏损弥补相关规定

一般情况下,企业在某一纳税年度所产生的亏损,可用下一年度的所得进行弥补。若下一年度所得不足以弥补,可逐年延续弥补,但延续弥补的最长期限不得超过5年。

(一)特殊企业延长规定

自2018年1月1日起,当年具备高新技术企业或科技型中小企业资格的企业,其具备资格年度之前5个年度存在尚未弥补完的亏损,允许结转至以后年度弥补,且最长结转年限从5年延长至10年。需要注意的是,企业在汇总计算缴纳企业所得税时,境外营业机构的亏损不能用于抵减境内营业机构的盈利。

不得扣除的项目和弥补亏损

(二)其他特殊规定

1. 企业筹办期相关规定

企业在筹办期间不被视作亏损年度,从开始生产经营的年度起,才作为开始计算企业损益的年度。企业在从事生产经营之前的筹办活动期间所发生的筹办费用支出,不能计算为当期亏损。企业可选择在开始经营之日的当年一次性扣除,也可依据税法中有关长期待摊费用的处理规定进行处理,一旦选定处理方式,便不得更改。

2. 税务检查调增应纳税所得额的规定

当税务机关对企业以前年度纳税情况进行检查并调增应纳税所得额时,若企业以前年度存在亏损且该亏损属于法规允许弥补的范围,应准许用调增的应纳税所得额来弥补该

亏损。

3. 以前年度应扣未扣支出的规定

对于企业发现以前年度实际发生,且按照税法规定应在企业所得税税前扣除却未扣除或少扣除的支出,企业在作出专项申报及说明后,允许追补至该项目发生年度计算扣除,不过追补确认期限不能超过5年。

(1)多缴税款处理方式:企业因上述原因多缴的企业所得税税款,可在追补确认年度的企业所得税应纳税款中进行抵扣,若抵扣不足,可向以后年度递延抵扣或申请退税。

(2)亏损或盈利企业追补确认后的处理:亏损企业追补确认以前年度未在企业所得税税前扣除的支出,或者盈利企业经过追补确认后出现亏损的情况,应先调整该项支出所属年度的亏损额,然后依据弥补亏损的原则计算以后年度多缴的企业所得税税款。

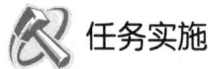

湖南化工科技有限公司2024年被评为高新技术企业,2025年发生经营业务如下:
(1)全年取得销售收入8 000万元。
(2)出租固定资产取得租金收入200万元。
(3)国债利息收入50万元。
(4)财政拨款100万元。
(5)全年发生销售成本4 000万元。
(6)税金及附加300万元。
(7)不含业务招待费的管理费用500万元,业务招待费80万元。
(8)销售费用1 000万元。
(9)财务费用200万元。
(10)营业外支出100万元,其中通过公益性社会组织向贫困地区捐赠80万元。
(11)计入成本、费用中的实发工资总额200万元、拨缴职工工会经费5万元、发生职工福利费35万元、发生职工教育经费18万元。
(12)公司2021—2024年应纳税所得额分别为:-8万元、-14万元、-16万元和-2万元。

请分析计算该公司2025年度应纳税所得额(采用直接计算法)。

任务三　企业所得税应纳税额计算

任务目标

1. **素养目标**
(1) 增强学生的逻辑思维能力,引导学生在计算企业所得税应纳税额时,遵循严谨的逻辑顺序,从确定计税依据到选择适用税率,再到计算应纳税额,养成有条理、有步骤地解决问题的思维习惯,提高分析判断能力。
(2) 培养学生依法纳税的意识,明确依法纳税是企业和公民的义务,在企业所得税计算过程中,做到诚实合规,不偷税漏税,维护国家税收秩序和企业的合法权益。
(3) 培养学生沟通协调能力,提供表达企业所得税计算问题见解的机会,倾听他人的意见和建议,培养清晰、准确地表达思想和观点的能力,提高沟通效果。

2. **知识目标**
(1) 掌握居民企业应纳税额的计算。
(2) 熟悉居民企业核定征收应纳税额的计算。
(3) 了解非居民企业应纳税额的计算。
(4) 知晓非居民企业所得税核定征收办法。

3. **能力目标**
(1) 掌握居民企业应纳税额的计算。
(2) 熟练掌握居民企业核定征收应纳税额的计算。
(3) 熟练掌握居民企业应纳税额的计算。
(4) 熟练掌握非居民企业所得税核定征收。

任务导入

1. 完成任务二子任务四中上海新浪潮软件有限公司和湖南宏利汽车有限责任公司企业所得税应纳税额的计算。
2. 上海同济科技有限公司是一家居民企业,主要从事电子技术、计算机软硬件技术、网络技术、环保技术、环境技术、净化技术、仪器仪表检测技术、光电一体化技术领域内的技术服务等,属于国家重点扶持的高新技术企业,2025年度发生以下业务:
(1) 提供计算机软硬件技术服务获取收入10 000万元,服务成本为2 750万元。
(2) 提供环保技术服务收入4 000万元,服务成本为500万元。
(3) 转让净化器收入600万元,转让成本为170万元。

(4) 取得股息、红利等权益性投资收益 500 万元（其中包含从境内非上市公司取得股息、红利 300 万元，从境内上市公司取得股息、红利 200 万元，持股时间均超过 12 个月）。

(5) 取得利息收入 50 万元（其中包含国债利息收入 30 万元）。

(6) 固定资产出租取得租金收入 300 万元，租金成本为 80 万元。

(7) 取得特许权使用费收入 80 万元。

(8) 本年的工资薪金总额为 2 500 万元，其中包含支付给残疾职工的工资 50 万元，已据实扣除；当年发生职工福利费 380 万元，工会经费 60 万元，职工教育经费 300 万元。

(9) 发生管理费用 1 850 万元，其中，业务招待费 145 万元。

(10) 发生销售费用 3 000 万元，其中广告费和业务宣传费 2 350 万元。

(11) 发生的税金及附加 158 万元。

(12) 发生研发费用 1 500 万元，未形成无形资产。

(13) 通过公益性组织向贫困地区捐赠 400 万元。

(14) 产生的财务费用为 200 万元，其中向非关联方企业借款 1 000 万元，借款期限为 3 年，年利率为 7%，金融企业同期同类贷款利率为 5%。

请帮助会计王蓉计算分析公司 2025 年应缴纳的企业所得税。

3. 境外 A 公司（非居民企业）在中国境内未设立机构、场所，2025 年从中国境内取得股息收入 80 万元（不含增值税）。请计算 A 公司应在中国缴纳的企业所得税税额。

4. 境外 B 公司（非居民企业）在中国境内设立了机构、场所。该机构、场所 2025 年取得来源于中国境内的承包工程作业收入 600 万元（不含增值税），发生相关成本费用 400 万元。已知：税务机关核定 B 公司利润率为 20%。请计算 B 公司 2025 年度应在中国缴纳的企业所得税税额。

5. 境外 C 公司（非居民企业）在中国境内设立机构、场所。2025 年其设立机构、场所取得来源于中国境内的特许权使用费收入 300 万元（不含增值税），发生与取得该收入相关的成本费用为 120 万元。已知：税务机关核定 C 公司利润率为 30%。请计算 C 公司 2025 年度应在中国缴纳的企业所得税税额。

知识准备

一、居民企业应纳税额的基本公式

居民企业应纳税额的基本公式为：

应纳税额＝应纳税所得额×适用税率－减免税额－抵免税额

二、居民企业核定征收的规定

(一) 核定征收的适用范围

（1）依据法律、行政法规相关规定，被允许无需设置账簿的企业。

（2）按照法律、行政法规要求应当设置账簿，然而实际并未设置的企业。

（3）存在擅自销毁账簿行为，或者拒绝向税务机关提供纳税资料的企业。

（4）虽已设置账簿，但是账目呈现混乱状态，或者成本资料、收入凭证、费用凭证严重缺失，导致难以通过查账确定应纳税额的企业。

（5）已发生纳税义务，却未在规定期限内办理纳税申报，在税务机关责令限期申报后，逾期依旧未进行申报的企业。

（6）所申报的计税依据显著低于合理水平，并且无法给出正当理由的企业。

(二) 核定征收的方式

核定征收包含定率（即核定应税所得率）以及定额（也就是核定应纳所得税额）这两种方法。

（1）符合以下情形之一的，核定应税所得率：

其一，能够正确核算（查实）收入总额，然而无法正确核算（查实）成本费用总额的情况。此时，应纳所得税额的计算公式为：

$$应纳所得税额＝应税收入额×应税所得率×适用税率$$

其二，能够正确核算（查实）成本费用总额，但不能正确核算（查实）收入总额的。在此情形下，应纳所得税额的计算方式为：

$$应纳所得税额＝成本（费用）支出额÷(1－应税所得率)×应税所得率$$

其三，通过合理手段，能够计算并推定纳税人收入总额或者成本费用总额的。

【特别提示】

若纳税人不属于上述情形，将核定其应纳所得税额。

（2）当纳税人出现以下情况时：生产经营范围、主营业务发生重大变动，或者应纳税所得额、应纳税额增减变化幅度达到20％，就应当及时向税务机关申报，以便调整已确定的应纳税额或者应税所得率。

（3）税务机关可运用以下方法核定征收企业所得税：①参考当地同类行业或者类似行业中，经营规模以及收入水平相近的纳税人的税负水平来进行核定；②按照应税收入额或者成本费用支出额定率进行核定；③依据耗用的原材料、燃料、动力等进行推算或者测算核定；④运用其他合理方法进行核定。

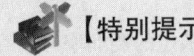
【特别提示】

如果采用上述某一种方法不足以准确核定应纳所得税额或者应纳税额，可同时采用两种及以上的方法进行核定。当采用两种以上方法测算出的应纳税额不一致时,应按照测算出的应纳税额从高核定。

(4) 对于实行应税所得率方式核定征收企业所得税的纳税人,若经营多种业务,无论其经营项目是否单独核算,均由税务机关依据其主营项目来确定所适用的应税所得率。

三、非居民企业应纳税额的计算规则

(一)适用范围界定

(1) 涵盖在中国境内未设立机构、场所的非居民企业所取得的所得。

(2) 包含在中国境内虽设立机构、场所,然而取得的所得与该机构、场所并无实际联系的非居民企业的所得。

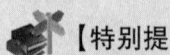

这里不涉及在中国境内设立机构、场所,且取得的所得与其所设机构、场所有实际联系的非居民企业。

(二)应纳税所得额的计算方式

(1) 对于股息、红利等权益性投资收益以及利息、租金、特许权使用费所得,以收入全额作为应纳税所得额。

(2) 转让财产所得方面,应纳税所得额为收入全额减去财产净值后的余额。

(3) 针对其他所得,参照前面两项规定的方法来计算应纳税所得额。

转让财产按照差额进行征税,而其余所得则按全额纳税。

四、非居民企业所得税核定征收办法解析

当非居民企业存在会计账簿不健全,资料残缺难以查账,或者因其他因素无法准确计算并如实申报其应纳税所得额的情况时,税务机关有权采取特定方法对其应纳税所得额进行核定。

(一)常见的核定手段

(1) 按收入总额核定应纳税所得额:此方法适用于能够准确核算收入,或者能够通过合理方式推定收入总额,但无法正确核算成本费用的非居民企业。应纳税所得额的计算公式为:

$$应纳税所得额 = 收入总额 \times 经税务机关核定的利润率$$

(2) 按成本费用核定应纳税所得额:适用于能够正确核算成本费用,却不能正确核算收入总额的非居民企业。应纳税所得额的计算方式为:

$$应纳税所得额 = 成本费用总额 \div (1 - 经税务机关核定的利润率) \times 经税务机关核定的利润率$$

(3) 按经费支出换算收入核定应纳税所得额:适用于能够正确核算经费支出总额,然而

不能正确核算收入总额和成本费用的非居民企业。应纳税所得额的计算公式是：

应纳税所得额＝经费支出总额÷(1－经税务机关核定的利润率)×经税务机关核定的利润率

(二) 税务机关确定非居民企业利润率的标准

(1) 若非居民企业从事承包工程作业、设计和咨询劳务，其利润率范围为15%～30%。

(2) 对于从事管理服务的非居民企业，利润率范围为30%～50%。

(3) 当非居民企业从事其他劳务或劳务以外的经营活动时，利润率不低于15%。

若税务机关有依据认为非居民企业的实际利润率显著高于上述标准，那么可以按照比上述标准更高的利润率来核定其应纳税所得额。

任务实施

巩固提升

基础训练

境外E公司(非居民企业)在中国境内未设立机构、场所。2025年从中国境内取得转让财产所得，财产转让收入500万元(不含增值税)，该财产净值为350万元。请计算E公司2025年应在中国缴纳的企业所得税税额。

任务四　企业所得税智慧化申报管理

任务目标

1. 素养目标

(1) 培养学生树立依法纳税的意识，弘扬社会主义法治精神，坚决杜绝偷税、漏税、逃税等违法行为，维护税收法律的权威性和严肃性。

(2) 培养学生严谨、细致的工作态度，对待每一个数据、每一项申报内容都要高度负责，确保申报数据的准确性和完整性，避免因疏忽大意而导致错误或遗漏。

(3) 培养学生的责任意识，认识到企业所得税申报与管理是企业的重要责任和义务，关乎国家税收利益和企业自身的发展，企业应及时准确地完成各项申报工作，配合税务机关的检查和监管。

2. 知识目标

(1) 知晓企业所得税的纳税方式、纳税地点、纳税期限和扣缴义务人。

(2) 熟悉企业所得税预缴申报表的填制。

(3)掌握企业所得税汇算清缴申报表的填制。

3. 能力目标

(1)能够进行企业所得税的纳税地点、纳税期限和扣缴义务人的判断。

(2)熟练掌握预缴企业所得税的纳税申报。

(3)熟练掌握年度汇算清缴企业所得税的纳税申报。

任务导入

湖南圆梦机械有限公司作为居民企业,纳税人识别号为310095000240371001。该公司为工业企业,从业人数达138人,资产总额为6 000万元,主要业务涵盖泵车及机械类产品的生产、销售以及研发。该公司2024年的经营活动如下:

(1)全年产生销售成本为2 100万元。

(2)全年实现销售收入为4 500万元。

(3)全年产生销售费用合计900万元,具体包括700万元广告费、50万元职工薪酬、50万元资产折旧摊销、50万元办公费以及50万元差旅费;管理费用为700万元,其中业务招待费80万元、职工薪酬90万元、资产折旧摊销费100万元、办公费200万元、差旅费180万元,另外用于泵车新产品新技术的研究开发费总计50万元(其中研发活动直接消耗的材料、燃料和动力费用10万元,直接从事研发活动的在职人员费用10万元,专门用于研发活动的折旧费、维护费、运行维护费3万元,有关无形资产摊销费5万元,中间试验和产品试制的有关费用、样品、样机及一般测试手段购置费5万元,研发成果论证、评审、验收鉴定费用10万元,设计、制定、资料和翻译费用7万元);财务费用50万元,均为利息支出。

(4)各种税费总计280万元,其中包含170万元增值税。

(5)取得营业外收入150万元,此部分全部为处置固定资产净收益,在会计核算时记入"资产处置损益"科目,而非"营业外收入"科目;营业外支出90万元,其中通过公益性社会团体向贫困山区捐款15万元,支付税收滞纳金70万元,出售无形资产损失5万元。(出售无形资产损失在会计上记入"资产处置损益"科目,而非"营业外支出"科目)。

(6)2024年7月获得直接投资于其他居民企业连续12个月以上的权益性投资收益90万元,该收益已在投资方所在地按15%的税率缴纳了企业所得税。

(7)计入成本、费用中的实发工资总额为200万元,拨缴工会经费4万元,职工福利费支出30万元,职工教育经费支出20万元。

(8)在A、B两国设有分支机构。A国机构的税后所得为36万元,A国所得税税率为28%;B国机构的税后所得为41万元,B国所得税税率为18%。在A国已缴纳所得税16万元,在B国已缴纳所得税10万元。假设A、B两国应税所得额的计算方式与我国税法一致,且湖南圆梦机械有限公司选择"分国(地区)不分项"的方法来计算其来源于境外的应纳税所得额。

(9) 2024 年度不存在以前年度亏损(2019—2023 年均无亏损情况),2024 年共预缴企业所得税 50.32 万元,其中 2024 年前三个季度预缴企业所得税 30.18 万元,第四季度预缴企业所得税 20.14 万元。2024 年第四季度营业收入 1 200 万元,营业成本 550 万元,利润总额 88 万元。此外,该公司为员工缴纳各类基本社会保障性缴款 75 万元,未缴纳补充养老和医疗保险,为员工缴纳住房公积金 65 万元,未超出当地政府规定标准。

请帮助办税员周莉完成公司 2025 年度的企业所得税汇算清缴工作,具体任务如下:

(1) 于 2025 年 1 月 12 日完成 2024 年第四季度预缴企业所得税的纳税申报。

(2) 于 2025 年 5 月 15 日完成企业所得税年度纳税申报(即企业所得税汇算清缴)。

 知识准备

一、企业所得税的征收管理

(一) 纳税方式

企业所得税实行"按年计征,分月或分季预缴,年终汇算清缴,多退少补"的征收模式。基于此,纳税申报相应分为预缴纳税申报以及年终纳税申报。在预缴所得税时,纳税人原则上应依据月度或季度的实际利润额进行预缴。若依据月度或季度实际利润额预缴存在困难,也可选择按照上一纳税年度应纳税所得额的月度或季度平均额预缴,或者采用经税务机关认可的其他预缴方法。需注意的是,预缴方法一旦确定,在该纳税年度内不得随意更改。

(二) 纳税地点

纳税地点,如表 4-15 所示。

表 4-15 纳税地点

企业类型		纳税地点
居民企业	登记注册地在境内的	登记注册地
	登记注册地在境外的	实际管理机构所在地
非居民企业	在境内设立机构、场所的,且取得的境内外所得与其所设机构、场所有实际联系的所得	机构、场所所在地
	在境内未设立机构、场所的,或者虽设立机构、场所但取得的所得与其所设机构、场所没有实际联系的所得	扣缴义务人所在地

(三) 纳税期限

纳税期限,如表 4-16 所示。

表 4-16　纳税期限

项目	内容
纳税年度	(1) 通常情况下,一个纳税年度是从公历 1 月 1 日开始,到 12 月 31 日结束。 (2) 若企业在一个纳税年度中间才开业,又或者提前终止经营活动,导致该纳税年度的实际经营时长不足 12 个月,那么就把它的实际经营期视作一个纳税年度。 (3) 当企业进入清算阶段,整个清算期要单独作为一个纳税年度,用于计算清算所得
预缴税款	对于选择按月度或者季度预缴企业所得税的企业,需在月份或者季度结束后的 15 天内,向税务机关提交预缴企业所得税纳税申报表,并完成预缴税款的缴纳
汇算清缴期限	(1) 企业应在年度结束后的 5 个月内,向税务机关报送年度企业所得税纳税申报表,开展汇算清缴工作,最终结清该年度应缴纳以及应退还的税款。 (2) 若企业在年度中间就终止了经营活动,必须在实际经营终止日起的 60 天内,前往税务机关办理当期企业所得税的汇算清缴事宜

(四) 扣缴义务人

1. 扣缴义务人的相关规定

1) 法定扣缴义务人

依照规定,支付人被确定为扣缴义务人。支付人,是指依据相关法律条文规定,或者依据合同中的明确约定,对非居民企业直接承担支付相关款项责任的单位或者个人。

2) 支付形式的范围

支付的形式不仅包含现金支付、通过银行汇拨支付、利用转账方式支付等货币形式的支付,还包括以权益兑价支付等非货币形式的支付。

3) 到期应支付款项的界定

到期应支付的款项,是指支付人按照权责发生制这一会计核算原则,应当将其计入相关成本、费用项目中的应付款项。

4) 指定扣缴义务人

在特定情形下,税务机关拥有指定权,可指定工程价款或者劳务费的支付人为扣缴义务人。

2. 扣税时间节点及入库申报时间规定

1) 扣税时间节点

税款的扣缴操作由扣缴义务人负责,具体时间为每次进行支付行为之时,或者当款项达到到期应支付状态时,从实际支付的款项或者到期应支付的款项当中进行税款的扣缴。

2) 入库申报时间规定

扣缴义务人每次代扣得到的税款,必须在代扣行为发生之日起的 7 天内,将税款缴入国库。同时,还需要向其所在地的税务机关报送扣缴企业所得税报告表。

二、企业所得税预缴申报表

企业所得税月(季)度预缴纳税申报采用全国统一的纳税申报表,具体分为以下几种类型:

(1)《中华人民共和国企业所得税月(季)度预缴纳税申报表(A 类)》,此表适用于实行查账征收企业所得税的居民企业。

(2)《中华人民共和国企业所得税月(季)度和年度纳税申报表(B类)》,该表适用于实行核定征收企业所得税的居民企业。

特别要说明的是,跨地区经营汇总纳税企业的分支机构,在进行年度企业所得税汇算清缴申报时,需使用《中华人民共和国企业所得税月(季)度预缴纳税申报表(A类)》,如表4-17所示。

表4-17 中华人民共和国企业所得税月(季)度预缴纳税申报表(A类)

税款所属期间: 年 月 日至 年 月 日

纳税人识别号(统一社会信用代码):□□□□□□□□□□□□□□□□□□

纳税人名称: 金额单位:人民币元(列至角分)

优惠及附报事项有关信息									
项目	一季度		二季度		三季度		四季度		季度平均值
	季初	季末	季初	季末	季初	季末	季初	季末	
从业人数									
资产总额(万元)									
国家限制或禁止行业	□是□否				小型微利企业			□是□否	
附报事项名称								金额或选项	
事项1	(填写特定事项名称)								
事项2	(填写特定事项名称)								

	预缴税款计算	本年累计
1	营业收入	
2	营业成本	
3	利润总额	
4	加:特定业务计算的应纳税所得额	
5	减:不征税收入	
6	减:资产加速折旧、摊销(扣除)调减额(填写A201020)	
7	减:免税收入、减计收入、加计扣除(7.1+7.2+…)	
7.1	(填写优惠事项名称)	
7.2	(填写优惠事项名称)	
8	减:所得减免(8.1+8.2+…)	
8.1	(填写优惠事项名称)	
8.2	(填写优惠事项名称)	
9	减:弥补以前年度亏损	
10	实际利润额(3+4-5-6-7-8-9)\按照上一纳税年度应纳税所得额平均额确定的应纳税所得额	

(续表)

		预缴税款计算	本年累计
11	税率(25%)		
12	应纳所得税额(10×11)		
13	减:减免所得税额(13.1+13.2+…)		
13.1	(填写优惠事项名称)		
13.2	(填写优惠事项名称)		
14	减:本年实际已缴纳所得税额		
15	减:特定业务预缴(征)所得税额		
16	本期应补(退)所得税额(12−13−14−15)\税务机关确定的本期应纳所得税额		
		汇总纳税企业总分机构税款计算	
17	总机构	总机构本期分摊应补(退)所得税额(18+19+20)	
18		其中:总机构分摊应补(退)所得税额(16×总机构分摊比例__%)	
19		财政集中分配应补(退)所得税额(16×财政集中分配比例__%)	
20		总机构具有主体生产经营职能的部门分摊所得税额(16×全部分支机构分摊比例__%×总机构具有主体生产经营职能部门分摊比例__%)	
21	分支机构	分支机构本期分摊比例	
22		分支机构本期分摊应补(退)所得税额	
		实际缴纳企业所得税计算	
23	减:民族自治地区企业所得税地方分享部分:□免征□减征;减征幅度__%	本年累计应减免金额[(12−13−15)×40%×减征幅度]	
24	实际应补(退)所得税额		
谨声明:本纳税申报表是根据国家税收法律法规及相关规定填报的,是真实的、可靠的、完整的。 纳税人(签章): 年 月 日			
经办人: 经办人身份证号: 代理机构签章: 代理机构统一社会信用代码:		受理人: 受理税务机关(章): 受理日期: 年 月 日	

国家税务总局监制

三、企业所得税汇算清缴申报表

实行查账征收的纳税人年度汇算清缴申报时,需要填报《中华人民共和国企业所得税年度纳税申报表(A类,2017年版)(2022年修订)》。根据国家税务总局公告2025年第1号,对部分表单和填报说明进行修订,取消了2张表单,修订了6张表单,调整后《中华人民共和国企业所得税年度纳税申报表》变为35张表单。按内容分类,该表包括综合性表单2张、基本财务情况表 6 张、纳税调整情况表 13 张、弥补亏损情况表 1 张、税收优惠情况表 9 张、境外税收情况表 4 张、汇总纳税情况表 2 张。按层级分类,该表包括基础信息表 1 张、主表 1 张、一级明细表 6 张、二级明细表 25 张、三级明细表 4 张。该表采取以企业会计核算为基础,对税收与会计差异进行纳税调整的方法,即间接计算法进行填报,特点如下:

(1) 架构科学合理。企业所得税年度申报表以主表为核心,主表多数数据来自附表。申报方式灵活,电子、手工皆可,满足不同企业需求。每张附表既能独立体现税收政策或优惠,又与主表紧密相连,架构层级清晰,让企业填报便捷、内容条理分明。

(2) 信息丰富全面。申报表涵盖企业会计信息、税会差异,还有税收优惠、境外所得等。多元信息便于数据提取分析,为税务管理、政策研究及企业税务规划提供有力支撑。

(3) 繁简把控精准。虽然表格数量多,但充分考虑纳税人个性化业务,可按需选表。大部分小微企业一般仅需填报 4、5 张表。根据纳税人目前填报统计显示,平均填报 12 张表,在满足复杂业务申报的同时,可有效减轻多数纳税人填报负担。

(一) 企业所得税年度纳税申报基础信息表

1. 企业所得税年度纳税申报基础信息表

《企业所得税年度纳税申报基础信息表》是必填表格,其填报内容分为基本经营状况、相关涉税事项、主要股东及股份分配情况三个部分。纳税人在填报企业所得税申报表时,要先填写此表,因为它能为后续的申报流程提供引导。

2. 中华人民共和国企业所得税年度纳税申报表(A 类)

《中华人民共和国企业所得税年度纳税申报表(A 类)》呈现了企业所得税的计税步骤。此表以会计利润作为起始点,依据税法规定实施纳税调整,从而算出应纳税所得额,接着扣除税收优惠数额,进行境外税收抵免的核算,最终确定应补缴或者应退还的税款金额。

3. 一般企业收入费用明细表

《一般企业收入费用明细表》主要用于展示企业依照会计政策所产生的成本和费用状况。此表所记录的数据,也是企业开展纳税调整工作时的主要数据来源。

4. 纳税调整项目明细表

《纳税调整项目明细表》在企业所得税管理中属于重点和难点部分。此表将所有涉及税收与会计存在差异、需要调整的事项,按照收入、成本以及资产这三大类别,通过表格形式进行计算与呈现。这样一来,既便于纳税人填写申报,也有利于税务机关开展纳税评估和数据分析工作。

5. 企业所得税亏损弥补明细表

《企业所得税亏损弥补明细表》主要反映企业在发生亏损后,如何进行结转的相关问题。此表既能精准计算出亏损结转的年度以及限额,又方便税务机关对企业亏损结转情况进行管理。

6. 抵扣应纳税所得额明细表

《抵扣应纳税所得额明细表》把当前我国企业所得税税收优惠所涉及的 35 个项目,按照税基、应纳税所得额、税额扣除等类别进行划分,并设计了 6 张表格。通过表格方式来计算企业享受税收优惠的具体情况和过程。这既方便纳税人填报优惠信息,又便于税务机关了解税收减免税的详细信息,核实优惠政策执行的合理性,并开展优惠效益方面的分析。

7. 境外所得税收抵免明细表

《境外所得税收抵免明细表》主要反映企业在发生境外所得税时，如何进行抵免以及抵免的具体计算过程和问题。

8. 汇总纳税表

《汇总纳税表》主要用于反映汇总纳税企业的总机构和分支机构之间，如何进行税额分配的相关问题。

（二）各项申报表的填制方法

企业所得税纳税申报表由主表与相关附表共同构成一个紧密相连的有机整体。其中，附表在整个体系中起到基石作用，为主表提供数据支撑，主表中的绝大部分数据均源自附表。所以，在实际操作流程里，应遵循先填报附表的顺序。当完成附表的计算填写后，系统会依据附表与主表既定的逻辑关联，自动将附表计算得出的结果，链接生成至主表对应的位置，完成主表数据的填充。

任务实施

基础训练

巩固提升

上海科技股份有限公司属于居民企业，经营内容为计算机科技、信息技术、网络科技领域内的技术开发及电子产品的销售。2025年发生业务如下：

（1）销售货物收入5 000万元，销售货物成本4 000万元。

（2）增值税800万元，税金及附加60万元。

（3）房屋出租取得不含税收入70万元。

（4）销售费用180万元（其中广告费120万元）。

（5）管理费用350万元（其中业务招待费26万元，研究新产品、新技术费用80万元）。

（6）财务费用14万元。

（7）购买企业债券收到利息5万元，从外地联营企业分回利润8.5万元（联营企业适用25%税率）。

（8）营业外支出52万元，其中支付某商业大厦开业赞助费2万元，支付另一企业合同违约金3万元，接受技术监督部门罚款1万元，直接向受灾地区捐款10万元。

请帮助会计吴丹完成以下任务：

（1）计算企业所得税收入总额。

（2）计算企业所得税前准许扣除的销售费用。

（3）计算企业所得税前准许扣除的管理费用（不包含研发费用加计扣除额）。

（4）计算企业所得税前准许扣除的营业外支出。

（5）计算调整后的应纳税所得额。

（6）计算汇算清缴时全年应纳企业所得税税额。

项目小结

本项目紧密聚焦企业所得税申报与管理领域，全方位、系统性地梳理相关知识要点。在纳税义务人方面，精准依据居民企业与非居民企业的性质加以区分，详细介绍各自对应的应税所得范围以及具体计税方法，并深入解读相关税收优惠政策，帮助学生理解政策背后的导向。

在应纳税所得额计算环节，全面涵盖收入确认原则、扣除项目规定、资产税务处理方式以及亏损弥补规则等关键内容，引导学生掌握计算的核心要点。同时，深入分析居民企业与非居民企业应纳税额的具体算法，明确两者差异。此外，细致讲解企业所得税申报管理规定，包括申报期限、申报流程等，并针对报表填制展开详细说明，助力学生掌握实际操作要点。

通过本项目的学习，学生应充分发扬钻研精神，勤奋刻苦，深入领会企业所得税申报与管理的精髓，为未来投身相关工作筑牢坚实基础，切实提升办税实操与财务管理能力，以更好地应对实际工作中的各类挑战。

项目五
个人所得税的计算与智慧化申报管理

任务一　个人所得税认知

 任务目标

1. 素养目标

(1) 树立依法纳税意识，提升职业素养，学习了解个人所得税基本知识，让学生认识到依法纳税不仅是法定义务，更是职业操守的重要体现。

(2) 培养学生对我国个人所得税税收文化的认同感和自豪感，增强文化自信。

(3) 培养学生的社会责任感，使其成长为具有爱国情怀和责任意识的新时代公民。

2. 知识目标

(1) 理解居民纳税人和非居民纳税人的概念，掌握其纳税义务。

(2) 掌握个人所得税的征税范围。

(3) 熟悉个人所得税的税率。

(4) 了解个人所得税的税收优惠。

3. 能力目标

(1) 能够判定居民纳税人和非居民纳税人及其纳税义务。

(2) 能够进行个人收入项目类别的划分及税率的选择。

(3) 能够灵活运用税收优惠政策。

 **任务导入**

(1) 美国人汤姆于2023年11月1日被美国母公司派往中国工作8年，每年其均在6月回国探亲20天，12月返回美国母公司述职25天，预计2031年12月1日返回美国工作。(假设美国与我国没有相关税收协定)。2023年12月汤姆取得两项收入：①在加

拿大出版图书取得的稿酬;②12月境内供职期间由中国子公司发放的工资。2024年12月汤姆取得两项收入:①12月回加拿大述职期间由中国子公司发放的工资;②12月境内供职期间由中国子公司支付的现金形式的住房补贴。

(2) 王先生留学归来以后,在国内一家公司工作,单位的工资表上每月发给其工资薪金收入8 000元;由于王先生在国外留学期间专攻法律,回国后通过考试又获得了律师资格证书,业余时间他不时受人之邀为他人或单位提供法律方面的服务,不定期地取得部分收入。他钻研理论,出版了数本专著,取得一定数额的稿费。随着收入水平的提高,王先生为改善家庭的居住条件,经与家人商量,以高出原购买的价格卖掉了已居住3年的家庭住房,获得一笔净收入。利用这笔收入,再加上一部分资金,他又另外购买了一套地理位置好、面积更大的住房。

根据以上资料,完成以下任务:

(1) 判断2023年度汤姆是否为居民个人?2024年度汤姆是否为居民个人?汤姆2023年取得的收入应当如何缴纳个人所得税?2024年取得的收入应当如何缴纳个人所得税?

(2) 请问王先生取得的各项所得分别按哪个税目来缴税?适用的税率分别为多少?

知识准备

一、依据法规

《中华人民共和国个人所得税法》(以下简称《个人所得税法》)、《中华人民共和国个人所得税法实施条例》(以下简称《个人所得税法实施条例》)。

二、个人所得税的概念及特点

(一) 个人所得税的概念

个人所得税是以个人(含个体工商户、个人独资企业、合伙企业中的个人投资者、承租承包者个人)取得的各项应税所得为征税对象而征收的一种税,是政府利用税收对个人收入进行调节的一种手段。在组织财政收入、提高公民纳税意识,尤其在调节个人收入分配差距方面具有重要意义。

个人所得税基本要素

(二) 个人所得税的特点

(1) 实行综合与分类相结合的征收方式。我国《个人所得税法》修订后,对工资薪金、劳务报酬、稿酬、特许权使用费采用综合征收方式;对利息、股息、红利、财产转让所得、财产租赁所得等其他所得采用分类征收方式。

(2) 超额累进税率与比例税率并用。我国现行个人所得税根据各项所得的不同性质和特点,将这两种形式的税率运用于个人所得税制。其中,对综合所得、经营所得采用超额累进税率,对其他所得采用比例税率。

(3) 费用扣除额比较宽。对费用扣除采用定额扣除、定率扣除和核算扣除等方法。

(4) 采用源泉扣缴和自行申报纳税。凡是可以在应税所得的支付环节扣缴个人所得税的,均由扣缴义务人履行代扣代缴义务;对于没有扣缴义务人的,以及需要办理汇算清缴和其他不便于扣缴税款的,由纳税人自行申报纳税。

三、个人所得税的纳税人及其纳税义务

个人所得税纳税人包括中国公民、个体工商户、个人独资企业投资人、合伙企业个人合伙人,以及在中国境内取得所得的外籍个人(含无国籍人员)、港澳台同胞。根据《个人所得税法》及《个人所得税法实施条例》,纳税人按住所和居住时间分为居民个人和非居民个人。

(一) 居民个人及其纳税义务

居民个人是指在中国境内有住所,或者无住所而一个纳税年度内在中国境内居住累计满183天的个人,具体如下:

(1) 在中国境内有住所,是指因户籍、家庭、经济利益关系而在中国境内习惯性居住;纳税年度,自公历1月1日起至12月31日止。

(2) 无住所个人一个纳税年度内在中国境内累计居住天数,按照个人在中国境内累计停留的天数计算。在中国境内停留的当天满24小时的,计入中国境内居住天数;在中国境内停留的当天不足24小时的,不计入中国境内居住天数。

居民个人承担无限纳税义务,即其从中国境内、境外取得的所得,均应依照法律规定缴纳个人所得税。

(二) 非居民个人及其纳税义务

非居民个人,是指在中国境内无住所又不居住,或者无住所而一个纳税年度内在中国境内居住累计不满183天的个人。

非居民个人承担有限纳税义务,即只就其从中国境内取得的所得,依照法律规定缴纳个人所得税。

特别需要强调的是,居民纳税人和非居民纳税人只有在计算综合所得时才有区别,计算分类所得时两者没有区别。

居民个人和非居民个人的判定标准和纳税义务如表5-1所示。

表5-1 居民个人和非居民个人的判定标准和纳税义务

纳税人类别	判定标准	纳税义务
居民个人	中国境内有住所	无限纳税义务 (境内+境外所得)
	无住所,但一个纳税年度内在中国境内居住累计满183天	
非居民个人	中国境内无住所又不居住	有限纳税义务 (境内所得)
	无住所且一个纳税年度内在中国境内居住累计不满183天	

四、个人所得税应税所得项目

按应纳税所得的来源划分,现行个人所得税共分为9个应税项目。

(一) 工资、薪金所得

工资、薪金所得,是指个人因任职或者受雇而取得的工资、薪金、奖金、年终加薪、劳动分红、津贴、补贴以及与任职或者受雇有关的其他所得。

下列项目不属于工资、薪金性质的补贴、津贴,不征收个人所得税,具体包括:①独生子女补贴;②执行公务员工资制度未纳入基本工资总额的补贴、津贴差额和家属成员的副食补贴;③托儿补助费;④差旅费津贴、误餐补助。

【特别提示】
误餐补助,是指按照财政部规定,个人因公在城区、郊区工作,不能在工作单位或返回就餐的,根据实际误餐顿数,按规定的标准领取的误餐费。单位以误餐补助名义发给职工的补助、津贴不包括在内,应当并入当月工资、薪金所得计征个人所得税。

(二) 劳务报酬所得

劳务报酬所得,是指个人从事劳务取得的所得,包括从事设计、装潢、安装、制图、化验、测试、医疗、法律、会计、咨询、讲学、翻译、审稿、书画、雕刻、影视、录音、录像、演出、表演、广告、展览、技术服务、介绍服务、经纪服务、代办服务以及其他劳务取得的所得。

【知识拓展】

如何区分劳务报酬所得与工资、薪金所得

区分劳务报酬所得和工资、薪金所得,主要看是否存在雇佣与被雇佣的关系。工资、薪金所得是个人从事非独立劳动,单位与个人存在雇佣与被雇佣的关系;而劳务报酬所得则是指个人独立从事某种技艺,独立提供某种劳务而取得的报酬,单位与个人一般不存在雇佣关系。

【特别提示】
个人担任公司董事、监事,且不在公司任职、受雇的,属于劳务报酬性质,按"劳务报酬所得"项目征收个人所得税;个人在公司任职、受雇,同时兼任董事、监事的,应将董事费、监事费与个人工资收入合并,统一按"工资、薪金所得"项目征收个人所得税。个人兼职取得的收入应按照"劳务报酬所得"项目征收个人所得税。

(三) 稿酬所得

稿酬所得,是指个人因其作品以图书、报刊形式出版、发表而取得的所得。作品包括文学作品、书画作品、摄影作品,以及其他作品。作者去世后,财产继承人取得的遗作稿酬,也应按"稿酬所得"项目征收个人所得税。

(四) 特许权使用费所得

特许权使用费所得,是指个人提供专利权、商标权、著作权、非专利技术以及其他特许权的使用权取得的所得;提供著作权的使用权取得的所得,不包括稿酬所得。

【特别提示】

作者将自己的文字作品手稿原件或复印件拍卖取得的所得,按照"特许权使用费所得"项目缴纳个人所得税;个人取得专利赔偿所得,应按"特许权使用费所得"项目缴纳个人所得税;对于剧本作者从电影、电视剧的制作单位取得的剧本使用费,不再区分剧本的使用方是否为其任职单位,统一按"特许权使用费所得"项目计征个人所得税。

(五) 经营所得

经营所得具体包括以下几项:①个体工商户从事生产、经营活动取得的所得,个人独资企业投资人、合伙企业的个人合伙人来源于境内注册的个人独资企业、合伙企业生产、经营的所得;②个人依法从事办学、医疗、咨询以及其他有偿服务活动取得的所得;③个人对企业、事业单位承包经营、承租经营以及转包、转租取得的所得;④个人从事其他生产、经营活动取得的所得。

【特别提示】

个体工商户、个人独资企业和合伙企业从事种植业、养殖业、饲养业和捕捞业取得的所得暂不征收个人所得税。个体工商户和从事生产经营的个人,取得与生产、经营活动无关的其他各项应税所得,应分别按照其他应税项目的有关规定计税。

(六) 利息、股息、红利所得

利息、股息、红利所得,是指个人拥有债权、股权而取得的利息、股息、红利所得。其中,利息一般是指存款、贷款和债券的利息;股息、红利是指个人拥有股权取得的公司、企业分红。

【特别提示】

个人取得国债利息、国家发行的金融债券利息、教育储蓄存款利息,均免征个人所得税。自 2008 年 10 月 9 日起,对居民储蓄存款利息,暂免征收个人所得税。

(七) 财产租赁所得

财产租赁所得,是指个人出租不动产、机器设备、车船以及其他财产取得的所得。

(八) 财产转让所得

财产转让所得,是指个人转让有价证券、股权、合伙企业中的财产份额、不动产、机器设备、车船以及其他财产取得的所得。

(九) 偶然所得

偶然所得,是指个人得奖、中奖、中彩以及其他偶然性质的所得。其中,得奖是指参加各种有奖竞赛活动,取得名次得到的奖金;中奖、中彩是指参加各种有奖活动,如有奖储蓄、购买彩票,经过规定程序,抽中、摇中号码而取得的奖金。

【特别提示】

企业在业务宣传、广告等活动中,随机向本单位以外的个人赠送礼品(包括网络红包),以及企业在年会、座谈会、庆典以及其他活动中向本单位以外的个人赠送礼品,个人取得的礼品收入,按照"偶然所得"项目计算缴纳个人所得税,但企业赠送的具有价格折扣或折让性质的消费券、代金券、抵用券、优惠券等礼品除外。

居民个人取得工资、薪金所得,劳务报酬所得,稿酬所得,特许权使用费所得(即综合所得),按纳税年度合并计算个人所得税;非居民个人取得综合所得,按月或者按次分项计算个人所得税。纳税人取得除综合所得外的其他所得,依照规定分别计算个人所得税。

五、个人所得税的税率

(一)预扣预缴个人所得税的预扣率

1. 居民个人工资、薪金所得预扣预缴个人所得税的预扣率

居民个人工资、薪金所得预扣预缴个人所得税的预扣率,如表5-2所示。

表5-2　居民个人工资、薪金所得预扣预缴个人所得税的预扣率表

级数	累计预扣预缴应纳税所得额	预扣率	速算扣除数
1	不超过36 000元的部分	3%	0
2	超过36 000元至144 000元的部分	10%	2 520
3	超过144 000元至300 000元的部分	20%	16 920
4	超过300 000元至420 000元的部分	25%	31 920
5	超过420 000元至660 000元的部分	30%	52 920
6	超过660 000元至960 000元的部分	35%	85 920
7	超过960 000元的部分	45%	181 920

2. 居民个人劳务报酬所得预扣预缴个人所得税的预扣率

居民个人劳务报酬所得预扣预缴个人所得税的预扣率,如表5-3所示。

表5-3　居民个人劳务报酬所得预扣预缴个人所得税的预扣率表

级数	累计预扣预缴应纳税所得额	预扣率	速算扣除数
1	不超过20 000元的部分	20%	0
2	超过20 000元至50 000元的部分	30%	2 000
3	超过50 000元的部分	40%	7 000

3. 居民个人稿酬所得、特许权使用费所得预扣预缴个人所得税的预扣率

居民个人稿酬所得、特许权使用费所得预扣预缴个人所得税的预扣率为20%。

(二)个人所得税的适用税率

1. 居民个人综合所得个人所得税的适用税率

居民个人每一纳税年度内取得的综合所得包括工资、薪金所得,劳务报酬所得,稿酬所得,特许权使用费所得适用3%~45%的超额累进税率。居民个人综合所得个人所得税税率

表,如表 5-4 所示(按年汇算清缴)。

表 5-4 居民个人综合所得个人所得税税率表

级数	全年应纳税所得额	税率	速算扣除数
1	不超过 36 000 元的	3%	0
2	超过 36 000 元至 144 000 元的部分	10%	2 520
3	超过 144 000 元至 300 000 元的部分	20%	16 920
4	超过 300 000 元至 420 000 元的部分	25%	31 920
5	超过 420 000 元至 660 000 元的部分	30%	52 920
6	超过 660 000 元至 960 000 元的部分	35%	85 920
7	超过 960 000 元的部分	45%	181 920

2. 非居民个人工资、薪金所得,劳务报酬所得,稿酬所得,特许权使用费所得个人所得税的适用税率

非居民个人工资、薪金所得,劳务报酬所得,稿酬所得,特许权使用费所得个人所得税的适用税率,如表 5-5 所示(依照表 5-4 按月换算)。

表 5-5 非居民个人工资、薪金所得,劳务报酬所得,稿酬所得,特许权使用费所得个人所得税税率表

级数	应纳税所得额	税率	速算扣除数
1	不超过 3 000 元的部分	3%	0
2	超过 3 000 元至 12 000 元的部分	10%	210
3	超过 12 000 元至 25 000 元的部分	20%	1 410
4	超过 25 000 元至 35 000 元的部分	25%	2 660
5	超过 35 000 元至 55 000 元的部分	30%	4 410
6	超过 55 000 元至 80 000 元的部分	35%	7 160
7	超过 80 000 元的部分	45%	15 160

3. 经营所得个人所得税的适用税率

经营所得适用 5%～35% 的五级超额累进税率。经营所得个人所得税税率表,如表 5-6 所示。

表 5-6 经营所得个人所得税税率表

级数	全年应纳税所得额	税率	速算扣除数
1	不超过 30 000 元的	5%	0
2	超过 30 000 至 90 000 元的部分	10%	1 500
3	超过 90 000 元至 300 000 元的部分	20%	10 500
4	超过 300 000 元至 500 000 元的部分	30%	40 500
5	超过 500 000 元的部分	35%	65 500

4. 其他所得适用的税率

利息、股息、红利所得,财产租赁所得,财产转让所得和偶然所得适用比例税率,税率为20%。自2001年1月1日起,对个人出租住房取得的所得暂减按10%的税率征收个人所得税。

六、个人所得税的税收优惠

(一) 免税项目

(1) 省级人民政府、国务院部委和中国人民解放军军以上单位,以及外国组织、国际组织颁发的科学、教育、技术、文化、卫生、体育、环境保护等方面的奖金。

(2) 国债和国家发行的金融债券利息。其中,国债利息是指个人持有中华人民共和国财政部发行的债券而取得的利息;国家发行的金融债券利息是指个人持有经国务院批准发行的金融债券而取得的利息。

(3) 按照国家统一规定发给的补贴、津贴,是指按照国务院规定发给的政府特殊津贴、院士津贴,以及国务院规定免纳个人所得税的其他补贴、津贴。

(4) 福利费、抚恤金、救济金。其中,福利费是指根据国家有关规定,从企业、事业单位、国家机关、社会组织提留的福利费或者工会经费中支付给个人的生活补助费;救济金是指各级人民政府民政部门支付给个人的生活困难补助费。

(5) 保险赔款。

(6) 军人的转业费、复员费、退役金。

(7) 按照国家统一规定发给干部、职工的安家费、退职费、基本养老金或者退休费、离休费、离休生活补助费。

(8) 依照有关法律规定应予免税的各国驻华使馆、领事馆的外交代表、领事官员和其他人员的所得。该所得是指依照《中华人民共和国外交特权与豁免条例》和《中华人民共和国领事特权与豁免条例》规定免税的所得。

(9) 中国政府参加的国际公约、签订的协议中规定免税的所得。

(10) 国务院规定的其他免税所得。该项免税规定由国务院报全国人大常委会备案。

(二) 减税项目

(1) 残疾、孤老人员和烈属的所得。

(2) 因自然灾害造成重大损失的。

上述减税项目的减征幅度和期限,由省、自治区、直辖市人民政府规定,并报同级人大常委会备案。

国务院可以规定其他减税情形,报全国人大常委会备案。

(三) 其他税收优惠项目

(1) 下列所得,暂免征收个人所得税:①外籍个人以非现金形式或实报实销形式取得的住房补贴、伙食补贴、搬迁费、洗衣费;②外籍个人按合理标准取得的境内、外出差补贴;③外籍个人取得的探亲费、语言训练费、子女教育费等,经当地税务机关审核批准为合理的部分;④外籍个人从外商投资企业取得的股息、红利所得。

自2022年1月1日起,外籍个人符合居民个人条件的,不再享受住房补贴、语言训练费、子女教育费津补贴免税优惠政策,应按规定享受专项附加扣除。

(2) 对个人在上海、深圳证券交易所转让从上市公司公开发行和转让市场取得的上市公司股票所得,继续免征个人所得税。

(3) 自2018年11月1日起,对个人转让全国中小企业股份转让系统(新三板)挂牌公司非原始股取得的所得,暂免征收个人所得税。非原始股是指个人在新三板挂牌公司挂牌后取得的股票,以及由上述股票孳生的送、转股。

(4) 个人举报、协查各种违法、犯罪行为而获得的奖金暂免征收个人所得税。

(5) 个人办理代扣代缴手续,按规定取得的扣缴手续费暂免征收个人所得税。

(6) 个人转让自用达5年以上,并且是唯一的家庭生活用房取得的所得,暂免征收个人所得税。

(7) 对个人购买福利彩票、体育彩票,一次中奖收入在1万元以下(含1万元)的暂免征收个人所得税,超过1万元的,全额征收个人所得税。

(8) 个人取得单张有奖发票奖金所得不超过800元(含800元)的,暂免征收个人所得税。

(9) 国家发放的政府特殊津贴的专家、学者,在延长离休、退休期间的工资、薪金所得,视同离休、退休工资免征个人所得税。

(10) 个人领取原提存的住房公积金、基本医疗保险金、基本养老保险金,以及失业保险金,免予征收个人所得税。

(11) 对工伤职工及其近亲属按照《工伤保险条例》规定取得的工伤保险待遇,免征个人所得税。

(12) 企事业单位按照国家或省(自治区、直辖市)人民政府规定的缴费比例或办法实际缴付的基本养老保险费、基本医疗保险费和失业保险费,免征个人所得税;个人按照国家或省(自治区、直辖市)人民政府规定的缴费比例或办法实际缴付的基本养老保险费、基本医疗保险费和失业保险费,允许在个人应纳税所得额中扣除。

(13) 企业和事业单位根据国家有关政策规定的办法和标准,为在本单位任职或者受雇的全体职工缴付的企业年金或职业年金单位缴费部分,在计入个人账户时,个人暂不缴纳个人所得税。个人根据国家有关政策规定缴付的年金个人缴费部分,在不超过本人缴费工资计税基数的4%标准内的部分,暂从个人当期的应纳税所得额中扣除。年金基金投资运营收益分配计入个人账户时,个人暂不缴纳个人所得税。

(14) 企业依照国家有关法律规定宣告破产,企业职工从该破产企业取得的一次性安置费收入,免征个人所得税。

(15) 自2008年10月9日起,对储蓄存款利息所得暂免征收个人所得税。

(16) 自2015年9月8日起,个人从公开发行和转让市场取得的上市公司股票,持股期限超过1年的,股息红利所得暂免征收个人所得税。

税收法律、行政法规、部门规章和规范性文件中未明确规定纳税人享受减免税必须经税务机关审批,且纳税人取得的所得完全符合减免税条件的,无须经主管税务机关审核,纳税人可自行享受减免税。

税收法律、行政法规、部门规章和规范性文件中明确规定纳税人享受减免税必须经税务机关审批的,或者纳税人无法准确判断其取得的所得是否应享受个人所得税减免的,必须经主管税务机关按照有关规定审核或批准后,方可减免个人所得税。

 任务实施

 **巩固提升**

请谈谈居民个人和非居民个人个人所得税计算的区别。

基础训练

任务二 综合所得应纳税额计算

 任务目标

1. 素养目标

(1) 培养学生依法纳税意识,引导学生认识依法缴纳综合所得应纳税额,是对国家建设最直接的支持。

(2) 强化学生对严谨工作态度重要性的认识,帮助学生养成谨慎认真的职业习惯,为未来从事财税工作筑牢根基。

(3) 培养学生的理财能力,引导学生根据自身设定的职业发展路径和收入预期,模拟不同阶段的综合所得情况,并运用所学知识进行税务合规安排和理财规划。

2. 知识目标

(1) 掌握专项附加扣除的范围及扣除标准。

(2) 掌握居民个人工资、薪金所得预扣预缴税额的计算方法。

(3) 掌握居民个人劳务报酬所得、稿酬所得、特许权使用费所得预扣预缴税额的计算方法。

(4) 掌握居民个人综合所得汇算清缴的计税方法。

3. 能力目标

(1) 掌握各项扣除项目。

(2) 熟练掌握计算工资、薪金所得预扣预缴税额。

(3) 熟练掌握计算劳务报酬所得、稿酬所得、特许权使用费所得预扣预缴税额。

(4) 熟练掌握综合所得应纳税额的计算。

子任务一　居民个人综合所得预扣预缴税额的计算

任务导入

综合所得预扣缴

中国居民个人李丽为某装饰公司一名设计师,未婚,独生女,其父母均已年过60岁。2024年1～12月李丽相关收支情况如下:

(1) 每月取得工资、薪金所得15 000元。每月缴纳基本养老保险费1 200元、基本医疗保险费300元、失业保险费150元、住房公积金1 200元。

(2) 受甲企业邀请授课讲座,取得一次性劳务报酬20 000元。

(3) 利用业余时间创作并在乙出版社发表文章,取得稿酬3 000元。

已知:工资、薪金所得预扣预缴个人所得税减除费用为5 000元/月;综合所得减除费用为60 000元;赡养老人专项附加扣除标准为3 000元/月;劳务报酬所得个人所得税预扣率为20%,每次收入4 000元以上的,减除费用按20%计算;劳务报酬所得以收入减除20%的费用后的余额为收入额。稿酬所得个人所得税预扣率为20%,每次收入4 000元以下的,减除费用按800元计算,收入额减按70%计算。

根据上述资料,完成以下任务。
(1) 计算李丽1～3月工资、薪金所得应预扣预缴税额。
(2) 计算李丽劳务报酬和稿酬预扣预缴个人所得税。
(3) 计算李丽综合所得全年预扣预缴税额。

知识准备

综合所得,是指工资、薪金所得,劳务报酬所得,稿酬所得,特许权使用费所得四项。居民个人取得综合所得按年计算个人所得税;有扣缴义务人的,由扣缴义务人按月或者按次预扣预缴个人所得税,年终再由纳税人进行汇算清缴。

一、工资、薪金所得个人所得税的预扣预缴

扣缴义务人向居民个人支付工资、薪金所得时,应当按照累计预扣法计算预扣税款,并按月办理全员全额扣缴申报。

累计预扣法,是指扣缴义务人在一个纳税年度内预扣预缴税款时,以纳税人在本单位截至当前月份工资、薪金所得累计收入减除累计免税收入、累计减除费用、累计专项扣除、累计专项附加扣除和累计依法确定的其他扣除后的余额为累计预扣预缴应纳税所得额,适用个人所得税预扣率表,计算累计应预扣预缴税额,再减除累计减免税额和累计已预扣预缴税额,其余额为本期应预扣预缴税额。余额为负值时,暂不退税。纳税年度终了后余额仍为负值时,由纳税人通过办理综合所得年度汇算清缴,税款多退少补。具体计算公式如下:

本期应预扣预缴税额＝（累计预扣预缴应纳税所得额×预扣率－速算扣除数）－
累计减免税额－累计已预扣预缴税额
累计预扣预缴应纳税所得额＝累计收入－累计免税收入－累计减除费用－累计专项扣除－
累计专项附加扣除－累计依法确定的其他扣除

上述公式中，计算居民个人工资、薪金所得预扣预缴税额的预扣率、速算扣除数，按居民个人工资、薪金所得预扣预缴个人所得税的预扣率表（表5-2）执行。

（1）累计减除费用按照5 000元/月乘以纳税人当年截至本月在本单位的任职受雇月份数计算。如纳税人为纳税年度内首次取得工资、薪金所得的居民个人，可按照5 000元/月乘以纳税人当年截至本月月份数计算累计减除费用。

（2）专项扣除，包括居民个人按照国家规定的范围和标准缴纳的基本养老保险、基本医疗保险、失业保险等社会保险费和住房公积金等。

（3）专项附加扣除，包括3岁以下婴幼儿照护、子女教育、继续教育、大病医疗、住房贷款利息或者住房租金、赡养老人等支出。

（4）其他扣除，包括个人缴付符合规定的企业年金、职业年金，个人购买符合规定的商业健康保险、税收递延型商业养老保险的支出，以及国务院规定可以扣除的其他项目。

对个人购买符合规定的商业健康保险产品的支出，允许在当年（月）计算应纳税所得额时予以税前扣除，扣除限额为2 400元/年（200元/月）。单位统一为员工购买符合规定的商业健康保险产品的支出，应分别计入员工个人工资、薪金，视同个人购买，按上述限额予以扣除。

【特别提示】

专项附加扣除中3岁以下婴幼儿照护、子女教育、继续教育、住房贷款利息、住房租金、赡养老人每月扣除，本年度扣除不完的，不结转以后年度扣除；大病医疗在汇算清缴时扣除。

专项附加扣除具体规定，如表5-7至表5-13所示。

表5-7　3岁以下婴幼儿照护专项扣除

扣除范围	纳税人照护3岁以下婴幼儿的相关支出
	从婴幼儿出生的当月至年满3周岁的前一个月
扣除方式	定额扣除
扣除标准	2 000元/月/每孩
扣除主体	父母可以选择由其中一方按扣除标准的100%扣除
	父母也可以选择由双方分别按扣除标准的50%扣除
注意事项	（1）具体扣除方式在一个纳税年度内不能变更。 （2）纳税人需要留存子女的出生医学证明等资料备查

表 5-8 子女教育专项附加扣除

	学前教育支出	全日制学历教育支出
扣除范围	满 3 周岁至小学入学前(不包括 0~3 岁阶段)	义务教育(小学、初中教育)、高中阶段教育(普通高中、中等职业、技工教育)、高等教育(大学专科、大学本科、硕士研究生、博士研究生教育)
扣除方式	定额扣除	定额扣除
扣除标准	2 000 元/月/每个子女	
扣除主体	父母可以选择各扣除 50%	
	父母也可以选择一方扣除 100%	
注意事项	(1) 具体扣除方式在一个纳税年度内不能变更。 (2) 纳税人子女在中国境外接受教育的,纳税人应当留存境外学校录取通知书、留学签证等相关教育的证明资料备查	

表 5-9 继续教育专项附加扣除

	学历(学位)继续教育支出	技能人员职业资格继续教育、专业技术人员职业资格继续教育支出
扣除范围	学历(学位)教育期间	取得证书的当年
扣除方式	定额扣除	定额扣除
扣除标准	400 元/月(最长不超过 48 个月)	3 600 元
扣除主体	本人扣除	本人扣除
	个人接受本科(含)以下学历(学位)继续教育,可以选择由其父母扣除	
注意事项	(1) 对同时接受多个学历继续教育,或者同时取得多个职业资格证书的,只需填报其中一个即可。但如果同时存在学历继续教育、职业资格继续教育两类继续教育情形,则每一类都要填写。 (2) 纳税人接受技能人员职业资格继续教育、专业技术人员职业资格继续教育的,应当留存相关证书等资料备查	

表 5-10 大病医疗专项附加扣除

扣除范围	基本医保相关医药费扣除医保报销后发生的支出
	个人负担(指医保目录范围内自付部分)累计超过 15 000 元的部分
扣除方式	限额内据实扣除
扣除标准	每年在 80 000 元限额内据实扣除
扣除主体	医药费用支出可以选择由本人或者其配偶扣除
	未成年子女发生的医药费用支出可以选择由其父母一方扣除
注意事项	(1) 在次年办理年度汇算清缴时享受扣除。 (2) 纳税人应当留存大病患者医药服务收费及医保报销相关票据原件或者复印件,或者医疗保障部门出具的纳税年度医药费用清单等资料备查

表 5-11　住房贷款利息专项附加扣除

扣除范围	纳税人本人或者配偶单独或者共同使用商业银行或者住房公积金贷款为本人或其配偶购买中国境内住房,发生的首套住房贷款利息支出		
	实际发生贷款利息的年度(不超过 240 个月)		
扣除方式	定额扣除		
扣除标准	1 000 元/月		
扣除主体	经夫妻双方约定,可以选择由其中一方扣除,具体扣除方式在一个纳税年度内不能变更		
	夫妻双方婚前分别购买住房发生的首套住房贷款利息,婚后可选择其中一套房,由购买方按扣除标准的 100% 扣除;或对各自购买的住房分别按扣除标准的 50% 扣除,具体扣除方式在一个纳税年度内不能变更		
注意事项	(1) 首套住房贷款是指购买住房享受首套住房贷款利率的住房贷款。 (2) 纳税人应当留存住房贷款合同、贷款还款支出凭证备查		

表 5-12　住房租金专项附加扣除

扣除范围	纳税人在主要工作城市没有自有住房而发生的住房租金支出		
	直辖市、省会(首府)城市、计划单列市以及国务院确定城市	市辖区户籍人口 >100 万	市辖区户籍人口 ≤100 万
扣除方式	定额扣除		
扣除标准	1 500 元/月	1 100 元/月	800 元/月
扣除主体	签订租赁住房合同的承租人		
	夫妻双方主要工作城市相同的:只能由一方(即承租人)扣除		
	夫妻双方主要工作城市不同,且各自在其主要工作城市都没有住房的:分别扣除		
注意事项	(1) 纳税人及其配偶在一个纳税年度内不能同时分别享受住房贷款利息和住房租金专项附加扣除。 (2) 纳税人应当留存住房租赁合同、协议等有关资料备查		

表 5-13　赡养老人专项附加扣除

扣除范围	纳税人赡养一位及以上被赡养人的赡养支出	
	被赡养人是指年满 60 周岁(含)的父母,以及子女均已去世的年满 60 周岁的祖父母、外祖父母	
	独生子女	非独生子女
扣除方式	定额扣除	定额扣除
扣除标准	3 000 元/月	每人不超过 1 500 元/月(分摊每月 3 000 元的扣除额度)
扣除主体	本人扣除	平均分摊:赡养人平均分摊 约定分摊:赡养人自行约定分摊比例 指定分摊:由被赡养人指定分摊比例

(续表)

注意事项	(1) 约定或者指定分摊的需签订书面分摊协议。 (2) 指定分摊优先于约定分摊。 (3) 具体分摊方式和额度在一个纳税年度内不能变更。 (4) 只需填报相关信息即可,不用报送资料

二、劳务报酬所得个人所得税的预扣预缴

扣缴义务人向居民个人支付劳务报酬所得时,应当按照规定方法按次或者按月预扣预缴个人所得税。

1. 预扣预缴应纳税所得额的计算

(1) 每笔收入不超过4 000元的:

$$预扣预缴应纳税所得额 = 每次收入额 - 800$$

(2) 每次收入在4 000元以上的:

$$预扣预缴应纳税所得额 = 每次收入额 \times (1 - 20\%)$$

2. 关于"次"的规定

(1) 属于一次性收入的,以取得该项收入为一次。
(2) 属于同一项目连续性收入的,以一个月内取得的收入为一次。
(3) 属于一次性收入,但以分月支付方式取得的,以一个月内取得的收入为一次。

3. 预扣预缴税额的计算

(1) 每次收入不超过4 000元的:

$$预扣预缴税额 = 预扣预缴应纳税所得额 \times 预扣率$$
$$= (每次收入额 - 800) \times 20\%$$

(2) 每次收入不超过4 000元,且预扣预缴应纳税所得额不超过20 000元的:

$$预扣预缴税额 = 预扣预缴应纳税所得额 \times 预扣率$$
$$= 每次收入额 \times (1 - 20\%) \times 20\%$$

(3) 每次收入不超过4 000元,且预扣预缴应纳税所得额超过20 000元的:

$$预扣预缴税额 = 预扣预缴应纳税所得额 \times 预扣率 - 速算扣除数$$
$$= 每次收入额 \times (1 - 20\%) \times 预扣率 - 速算扣除数$$

上述公式中,计算劳务报酬所得预扣预缴税额的预扣率、速算扣除数,按居民个人劳务报酬所得预扣预缴个人所得税的预扣率表(表5-3)执行。

三、稿酬所得个人所得税的预扣预缴

扣缴义务人向居民个人支付劳务报酬所得时,应当按照规定方法按次或者按月预扣预缴个人所得税。《个人所得税法》规定,稿酬所得的收入额减按70%计算。

1. 预扣预缴应纳税所得额的计算

(1) 每次收入不超过 4 000 元的：

$$预扣预缴应纳税所得额 = (每次收入额 - 800) \times 70\%$$

(2) 每次收入在 4 000 元以上的：

$$预扣预缴应纳税所得额 = 每次收入额 \times (1 - 20\%) \times 70\%$$

2. 关于"次"的规定

(1) 属于一次性收入的，以取得该项收入为一次。

(2) 属于同一项目连续性收入的，以一个月内取得的收入为一次。

3. 预扣预缴税额的计算

(1) 每次收入不超过 4 000 元的：

$$预扣预缴税额 = 预扣预缴应纳税所得额 \times 预扣率$$
$$= (每次收入额 - 800) \times 70\% \times 20\%$$

(2) 每次收入在 4 000 元以上的：

$$预扣预缴税额 = 预扣预缴应纳税所得额 \times 预扣率$$
$$= 每次收入额 \times (1 - 20\%) \times 70\% \times 20\%$$

稿酬所得适用 20% 的比例预扣率。

四、特许权使用费所得个人所得税的预扣预缴

扣缴义务人向居民个人支付特许权使用费所得时，应当按照规定方法按次或者按月预扣预缴个人所得税。

1. 预扣预缴应纳税所得额的计算

(1) 每次收入不超过 4 000 元的：

$$预扣预缴应纳税所得额 = 每次收入额 - 800$$

(2) 每次收入在 4 000 元以上的：

$$预扣预缴应纳税所得额 = 每次收入额 \times (1 - 20\%)$$

2. 关于"次"的规定

(1) 属于一次性收入的，以取得该项收入为一次。

(2) 属于同一项目连续性收入的，以一个月内取得的收入为一次。

3. 预扣预缴税额的计算

(1) 每次收入不超过 4 000 元的：

$$预扣预缴税额 = 预扣预缴应纳税所得额 \times 预扣率$$
$$= (每次收入额 - 800) \times 20\%$$

(2) 每次收入在 4 000 元以上的：

$$预扣预缴税额 = 预扣预缴应纳税所得额 \times 预扣率$$
$$= 每次收入额 \times (1 - 20\%) \times 20\%$$

特许权使用费所得适用20%的比例预扣率。

1. 中国居民赵某为某公司职员,2024年1～3月公司每月应发工资为25 000元,每月公司按规定标准为其代扣代缴"五险一金"3 000元,从1月起享受子女教育专项附加扣除共计2 000元,没有减免收入及减免税额等情况。请分别计算赵某1～3月应预扣预缴税额。

2. 中国某公司职员王某2024年1～3月每月取得工资、薪金收入均为10 000元。当地规定的社会保险和住房公积金个人缴存比例为:基本养老保险8%,基本医疗保险2%,失业保险0.5%,住房公积金12%。社保部门核定的王某2024年社会保险费的缴费工资基数为8 000元。王某1～2月累计已预扣预缴个人所得税税额为192元。请计算王某3月应预扣预缴的个人所得税税额。

3. 中国居民个人李某2024年取得以下收入:1～12月每月应发工资30 000元,每月减除费用5 000元,专项扣除(五险一金)4 500元,专项附加扣除(住房贷款利息)1 000元。5月为某企业提供技术咨询,取得收入10 000元。8月出版书籍,取得稿酬收入8 000元。10月转让专利使用权,取得收入15 000元。请计算李某2024年综合所得预扣预缴个人所得税总额。

子任务二　居民个人综合所得的汇算清缴

1. 资料同任务二子任务一的任务导入,请完成以下任务:
   (1) 计算李丽综合所得全年应纳税额。
   (2) 计算李丽汇算清缴应补(退)税额。
2. 李某任职受雇于乙公司,2024年每月平均发放工资10 000元,允许扣除的社保等专项扣除费用1 500元、每月专项附加扣除2 000元;2024年12月取得全年一次性奖金30 000元。请计算李某全年一次性奖金单独计税和合并计税的税额。若李某同时取得另一笔5 000元的季度奖,是否可与年终奖合并单独计税?为什么?

知识准备

一、居民个人综合所得汇算清缴应纳税额的计算

居民个人办理年度综合所得汇算清缴时,应当依法计算劳务报酬所得、稿酬所得、特许权使用费所得的收入额,并入年度综合所得计算应纳税额,于次年 3 月 1 日至 6 月 30 日办理综合所得汇算清缴,税款多退少补。

综合所得的汇算清缴

综合所得汇算清缴应纳税额的计算公式如下:

综合所得汇算清缴年应纳税额=全年应纳税所得额×适用税率－速算扣除数

全年应纳税所得额=综合所得收入额－费用(6 万元)－专项扣除－专项附加扣除－依法确定的其他扣除

上述公式中的适用税率、速算扣除数,按居民个人综合所得个人所得税税率表(表 5-4)执行。

1. 综合所得收入额的确定

综合所得收入额的确定,如表 5-14 所示。

表 5-14 综合所得收入额的确定

所得类型	收入额
工资、薪金所得	全额计入
劳务报酬所得	收入额=收入×(1－20%)
特许权使用费所得	收入减除 20% 费用后的余额
稿酬所得	收入额=收入×(1－20%)×70% 收入减除 20% 费用后的余额再减按 70% 计算

2. 扣除项目

扣除项目,如表 5-15 所示。

表 5-15 扣除项目

扣除项目	具体包括
减除费用	6 万元
专项扣除	基本养老保险、基本医疗保险、失业保险等社会保险费和住房公积金
专项附加扣除	3 岁以下婴幼儿照护、子女教育、继续教育、大病医疗、住房贷款利息、住房租金、赡养老人
依法确定的其他扣除	个人缴付符合规定的企业年金、职业年金,个人购买符合规定的商业健康保险、税收递延型商业养老保险的支出等

二、全年一次性奖金计税办法

全年一次性奖金,是指行政机关、企事业单位等扣缴义务人根据其全年经济效益和对雇

员全年工作业绩的综合考核情况,向雇员发放的一次性奖金,也包括年终加薪、实行年薪制和绩效工资办法的单位根据考核情况兑现的年薪和绩效工资。

根据《财政部 税务总局关于延续实施全年一次性奖金个人所得税政策的公告》(财政部税务总局公告2023年第30号)的规定,在2027年12月31日前,居民个人取得全年一次性奖金,有两种计税方法可选择:既可以不并入当年综合所得单独计算纳税;也可以选择并入当年综合所得计算纳税。

1. 单独计税

以全年一次性奖金收入除以12个月得到的数额,按照按月换算后的综合所得税率表,确定适用税率和速算扣除数,单独计算纳税。计算公式为:

$$应纳税额＝全年一次性奖金收入×适用税率－速算扣除数$$

2. 合并计税

居民个人取得全年一次性奖金,也可以选择并入当年综合所得计算纳税。计算公式为:

$$综合所得应纳税额＝[累计综合所得收入(含全年一次性奖金)－累计减除费用－累计专项扣除－累计专项附加扣除－累计依法确定的其他扣除－捐赠]×适用税率－速算扣除数$$

1. 甲公司职员李某2024年全年取得工资、薪金收入180 000元。当地规定的社会保险和住房公积金个人缴存比例为:基本养老保险8%,基本医疗保险2%,失业保险0.5%,住房公积金12%。社保部门核定的李某2024年社会保险费的缴费工资基数为10 000元。李某正在偿还首套住房贷款及利息;李某为独生女,其独生子正就读大学3年级;李某父母均已年过60岁。李某夫妻约定由李某扣除贷款利息和子女教育费。请计算李某2024年应缴纳的个人所得税税额。

2. 小张2024年每月工资15 000元,"五险一金"等专项扣除每月2 000元,专项附加扣除每月2 000元。年终奖为60 000元。分别计算年终奖单独计税和并入综合所得计税时的全年应纳税额。请比较两种计税方式,哪种更划算?

子任务三　非居民个人所得应纳税额计算

1. 2024年6月某公司聘用两名外籍员工赫伯特乔治·威尔斯和小约翰·福特,两人都是非居民人员,每个月分别发放工资为7 800元和11 000元。请计算他们每月工

资、薪金所得应缴纳的个人所得税税额。

2. 2024年1月,非居民个人汤姆从本单位取得工资7 000元,加班费1 000元,奖金2 100元。3月汤姆为李某提供一个月的钢琴培训,分两次取得劳务报酬,分别为1 000元、3 000元,共计4 000元。10月汤姆出版一部小说,取得稿酬10 000元。12月汤姆转让一项专利权,取得转让收入150 000元,专利开发支出10 000元。

根据上述资料,完成以下任务:
(1) 计算汤姆当月工资、薪金所得应缴纳的个人所得税税额。
(2) 计算汤姆当月钢琴培训劳务报酬应缴纳的个人所得税税额。
(3) 计算汤姆当月稿酬所得应缴纳的个人所得税税额。
(4) 计算汤姆当月转让专利权应缴纳的个人所得税税额。

一、应纳税所得额的计算

(1) 非居民个人取得工资、薪金所得,劳务报酬所得,稿酬所得和特许权使用费所得,不适用综合征收,按月或按次分项计算个人所得税。有扣缴义务人的,由扣缴义务人在向个人支付应税款项时代扣代缴税款,不办理汇算清缴。

(2) 工资、薪金所得,以每月收入额减除费用5 000元后的余额为应纳税所得额;劳务报酬所得、稿酬所得、特许权使用费所得,以实际取得收入减除20%的费用后的余额为收入额。稿酬所得的收入额再减按70%计算。非居民个人工资、薪金所得,劳务报酬所得,稿酬所得和特许权使用费所得应纳税所得额的确定,如表5-16所示。

表5-16 非居民个人四项所得应纳税所得额的确定

所得项目	税务处理
工资、薪金所得	应纳税所得额＝每月收入额－5 000
劳务报酬所得、特许权使用费所得	应纳税所得额＝收入×(1－20%)
稿酬所得	应纳税所得额＝收入×(1－20%)×70%

二、应纳税额的计算

非居民个人工资、薪金所得,劳务报酬所得,稿酬所得,特许权使用费所得应纳税额
＝应纳税所得额×适用税率－速算扣除数

(1) 工资、薪金所得应纳税额的计算公式为:

应纳税额＝月应纳税所得额×适用税率－速算扣除数
＝(每月收入额－5 000元)×适用税率－速算扣除数

(2) 劳务报酬所得、特许权使用费所得应纳税额的计算公式为:

应纳税额＝应纳税所得额×适用税率－速算扣除数
＝每次收入×(1－20%)×适用税率－速算扣除数

（3）稿酬所得应纳税额的计算公式为：

$$应纳税额=应纳税所得额\times适用税率-速算扣除数$$
$$=每次收入\times(1-20\%)\times70\%\times适用税率-速算扣除数$$

按月换算后的非居民个人所得税税率，如表 5-17 所示。

表 5-17　个人所得税税率

（非居民个人四项所得适用）

级数	应纳税所得额	税率	速算扣除数
1	不超过 3 000 元的部分	3%	0
2	超过 3 000 元至 12 000 元的部分	10%	210
3	超过 12 000 元至 25 000 元的部分	20%	1 410
4	超过 25 000 元至 35 000 元的部分	25%	2 660
5	超过 35 000 元至 55 000 元的部分	30%	4 410
6	超过 55 000 元至 80 000 元的部分	35%	7 160
7	超过 80 000 元的部分	45%	15 160

 任务实施

  巩固提升

基础训练

在我国无住所的非居民个人鲍勃，2024 年 7 月取得在我国境内征收个人所得税的工资、薪金收入为 20 000 元；2024 年 7 月受邀为某企业家培训班讲课两天，共取得讲课费 30 000 元；2024 年 7 月在我国境内出版一部小说，取得稿酬收入 60 000 元。请计算鲍勃应在我国缴纳的个人所得税税额。

任务三　经营所得应纳税额计算

 任务目标

1. 素养目标

（1）培养学生具备依法纳税意识，通过分析经营所得偷逃税案件，帮助学生直观了解税收违法的严重后果，树立依法纳税意识。

(2) 培养学生谨慎认真的工作习惯,为未来从事财税及相关经营工作奠定坚实的职业素养基础。
(3) 激发学生的创新创业热情,培养学生的爱国情怀和社会责任感,引导学生树立正确的企业家精神。

2. 知识目标

(1) 掌握经营所得的应纳税所得额的确定和应纳税额的计算。
(2) 掌握个体工商户的税收优惠。

3. 能力目标

(1) 掌握经营所得应纳税额的计算。
(2) 熟练掌握个体工商户的减免税额的计算。

任务导入

李某是一名个体工商户,2024年发生业务如下:
(1) 向非金融企业借款150万元用于生产经营,期限1年,利率7%,利息支出10.5万元均已计入财务费用。
(2) 实发合理工资中包括李某工资8万元,雇员工资25万元。
(3) 实际发生雇员职工教育经费支出1.2万元。
(4) 营业外支出中包括行政罚款2万元,合同违约金3万元。
(5) 李某2024年5月以个人名义购入境内上市公司股票,同年11月出售,持有期间取得股息2.5万元;从境内非上市公司取得股息1万元。

已知:该个体工商户2024年营业收入为100万元,适用查账征收法;银行同期同类贷款利率为5%;在计算个人所得税应纳税所得额时,职工教育经费支出不超过工资薪金总额的2.5%的部分,准予扣除;股息所得个人所得税税率为20%。

根据上述资料,不考虑其他因素,完成以下任务:
(1) 计算李某2024年的应纳税所得额。
(2) 计算李某应缴纳的个人所得税总额。

知识准备

一、经营所得的基本规定

个体工商户业主、个人独资企业投资者、合伙企业个人合伙人、承包承租经营者个人以及其他从事生产、经营活动的个人,在中国境内取得经营所得,按年计算个人所得税。

经营所得,以每一纳税年度的收入总额减除成本、费用以及损失后的余额,为应纳税所得

额。成本、费用,是指生产、经营活动中发生的各项直接支出和分配计入成本的间接费用以及销售费用、管理费用、财务费用;损失,是指生产、经营活动中发生的固定资产和存货的盘亏、毁损、报废损失、转让财产损失、坏账损失、自然灾害等不可抗力因素造成的损失以及其他损失。

取得经营所得的个人,没有综合所得的,计算其每一纳税年度的应纳税所得额时,应当减除费用 6 万元、专项扣除、专项附加扣除以及依法确定的其他扣除。专项附加扣除在办理汇算清缴时减除。

从事生产、经营活动,未提供完整、准确的纳税资料,不能正确计算应纳税所得额的,由主管税务机关核定应纳税所得额或者应纳税额。

个人独资企业的投资者以全部生产经营所得为应纳税所得额;合伙企业的投资者按照合伙企业的全部生产经营所得和合伙协议约定的分配比例,确定应纳税所得额。

二、个体工商户个人所得税的计税方法

个体工商户的生产、经营所得,以每一纳税年度的收入总额,减除成本、费用、税金、损失、其他支出以及允许弥补的以前年度亏损后的余额,为应纳税所得额。其应纳税额计算有查账征收法和核定征收法两种方法,比较常见的为查账征收法。其计算公式为:

应纳税额=应纳税所得额×适用税率-速算扣除数
　　　　=(全年收入总额-成本、费用、税金、损失、其他支出以及允许弥补的以前年度亏损)
　　　　　×适用税率-速算扣除数

个体工商户下列支出不得扣除:①个人所得税税款;②税收滞纳金;③罚金、罚款和被没收财物的损失;④不符合扣除规定的捐赠支出;⑤赞助支出;⑥用于个人和家庭的支出;⑦与取得生产经营收入无关的其他支出;⑧国家税务总局规定不准扣除的支出。

与人员薪酬直接相关的扣除项目,如表 5-18 所示。

表 5-18　经营所得应纳税所得额计算(与人员薪酬直接相关的扣除项目)

项目	从业人员	业主
工资薪金支出	实际的合理支出	不得税前扣除(按 5 000 元/月扣)
补充养老和补充医疗保险费	不超过从业人员工资总额的 5%	不超过当地上年度社会平均工资 3 倍的 5%
工会经费、职工福利费和职工教育经费支出	分别不超过工资薪金总额 2%、14%和 2.5%	分别不超过当地上年度社会平均工资 3 倍的 2%、14%和 2.5%
五险一金	规定范围和标准缴纳准予扣除	
商业保险费	特殊工种从业人员人身安全保险费等按规定可扣除的其他商业保险费外,业主本人或为从业人员支付的不得扣除	

个体工商户生产经营活动中,应当分别核算生产经营费用和个人、家庭费用。对于生产经营与个人、家庭生活混用难以分清的费用,其 40%视为与生产经营有关费用,准予扣除。

个体工商户通过公益性社会团体或者县级以上人民政府及其部门,用于规定的公益事业的捐赠,捐赠额不超过其应纳税所得额 30%的部分可以据实扣除。规定可以全额在税前扣除的捐赠支出项目按有关规定执行。

个体工商户纳税年度发生的亏损,准予向以后年度结转,用以后年度的生产经营所得弥补,但结转年限最长不得超过 5 年。

个体工商户研究开发新产品、新技术、新工艺所发生的开发费用,以及研究开发新产品、新技术而购置单台价值在 10 万元以下的测试仪器和试验性装置的购置费准予直接扣除;单台价值在 10 万元以上(含 10 万元)的测试仪器和试验性装置,按固定资产管理,不得在当期直接扣除。

任务实施

巩固提升

基础训练

1. 个体工商户赵某 2024 年取得经营收入 200 万元,发生成本费用 120 万元,其中包括向非金融企业借款 100 万元的利息支出 10 万元(金融企业同期同类贷款利率为 6%),业务招待费支出 8 万元。赵某没有综合所得,且不考虑其他扣除项目。请计算赵某 2024 年应缴纳的经营所得个人所得税税额。

2. 中国某市某餐饮小店系个体工商户,账目清晰。2024 年 1～12 月累计应纳税所得额为 180 000 元(未扣除投资者费用),1～12 月累计已预缴个人所得税为 28 000 元。除经营所得外,投资者本人无其他应税收入,2024 年全年享受住房贷款利息专项附加扣除 12 000 元,以及继续教育专项附加扣除 3 600 元。假设个体工商户经营所得有减半征收优惠政策,请依照现行税法规定,分析计算该个体工商户 2024 年度经营所得个人所得税的汇算清缴情况。

任务四 其他所得应纳税额计算

任务目标

1. 素养目标

(1) 具备依法纳税意识,通过模拟税务案件,促使学生在沉浸式体验中明晰依法纳税的重要性与严肃性。

(2) 养成谨慎认真的职业素养,培养学生严谨细致、一丝不苟的工作习惯,为其未来从事财税工作或相关经济活动筑牢职业素养根基。

(3) 具备理财意识,分享行业前沿的财富管理经验,激发学生将纳税计算与理财规划有机结合的意识,帮助学生逐步提升理财能力,实现财富增长。

2. 知识目标

(1) 掌握财产租赁所得应纳税所得额的确定和应纳税额的计算。

(2) 掌握财产转让所得应纳税所得额的确定和应纳税额的计算。

(3) 掌握利息、股息、红利所得应纳税所得额的确定和应纳税额的计算。

(4) 掌握偶然所得应纳税所得额的确定和应纳税额的计算。

3. 能力目标

(1) 熟练掌握财产租赁所得应纳税额的计算。

(2) 熟练掌握财产转让所得应纳税额的计算。

(3) 熟练掌握利息、股息、红利所得应纳税额的计算。

(4) 熟练掌握偶然所得应纳税额的计算。

 任务导入

(1) 自2024年4月1日起,王华将自有面积为120平方米的商铺按市场价格出租,每月不含税租金为5 200元,租期为1年,每月缴纳相关税费(不含增值税)320元,取得缴款凭证。4月因电线短路发生修缮费用1 400元,并取得修缮公司出具的正式收据,该费用由出租人承担。

(2) 2024年A公司总经理李建国除在公司取得工资收入外,还从其他地方取得以下收入:①取得1年期定期储蓄存款利息收入600元;②两年前在深圳证券交易所以48 000元购入某上市公司股票10 000股,6月将该股票卖出,取得收入61 000元;③购买福利彩票中奖30 000元。

根据以上资料,完成以下任务:

(1) 计算王华4~6月出租商铺应缴纳的个人所得税税额。

(2) 计算李建国其他收入应缴纳的个人所得税税额。

 知识准备

一、利息、股息、红利所得

利息、股息、红利所得,以每次收入额为应纳税所得额。利息、股息、红利所得适用税率为20%。其应纳税额的计算公式如下:

$$应纳税额 = 应纳税所得额 \times 适用税率 = 每次收入额 \times 20\%$$

二、财产租赁所得

财产租赁所得,每次收入不超过4 000元的,减除费用800元;4 000元以上的,减除

20%的费用,其余额为应纳税所得额。其应纳税额的计算公式如下。

(1) 每次(月)收入不超过 4 000 元的:

应纳税额=[每次(月)收入额-财产租赁过程中缴纳的税费-修缮费用(800 元为限)-800 元]×20%

(2) 每次(月)收入超过 4 000 元的:

应纳税额=[每次(月)收入额-财产租赁过程中缴纳的税费-修缮费用(800 元为限)]×(1-20%)×20%

纳税人在出租财产过程中缴纳的税金、教育费附加,可凭完税凭证,从财产租赁收入中扣除;个人转租房屋的,其向房屋出租方支付的租金及增值税税额,在计算转租所得时予以扣除。

由纳税人负担的该出租财产实际开支的修缮费用,必须是实际发生并能够提供有效准确凭证的支出,以每次扣除 800 元为限,一次扣除不完的,可以继续扣除,直至扣完为止。

三、财产转让所得

财产转让所得应按照一次转让财产的收入额减除财产原值和合理费用后的余额计算纳税,其计算公式如下:

应纳税额=应纳税所得额×适用税率=(收入总额-财产原值-合理费用)×20%

财产原值按照下列方法确定:
(1) 有价证券,为买入价以及买入时按照规定缴纳的有关费用。
(2) 建筑物,为建造费或者购进价格以及其他有关费用。
(3) 土地使用权,为取得土地使用权所支付的金额、开发土地的费用以及其他有关费用。
(4) 机器设备、车船,为购进价格、运输费、安装费以及其他有关费用。
(5) 其他财产,参照以上方法确定财产原值。

税法对以下财产转让作了特别规定:
(1) 个人转让房屋所得:对个人转让自用达 5 年以上且是家庭唯一生活用房取得的所得,暂免征收个人所得税。5 年之内要按照上述计税方法计税。
(2) 个人股权转让所得:对境内上市公司股票(非限售股)转让所得,暂不(免)征收个人所得税。对个人转让上市公司限售股取得的所得,按照财产转让所得适用 20%的比例税率征收个人所得税。
(3) 其他转让所得:①个人以非货币性资产投资,属于个人转让非货币性资产和投资同时发生。对个人转让非货币性资产的所得,应按照财产转让所得依法计算缴纳个人所得税;②个人通过招标、竞拍或其他方式购置债权以后,通过相关司法或行政程序主张债权而取得的所得,应按照财产转让所得缴纳个人所得税。

四、偶然所得

偶然所得以每次收入额为应纳税所得额。其计算公式如下:

应纳税额=应纳税所得额×适用税率=每次收入额×20%

任务实施

基础训练

1. 李某 2024 年 10 月取得如下收入：①到期国债利息收入 986 元；②购买福利彩票支出 500 元，取得一次性中奖收入 15 000 元；③境内上市公司股票转让所得 10 000 元。转让自用住房一套，取得转让收入 500 万元，该套住房购买价为 200 万元，购买时间为 2013 年并且是唯一的家庭生活用房。请计算李某当月应缴纳的个人所得税税额。

2. 张某 2024 年取得以下收入：出租住房每月租金 5 000 元，全年发生修缮费用 3 000 元（有合法票据）；购买彩票中奖 10 万元，直接向贫困地区捐赠 2 万元；取得劳务报酬 3 万元，未预扣预缴个人所得税。请计算张某 2024 年应缴纳的个人所得税税额。

任务五　个人所得税智慧化申报管理

任务目标

1. 素养目标

(1) 培养学生具备依法纳税意识，引入偷逃税受制裁、诚信纳税受表彰案例，组织学生研讨，帮助其理解依法纳税对国家的重要意义。

(2) 培养学生谨慎认真的职业素养，设置贴近实际的个人所得税申报任务，涵盖多种收入类型与扣除项目，要求学生严谨申报。

(3) 培养学生具备风险防范意识，组织风险防控模拟演练，锻炼学生应对风险的能力，引导学生树立风险防范意识，主动规避风险。

2. 知识目标

(1) 熟悉个人所得税纳税期限。

(2) 掌握个人所得税纳税申报。

(3) 掌握个人所得税扣缴申报表项目的填制方法。

(4) 熟悉个人所得税扣缴纳税申报流程。

3. 能力目标

(1) 熟练掌握个人所得税的申报与缴纳。

(2) 能够进行个人所得税扣缴纳税申报表的填制。

一、企业基本资料

纳税人名称:长沙星辰文化传播有限公司。

统一社会信用代码:91430102MA4T3R890F。

成立时间:2023年12月31日。

法人代表名称:江晓原。

开户银行及账号:长沙银行芙蓉支行600101000038765。

地址及电话:长沙市芙蓉区五一大道368号宏宇大厦12楼0731-85236918。

主要经营范围:广告设计制作;文化活动策划;影视节目制作;新媒体运营服务等(依法须经批准的项目,经相关部门批准后方可开展经营活动)。

二、业务数据

长沙星辰文化传播有限公司财务人员徐浩言计算并发放员工的工资、薪金、奖金等,并扣缴申报个人所得税。

1. 员工基础信息

员工基础信息,如表5-19所示。

表5-19 员工基础信息表

工号	姓名	性别	身份证号	联系电话	任职日期	任职受雇从业类型
001	江晓原	男	330108198705076398	18993056453	2024-01-01	雇员
002	姜沐言	女	440103199002106368	15764170806	2024-01-01	雇员
003	苏小婷	女	36010219960407802X	18893230036	2024-01-01	雇员
004	宋明宇	男	210103199001027390	18456057354	2024-01-01	雇员
005	徐浩言	男	330109199303072790	16546250817	2024-01-01	雇员

2. 员工工资与社保公积金

2025年1月工资、薪金收入与代扣的社保公积金明细,如表5-20所示。

表5-20 2025年1月工资、薪金收入与代扣的社保公积金明细表　　单位:元

工号	姓名	应发工资合计	基本养老保险金	基本医疗保险金	失业保险金	住房公积金	代扣个人所得税	实发工资
001	江晓原	18 826.00	464.00	116.00	29.00	1 682.60		
002	姜沐言	12 821.00	464.00	116.00	29.00	1 282.10		
003	苏小婷	8 788.62	464.00	116.00	29.00	878.86		
004	宋明宇	13 122.50	464.00	116.00	29.00	1 312.25		
005	徐浩言	11 835.00	464.00	116.00	29.00	1 183.50		

3. 员工的其他相关信息

（1）江晓原家庭情况：已婚（妻子：张惠，身份证号：320102198809160287）；是独生子女，需赡养父亲（父亲：江明，身份证号：321081195709067058）；育有一子（儿子：江小舟，身份证号码：330102201704077096），2023年9月进入长沙市云盘小学就读一年级（妻子全职在家，故子女教育由丈夫江晓原一人按100%扣除）。

（2）宋明宇家庭情况：已婚（妻子：林丽，身份证号：340111199208044541）；有一对双胞胎（大女儿：宋羽菲，身份证号码：330102201806132762；小女儿：宋艺菲，身份证号码：330102201806135429），2023年9月进入长沙市蓓蕾第三幼儿园就读小班（子女教育由宋明宇与妻子各扣50%）；于2021年购买了长沙市雨花区洞井街道奋进小区一幢三单元303室住房一套，取得不动产权证，证书号：3300000118（使用了商业贷款，从长沙银行贷款50万元，贷款期限30年，贷款合同编号：331600011，自2022年10月5日首次偿还贷款）。该房产为婚后夫妻共有财产，宋明宇为房贷借款人，贷款利息由宋明宇一人全额扣除）。

（3）徐浩言情况：无配偶，2025年1月取得由湖南省人力资源与社会保障部门颁发的会计专业技术人员职业资格证书，证书编号：ZYSD20221023，发证日期为2025年1月15日，符合税前扣除条件，其选择在2025年1月扣除。

其他职工工资、薪金无专项附加扣除项目。

4. 员工的其他所得信息

（1）1月，影视编剧苏小婷将自己创作的影视剧本手稿原件拍卖给本公司，取得收入120 000元。

（2）1月，专业文案作者姜沐言将自己撰写的文案以广告宣传册形式在本公司使用，取得收入7 500元。

三、根据上述资料完成以下任务

（1）计算该公司2025年1月应代扣代缴的个人所得税税额。

（2）填制《个人所得税扣缴申报表》并在自然人电子税务局（扣缴端）申报处理。

知识准备

一、个人所得税的征收管理

（一）纳税申报

我国的个人所得税纳税申报有扣缴申报纳税和自行申报纳税两种方式。

1. 扣缴申报纳税

个人所得税以所得人为纳税人，以支付所得的单位或者个人为扣缴义务人。扣缴义务人向个人支付应税款项时，应当依照《个人所得税法》及相关规定预扣或代扣税款，按时缴库，并专项记载备查。支付方式包括现金支付、汇拨支付、转账支付和以有价证券、实物以及其他形式的支付。

扣缴义务人应当按照国家规定办理全员全额扣缴申报,并向纳税人提供其个人所得和已扣缴税款等信息。全员全额扣缴申报,是指扣缴义务人在代扣税款的次月 15 日内,向主管税务机关报送其支付所得的所有个人的有关信息、支付所得数额、扣除事项和数额、扣缴税款的具体数额和总额以及其他相关涉税信息资料。

实行个人所得税全员全额扣缴申报的应税所得包括:①工资、薪金所得;②劳务报酬所得;③稿酬所得;④特许权使用费所得;⑤利息、股息、红利所得;⑥财产租赁所得;⑦财产转让所得;⑧偶然所得。

扣缴义务人每月或每次预扣、代扣的税款,应当在次月 15 日内缴入国库,并向税务机关报送《个人所得税扣缴申报表》。税务机关对扣缴义务人按照所扣缴的税款,付给 2% 的手续费。

2. 自行申报纳税

自行申报纳税,是指在税法规定的纳税期限内,由纳税人自行向税务机关申报取得的应税所得项目和数额,如实填写《个人所得税纳税申报表》,并按税法规定计算应纳税额,据此缴纳个人所得税的一种纳税方法。

有下列情形之一的,纳税人应当依法办理纳税申报:

(1) 取得综合所得需要办理汇算清缴。需要办理汇算清缴的情形包括:①在两处或者两处以上取得综合所得,且综合所得年收入额减去专项扣除的余额超过 6 万元;②取得劳务报酬所得、稿酬所得、特许权使用费所得中一项或者多项所得,且综合所得年收入额减去专项扣除的余额超过 6 万元;③纳税年度内预缴税额低于应纳税额的;④纳税人申请退税。纳税人申请退税,应当提供其在中国境内开设的银行账户,并在汇算清缴地就地办理税款退库。

(2) 取得应税所得没有扣缴义务人。

(3) 取得应税所得,扣缴义务人未扣缴税款。

(4) 取得境外所得。

(5) 因移居境外注销中国户籍。

(6) 非居民个人在中国境内从两处以上取得工资、薪金所得。

(7) 国务院规定的其他情形。

纳税人可以委托扣缴义务人或者其他单位和个人办理汇算清缴。

3. 专项附加扣除信息的提供及减除

居民个人取得工资、薪金所得时,可以向扣缴义务人提供专项附加扣除有关信息,由扣缴义务人扣缴税款时减除专项附加扣除。纳税人同时从两处以上取得工资、薪金所得,并由扣缴义务人减除专项附加扣除的,对同一专项附加扣除项目,在一个纳税年度内只能选择从一处取得的所得中减除。

居民个人取得劳务报酬所得、稿酬所得、特许权使用费所得,应当在汇算清缴时向税务机关提供有关信息,减除专项附加扣除。

纳税人、扣缴义务人应当按照规定保存与专项附加扣除相关的资料。税务机关可以对纳税人提供的专项附加扣除信息进行抽查,具体办法由国务院税务主管部门另行规定。税务机关发现纳税人提供虚假信息的,应当责令改正并通知扣缴义务人;情节严重的,有关部门应当依法予以处理,纳入信用信息系统并实施联合惩戒。

4. 修正申报与退税

纳税人发现扣缴义务人提供或者扣缴申报的个人信息、所得、扣缴税款等与实际情况不符的,有权要求扣缴义务人修改。扣缴义务人拒绝修改的,纳税人应当报告税务机关,税务机关应当及时处理。

纳税人申请退税时提供的汇算清缴信息有错误的,税务机关应当告知其更正;纳税人更正的,税务机关应当及时办理退税。扣缴义务人未将扣缴的税款解缴入库的,不影响纳税人按照规定申请退税,税务机关应当凭纳税人提供的有关资料办理退税。

(二) 纳税期限

1. 居民个人的纳税期限

(1) 居民个人取得综合所得,按年计算个人所得税;有扣缴义务人的,由扣缴义务人按月或者按次预扣预缴税款;需要办理汇算清缴的,应当在取得所得的次年 3 月 1 日至 6 月 30 日内办理汇算清缴。

(2) 居民个人从中国境外取得所得的,应当在取得所得的次年 3 月 1 日至 6 月 30 日内申报纳税。

2. 非居民个人的纳税期限

(1) 非居民个人取得工资、薪金所得,劳务报酬所得,稿酬所得和特许权使用费所得,有扣缴义务人的,由扣缴义务人按月或者按次代扣代缴税款,不办理汇算清缴。

(2) 非居民个人在中国境内从两处以上取得工资、薪金所得的,应当在取得所得的次月 15 日内申报纳税。

3. 扣缴义务人的纳税期限

扣缴义务人每月或者每次预扣、代扣的税款,应当在次月 15 日内缴入国库,并向税务机关报送《个人所得税扣缴申报表》。

4. 其他情形的纳税期限

(1) 纳税人取得经营所得,按年计算个人所得税,由纳税人在月度或者季度终了后 15 日内向税务机关报送纳税申报表,并预缴税款;在取得所得的次年 3 月 31 日前办理汇算清缴。

(2) 纳税人取得利息、股息、红利所得,财产租赁所得,财产转让所得和偶然所得,按月或者按次计算个人所得税,有扣缴义务人的,由扣缴义务人按月或者按次代扣代缴税款。

(3) 纳税人取得应税所得没有扣缴义务人的,应当在取得所得的次月 15 日内向税务机关报送纳税申报表,并缴纳税款。

(4) 纳税人取得应税所得,扣缴义务人未扣缴税款的,纳税人应当在取得所得的次年 6 月 30 日前,缴纳税款;税务机关通知限期缴纳的,纳税人应当按照期限缴纳税款。

(5) 纳税人因移居境外注销中国户籍的,应当在注销中国户籍前办理税款清算。

二、个人所得税的扣缴申报流程

扣缴义务人需要按我国《税收征收管理法》的规定,及时对代扣代缴的个人所得税进行纳税申报,在自然人电子税务局(扣缴端)进行扣缴申报,具体操作流程如下。

(一) 登录电子税务局

登录自然人电子税务局(扣缴端),点击【扣缴单位版】—【我要办税】,进入信息录入界面。扣缴义务人初次信息录入,如图 5-1 所示。

图 5-1　扣缴义务人初次信息录入

扣缴义务人根据向导操作完成初始化注册,用账号密码登录自然人电子税务局(扣缴端)。

(二) 人员信息采集

(1) 首次在本公司进行个人所得税申报的员工未进行人员信息采集或有新增人员,点击【人员信息采集】添加人员信息。人员信息采集,如图 5-2 所示。

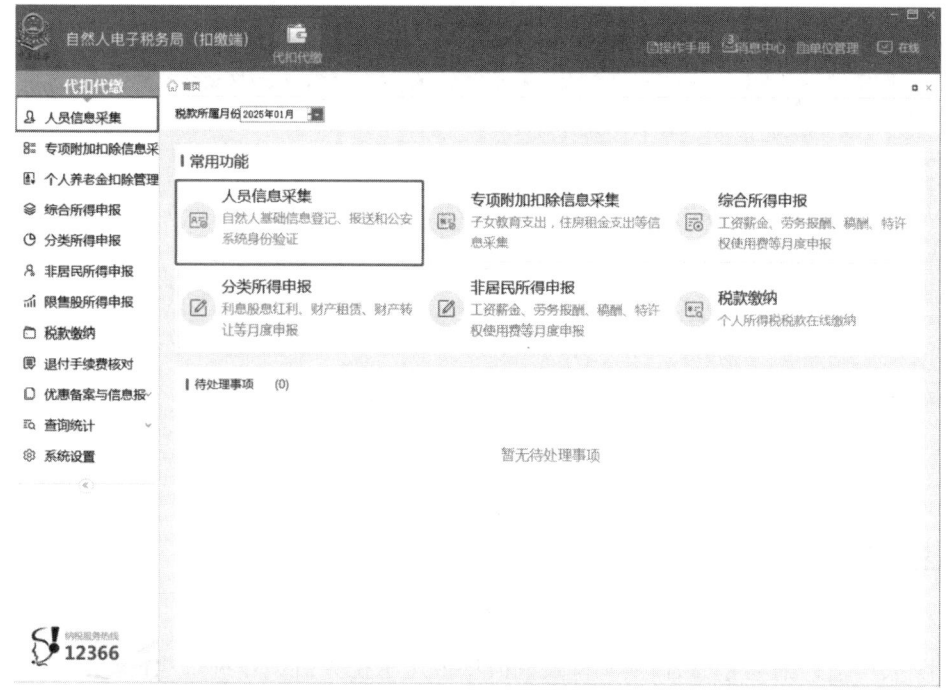

图 5-2　人员信息采集

（2）人员信息采集主要包括【添加】【导入】【报送】【导出】等功能，若选择单个添加申报人员信息，则点击【添加】，输入人员基本信息；在【任职受雇从业类型】栏选择【雇员】完善相关信息后，点击【保存】。单个添加人员信息如图5-3所示。若选择批量导入申报人员信息，点击【导入】—【模板下载】下载标准模板，录入数据后点击【导入文件】，选择模板文件批量导入数据，点击【提交数据】。批量导入人员信息如图5-4所示。

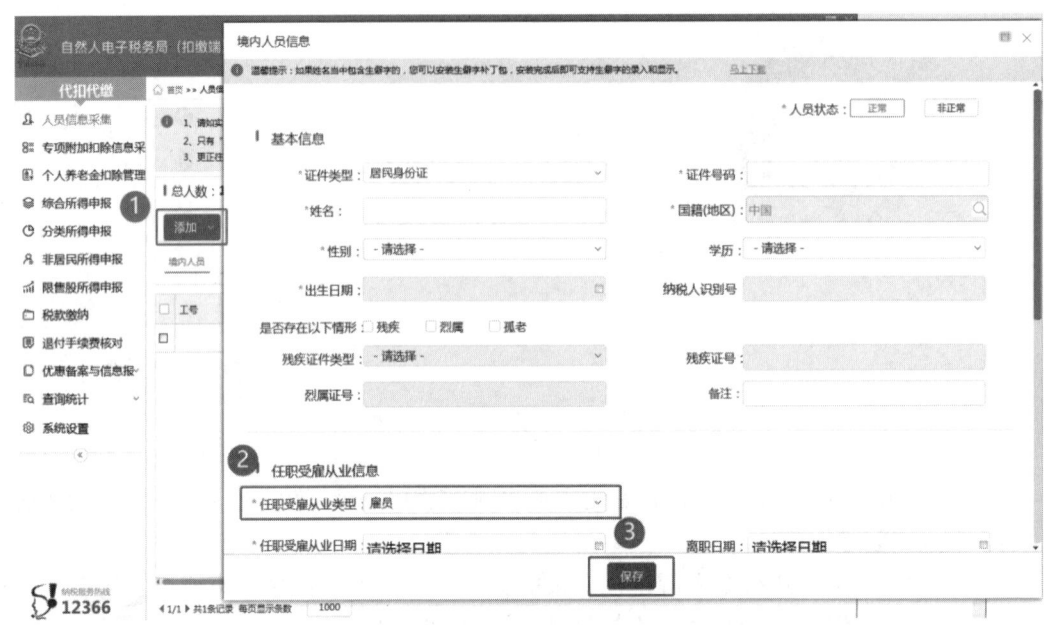

图5-3　单个添加人员信息

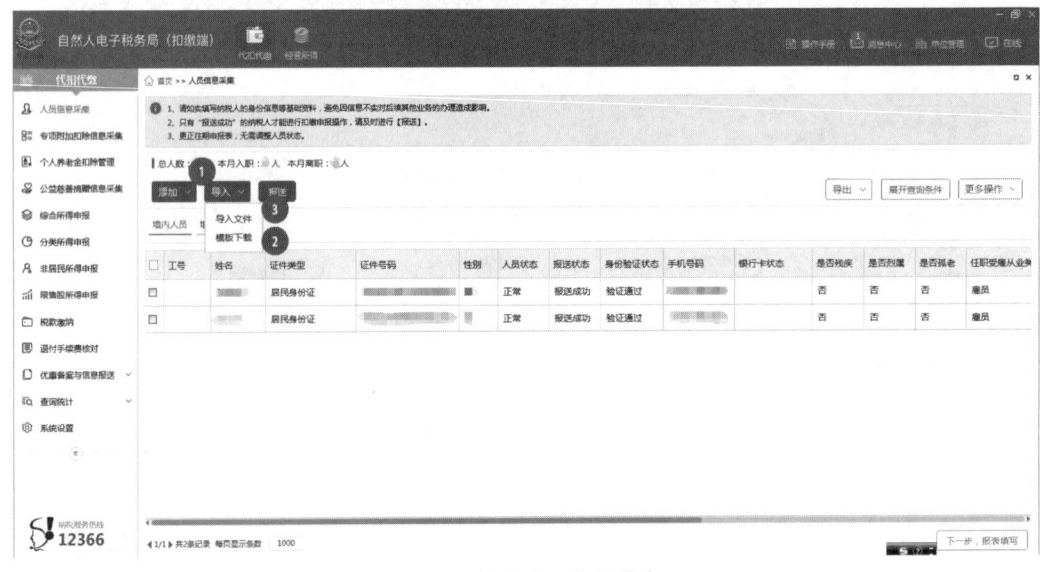

图5-4　批量导入人员信息

（3）人员信息采集完毕后，须先将人员信息报送至税务机关端进行验证。点击【报送】，平台会将报送状态为【待报送】的人员信息报送至税务机关并进行身份验证，只有报送状态为【报送成功】的人员才允许进行申报表报送等业务操作。人员信息核对并报送如图5-5所示。

图5-5 人员信息核对并报送

（三）专项附加扣除信息采集

纳税人在手机上下载并注册个人所得税App，在首页选择【我要申报专项附加扣除】，根据实际情况填写基本信息及子女教育信息、继续教育信息、大病医疗信息、住房贷款利息信息、住房租金信息和赡养老人信息，并绑定银行卡（以便于办理汇算清缴退税手续）。申报方式包括通过扣缴义务人申报（即在每月发放工资时，由单位代为申报专项附加扣除）和综合所得自行申报（即在次年汇算清缴时，由本人自行向税务机关申报时扣除）。纳税人根据需求选择合适的申报方式。检查所填信息无误后，点击【确认】，完成纳税人专项附加扣除信息的采集。

（四）填写个人所得税扣缴申报信息

（1）点击【综合所得申报】，选择【正常工资薪金所得】，点击【填写】。工资薪金预扣预缴，如图5-6所示。

（2）若选择单个添加填报，需点击【添加】，录入相关信息后，点击【保存】。工资薪金预扣预缴添加，如图5-7所示。

（3）若选择批量下载导入，则点击【导入】—【模板下载】，下载标准模板，在模板中录入数据后，点击【导入数据】—【标准模板导入】—【导入】，批量导入数据。工资薪金模板下载，如图5-8所示。工资薪金导入，如图5-9所示。

（4）数据导入或修改后，点击【税款计算】，系统将自动对填写的数据进行计税。工资薪金税款计算，如图5-10所示。

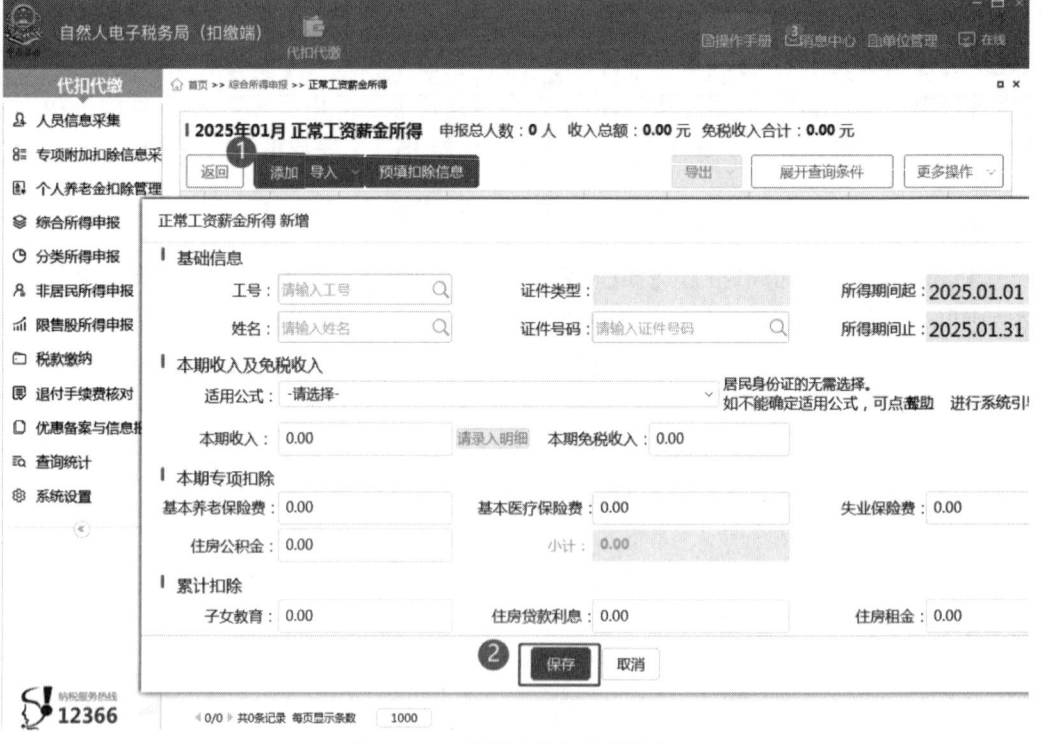

图 5-6　工资薪金预扣预缴

图 5-7　工资薪金预扣预缴添加

项目五 个人所得税的计算与智慧化申报管理

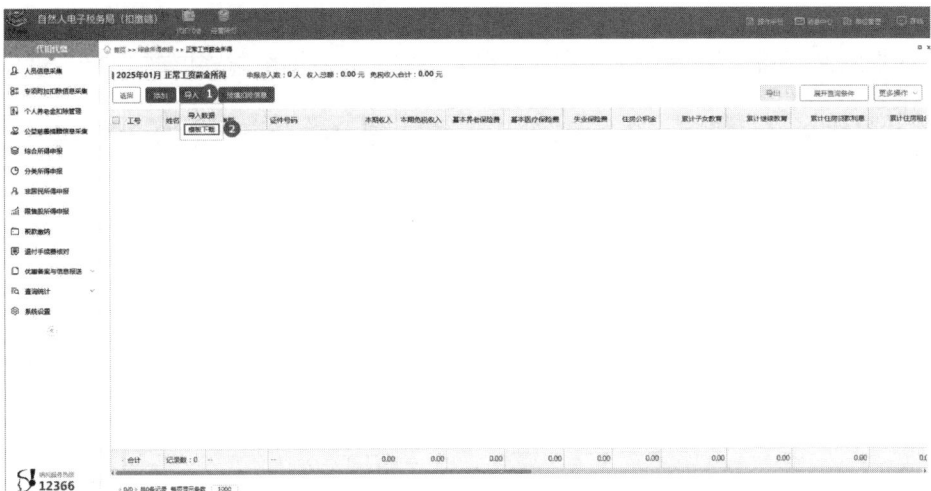

图 5-8　工资薪金模板下载

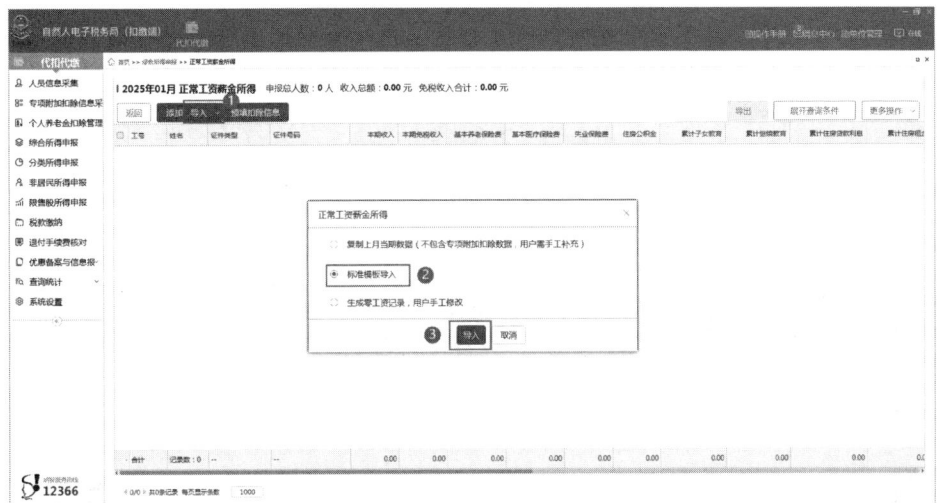

图 5-9　工资薪金导入

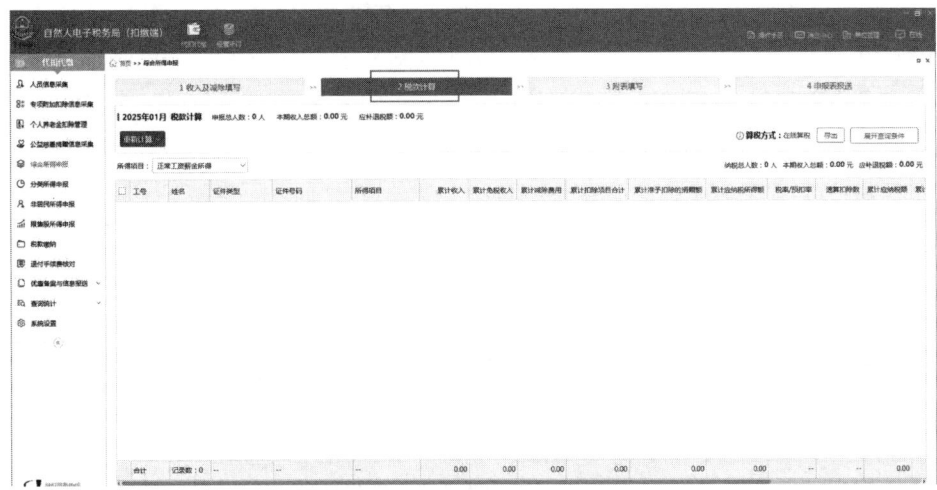

图 5-10　工资薪金税款计算

209

（5）若在收入及减除中填写了免税收入、减免税额、商业健康保险、税延养老保险和准予扣除的捐赠额，还需要在相应附表中完善附表信息。工资薪金附表填写，如图5-11所示。

图5-11 工资薪金附表填写

（6）核对个人所得税数据，核对无误后，点击【申报表报送】—【发送申报】，即可申报成功。工资薪金申报表报送，如图5-12所示。

图5-12 工资薪金申报表报送

 **任务实施**

 巩固提升

基础训练

请谈谈个人所得税的申报流程。

 项目小结

本项目全方位聚焦个人所得税计算与申报管理,从基本要素梳理到应纳税额计算,再到纳税申报全流程实践,深化学生对这一关键税种的理解和运用。在计算环节,深入剖析各类应税所得项目的计算规则,掌握综合所得预扣预缴与汇算清缴的计算方法。清晰阐释经营所得应纳税所得额的计算逻辑。同时,明确利息、股息、红利等其他所得项目的计税依据和税率运用。在申报环节,清晰界定自行申报和代扣代缴的适用范围,精准把握操作要点,并借助电子税务局等信息化平台,实现便捷高效的申报工作,有效提升申报的准确性与及时性。通过本项目的学习,有效提升学生个人所得税相关业务的处理能力,为企业和个人的税务合规管理提供有力支持。

项目六 财产和行为税的计算与智慧化申报管理

任务一　印花税的计算与智慧化申报管理

 任务目标

1. 素养目标

（1）培养学生理解印花税在我国税收体制中的重要性，使其深刻认识到我国税收体制的完整性，激发学生内心深处对国家的热爱之情，增强学生的制度自信和文化自信。

（2）培养学生树立依法纳税的观念，遵纪守法意识、诚实守信的职业品质，以及严谨细致、精益求精的职业素养。

（3）培养学生终身学习的精神，使其能够不断更新知识，适应税收政策的变化，并鼓励学生培养创新意识，勇于探索新的税务处理方法和解决方案。

2. 知识目标

（1）知晓印花税的征税范围、纳税义务人及税率。

（2）知晓印花税的计税依据及税收优惠。

（3）熟悉印花税的征收管理与申报缴纳。

3. 能力目标

（1）掌握印花税应纳税额的计算。

（2）掌握印花税的申报。

（3）掌握印花税的缴纳。

 **任务导入**

湖南三建有限责任公司为增值税一般纳税人，纳税人识别号为 310088700820356001。2025 年第二季度发生如下经济业务：

(1) 实收资本比 2025 年增加 300 万元。

(2) 7 月份与建设银行迎宾路支行签订 1 年期借款合同,借款金额为 500 万元,年利率为 4.3%。

(3) 与湖南江南进出口外贸公司签订以货换货合同,本公司的货物价格 230 万元,湖南江南进出口外贸公司的货物价格 205 万元。

(4) 与湖南致远包装有限公司签订受托加工合同,湖南致远包装有限公司提供价值 20 万元的原材料,本公司提供价值 20 万元的辅助材料并收加工费 18 万元。

(5) 与湖南永泰泵车制造有限公司签订技术转让合同,转让收入由湖南永泰泵车制造有限公司连续 5 年按年净利润的 20% 支付。

(6) 与湖南通城物流有限公司签订运输合同,载明运输费用 15 万元(含装卸费 1 万元)。

(7) 与湖南铁路部门签订运输合同,载明运输费用及保管费用共计 150 万元。

请帮助办税员王建逐项计算公司 2025 年应缴纳的印花税并申报缴纳。

知识准备

一、依据法规

《中华人民共和国印花税法》(以下简称《印花税法》)。

二、印花税的征税范围、纳税义务人及税率

1. 征税范围

印花税是对经济活动中书立应税凭证、进行证券交易行为所征收的一种行为税,可见印花税的征税范围很广。

2. 税率

印花税的税率设计,遵循税负从轻、共同负担的原则。适用比例税率,印花税的比例税率分为 5 个档次,分别是 0.05‰、0.25‰、0.3‰、0.5‰ 和 1‰。值得注意的是,同一凭证载有两个不同税目的应税事项,且未分别记载金额的,从高税率计算印花税。

印花税征税范围及税率的具体规定如表 6-1 所示。

表 6-1 印花税征税范围及税率

	征税对象	征收范围	不包含的征收范围	税率
合同(指书面合同)	借款合同	借款人向金融机构借款的合同	(1) 金融机构同业拆借合同。(2) 向非金融机构借款的合同	借款金额的 0.05‰
	融资租赁合同	银行及其他金融组织签订的融资租赁合同(含融资性售后回租合同)	经营性租赁合同(属于租赁合同)	租金的 0.05‰

(续表)

征税对象		征收范围	不包含的征收范围	税率
合同（指书面合同）	买卖合同	(1) 动产买卖合同。 (2) 发电厂与电网之间、电网与电网之间书立的购售电合同	(1) 个人书立的动产买卖合同。 (2) 电网与用户之间的供用电合同。 (3) 不动产买卖合同（属于产权转移书据）	价款的0.3‰
	承揽合同	包括加工、定做、修缮、修理、印刷广告、测绘、测试等合同	由受托方提供原材料的加工、定做合同，凡在合同中分别记载加工费金额与原材料金额的，应分别按"承揽合同""买卖合同"计税	报酬的0.3‰
	建设工程合同	包括建筑、安装工程承包合同	—	价款的0.3‰
	运输合同	指货运合同和多式联运合同	管道运输合同	运输费用的0.3‰
	技术合同	技术开发、转让、咨询、服务等合同	专利权、专有技术使用权转让书据（属于产权转移书据）	价款、报酬或者使用费的0.3‰
	租赁合同	包括租赁房屋、船舶、飞机、机动车辆、机械、器具、设备等合同	融资租赁合同	租金的1‰
	保管合同		—	保管费的1‰
	仓储合同		—	仓储费的1‰
	财产保险合同	包括财产、责任、保证信用等保险合同	(1) 再保险合同。 (2) 寿险合同	保险费的1‰
产权转移书据	土地使用权出让书据	政府管理机关登记注册的不动产、股权及无形资产的买卖（出售）、继承、赠与、互换、分割	土地承包经营权和土地经营权转移书据	价款的0.5‰
	土地使用权、房屋等建筑物和构筑物所有权转让书据（不包括土地承包经营权和土地经营权转移）		转让在证券交易所、其他全国性证券交易场所交易的股票和以股票为基础的存托凭证	价款的0.5‰
	股权转让书据（不包括应缴纳证券交易印花税的）		非专利技术转让、专利申请权转让书据（属于技术合同）	价款的0.5‰
	商标专用权、著作权、专利权、专有技术使用权转让书据			价款的0.3‰
营业账簿		生产、经营账册	记载实收资本（股本）、资本公积以外的账簿	实收资本（股本）、资本公积的合计金额的0.25‰

(续表)

征税对象	征收范围	不包含的征收范围	税率
证券交易		转让非上市公司股权(属于产权转移书据)	成交金额的1‰

3. 纳税义务人

在中华人民共和国境内书立应税凭证、进行证券交易的单位和个人,为印花税的纳税人,应当依照本法规定缴纳印花税。在中华人民共和国境外书立在境内使用的应税凭证的单位和个人,应当依照《印花税法》规定缴纳印花税。

书立应税凭证的纳税人,为对应税凭证有直接权利义务关系的单位和个人。

采用委托贷款方式书立的借款合同纳税人,为受托人和借款人,不包括委托人。

按买卖合同或者产权转移书据税目缴纳印花税的拍卖成交确认书纳税人,为拍卖标的的产权人和买受人,不包括拍卖人。

证券交易印花税对证券交易的出让方征收,不对受让方征收。

三、印花税的计税依据及税收优惠

1. 计税依据

印花税应纳税额的计算公式为:

$$应纳税额＝计税依据×税率$$

同一应税凭证载有两个以上税目事项并分别列明金额的,按照各自适用的税目税率算应纳税额;未分别列明金额的,从高适用税率。

同一应税凭证由两方以上当事人书立的,按照各自涉及的金额分别计算应纳税额。

已缴纳印花税的营业账簿,以后年度记载的实收资本(股本)、资本公积合计金额比已缴纳印花税的实收资本(股本)、资本公积合计金额增加的,按照增加部分计算应纳税额。

计税依据的规定如下。

1) 具体规定

(1) 应税合同:计税依据为合同所列金额,不包含已列明的增值税税款。以货换货合同,按购销合计金额作为计税依据。

(2) 应税产权转移书据:计税依据是产权转移书据中所列金额,不包括已明确的增值税税款。

(3) 应税营业账簿:计税依据为账簿所记载的实收资本(股本)与资本公积的合计金额。

(4) 证券交易:计税依据为成交金额。

2) 特殊规定

(1) 应税合同、产权转移书据未列明金额的,印花税的计税依据按照实际结算的金额确定。计税依据按照前款规定仍不能确定的,按照书立合同、产权转移书据时的市场价格确定;依法应当执行政府定价或者政府指导价的,按照国家有关规定确定。

(2) 证券交易无转让价格的,按照办理过户登记手续时该证券前一个交易日收盘价计算确定计税依据;无收盘价的,按照证券面值计算确定计税依据。

(3) 同一应税合同、应税产权转移书据中涉及两方以上纳税人,且未列明纳税人各自涉及金额的,以纳税人平均分摊的应税凭证所列金额(不包括列明的增值税税款)确定计税依据。

(4) 应税合同、应税产权转移书据所列的金额与实际结算金额不一致,不变更应税凭证所列金额的,以所列金额为计税依据;变更应税凭证所列金额的,以变更后的所列金额为计税依据。已缴纳印花税的应税凭证,变更后所列金额增加的,纳税人应当就增加部分的金额补缴印花税;变更后所列金额减少的,纳税人可以就减少部分的金额向税务机关申请退还或者抵缴印花税。

2. 税收优惠

根据《印花税法》,下列凭证免征印花税:

(1) 应税凭证的副本或者抄本。

(2) 依照法律规定应当予以免税的外国驻华使馆、领事馆和国际组织驻华代表机构为获得馆舍书立的应税凭证。

(3) 中国人民解放军、中国人民武装警察部队书立的应税凭证。

(4) 农民、家庭农场、农民专业合作社、农村集体经济组织、村民委员会购买农业生产资料或者销售农产品书立的买卖合同和农业保险合同。

(5) 无息或者贴息借款合同、国际金融组织向中国提供优惠贷款书立的借款合同。

(6) 财产所有权人将财产赠与政府、学校、社会福利机构、慈善组织书立的产权转移书据。

(7) 非营利性医疗卫生机构采购药品或者卫生材料书立的买卖合同。

(8) 个人与电子商务经营者订立的电子订单。

根据国民经济和社会发展的需要,国务院对居民住房需求保障、企业改制重组、破产、支持小型微型企业发展等情形可以规定减征或者免征印花税,报全国人民代表大会常务委员会备案。

四、印花税的征收管理与申报缴纳

1. 征收管理

(1) 纳税申报:自2022年7月1日以后,印花税改为按季申报缴纳。

(2) 纳税环节:合同签订时、书据立据时、产权转移书据时、账簿启用时需贴花。

(3) 纳税地点:单位纳税人,向机构所在地主管税务机关申报缴纳印花税;个人纳税人,向应税凭证书立地或居住地主管税务机关申报缴纳;不动产权转移的,向不动产所在地主管税务机关申报缴纳印花税;在全国性商品物资订货会上签订合同,纳税人回所在地后及时办理印花税申报。

(4) 纳税义务发生时间及纳税期限:

其一,印花税的纳税义务发生时间为纳税人书立应税凭证或者完成证券交易的当日。证券交易印花税扣缴义务发生时间为证券交易完成的当日。

其二,应税合同、产权转移书据未列明金额,在后续实际结算时确定金额的,纳税人应当于书立应税合同、产权转移书据的首个纳税申报期申报应税合同、产权转移书据书立情况,在实际结算后下一个纳税申报期,以实际结算金额计算申报缴纳印花税。

2. 申报缴纳

自 2021 年 6 月 1 日起,纳税人申报缴纳城镇土地使用税、房产税、车船税、印花税、耕地占用税、资源税、土地增值税、契税、环境保护税、烟叶税中一个或多个税种时,使用《财产和行为税纳税申报表》。纳税人新增税源或税源变化时,需先填报《财产和行为税税源明细表》。

印花税税源明细表,如表 6-2 所示。

表 6-2　印花税税源明细表

纳税人识别号(统一社会信用代码):□□□□□□□□□□□□□□□□□□

纳税人(缴费人)名称:　　　　　　　　　　　　　　　　　　　　　金额单位:人民币元(列至角分)

序号	应税凭证税务编号	应税凭证编号	*应税凭证名称	*申报期限类型	应税凭证数量	*税目	子目	*税款所属期起	*税款所属期止	*应税凭证书立日期	*计税金额	实际结算日期	实际结算金额	税率	减免性质代码和项目名称	对方书立人信息		
																对方书立人名称	对方书立人纳税人识别号(统一社会信用代码)	对方书立人涉及金额
1																		
2																		
3																		

财产和行为税纳税申报表,如表 6-3 所示。

表 6-3　财产和行为税纳税申报表

纳税人识别号(统一社会信用代码):□□□□□□□□□□□□□□□□□□

纳税人名称:　　　　　　　　　　　　　　　　　　　　　　　　　金额单位:人民币元(列至角分)

序号	税种	税目	税款所属期起	税款所属期止	计税依据	税率	应纳税额	减免税额	已缴税额	应补(退)税额
1										
2										
3										
4										
5										
6										
7										
8										
9										

(续表)

序号	税种	税目	税款所属期起	税款所属期止	计税依据	税率	应纳税额	减免税额	已缴税额	应补(退)税额
10										
11	合计	—	—	—	—	—				

声明:此表是根据国家税收法律法规及相关规定填写的,本人(单位)对填报内容(及附带资料)的真实性、可靠性、完整性负责。

　　　　　　　　　　　　　　　　　　　　　　纳税人(签章):　　　　　年　月　日

经办人: 经办人身份证号: 代理机构签章: 代理机构统一社会信用代码:	受理人: 受理税务机关(章): 受理日期:　　年　月　日

任务实施

**巩固提升**

基础训练

　　湖南极速运输有限公司与湖南永泰泵车制造有限公司签订货物运输合同,其中装卸费10万元,保险费8万元,运输费35万元,并按"运输合同"税目计算缴纳印花税。请分析计算湖南极速运输有限公司的计税依据和应缴纳的印花税税额。

任务二　车船税的计算与智慧化申报管理

任务目标

1. 素养目标

(1)培养学生自觉维护税收法律制度的完整性和权威性。

(2)培养学生良好的税务道德和法律意识,确保按时足额申报缴纳车船税,遵守国家税收法规。

(3)引导学生认识诚信纳税的重要性,培养诚实守信的道德品质,营造良好的社会风尚,将诚信意识内化于心、外化于行。

2. 知识目标

(1) 知晓车船税的征税范围、纳税义务人及税率。

(2) 知晓车船税的计税依据及税收优惠。

(3) 熟悉车船税的征收管理与申报缴纳。

3. 能力目标

(1) 掌握车船税应纳税额的计算。

(2) 掌握车船税的申报。

(3) 掌握车船税的缴纳。

任务导入

1. 湖南顺达运输有限公司拥有载货汽车30辆(货车整备质量合计为5吨);大客车20辆;发动机汽缸容量2.0的乘用车10辆。该公司纳税人识别号为310017001460257001。已知:载货汽车按整备质量每吨年税额80元,大客车每辆年税额500元,发动机汽缸容量2.0的乘用车每辆年税额400元。请为会计李争计算该公司2025年应缴纳的车船税并进行纳税申报。

2. 湖南乐享旅游有限公司2025年7月购买纯电动商用车10台(30吨),用于公司业务拓展,公司纳税人识别号为310088600245105001。请为会计王乐分析该公司7月购入的纯电动商用车是否需要缴纳车船税,并说明理由。

3. 湖南通城物流有限公司拥有货车6辆(整备质量合计为40吨)、挂车5辆(整备质量合计为50吨)、机动船12艘(其中600吨的10艘,5 000吨的2艘)。其中,货车有5辆为企业场内行驶的车辆,不领取驾驶执照,也不上公路行驶。该公司纳税人识别号为310067100130590001。已知:该公司所在省规定货车年纳税额为每吨40元;船舶适用的税率为净吨位201～2 000吨的,每吨4元;净吨位2 001～10 000吨的,每吨5元。请为会计王进计算该公司2025年应缴纳的车船税并进行纳税申报。

知识准备

一、依据法规

《中华人民共和国车船税法》(以下简称《车船税法》)。

二、车船税的征税范围、纳税义务人及税率

1. 征税范围和纳税义务人

(1) 根据车船税法律规定应当在车船管理部门进行登记的机动车船。

（2）根据车船税法律规定不需要在车船管理部门登记的、在单位内部场所行驶或者作业的机动车船。

（3）境内单位和个人租入外国籍船舶，无须缴纳车船税。与之相反，境内单位和个人将船舶出租至境外的，需依据相关法律法规征收车船税。

（4）在中华人民共和国境内属于《车船税法》所附《车船税税目税额表》规定的车辆、船舶（以下简称车船）的所有人或管理人，为车船税的纳税义务人。而机动车车船税的扣缴义务人，是从事机动车第三者责任强制保险业务的保险机构，其应当在收取保险费时依法从购买方代收车船税，并为购买方出具代收税款的凭证。

2. 税率

车船税税率为定额税率，车船税适用的税目税额表，如表6-4所示。

表6-4 税目税额表

税目		计税标准	每年税额	税目注释
乘用车（按发动机汽缸容量、排气量进行分档）	1.0升(含)以下	每辆	60～360元	核定载客人数9人(含)以下
	1.0升以上至1.6升(含)		300～540元	
	1.6升以上至2.0升(含)		360～660元	
	2.0升以上至2.5升(含)		660～1 200元	
	2.5升以上至3.0升(含)		1 200～2 400元	
	3.0升以上至4.0升(含)		2 400～3 600元	
	4.0升以上		3 600～5 400元	
商用车	客车		480～1 440元	核定载客人数9人以上，包括电车
	货车	整备质量每吨	16～120元	包括半挂牵引车和三轮汽车以及低速载货汽车等
挂车			货车税额的50%	
其他车辆	专用作业车		16～120元	不包括拖拉机
	轮式专用机械车		16～120元	
摩托车		每辆	36～180元	
船舶	游艇	艇身长度不超过10米	每米（按艇身长度）	600元
		艇身长度超过10米但不超过18米		900元
		艇身长度超过18米但不超过30米		1 300元
		艇身长度超过30米		2 000元
		辅助动力帆艇		600元

(续表)

税目		计税标准	每年税额	税目注释
船舶	机动船舶	净吨位小于或者等于200吨的	3元	拖船和非机动驳船分别按船舶税额的50%计算
		净吨位201~2 000吨的	4元	
		净吨位2 001~10 000吨的	5元	
		净吨位10 001吨及其以上的	6元	

三、车船税的计税依据及税收优惠

(一) 计税依据

车船税的计算公式为：

$$应纳车船税＝计税依据×单位税额$$

根据车船税税目税额表将计算公式细分如下：

$$载客汽车、摩托车应纳税额＝应税车辆数量×单位年税额$$

$$货车、挂车、专用作业车、轮式专用机械车和机动船舶应纳税额＝车船的整备质量或净吨位×单位年税额$$

$$游艇应纳税额＝艇身长度×单位年税额$$

具体规定如下：

(1) 购置车船的应纳税额计算规则：对于新购置的车船，购置当年的应纳税额需从纳税义务发生的当月起，按照月度进行计算。其具体的计算公式如下：

$$应纳车船税＝(年应纳税额÷12)×应纳税月份数$$

$$应纳税月份数＝12－纳税义务发生时间的月份数＋1$$

(2) 在纳税年度内车船被盗抢、报废、灭失的相关规定：

若在一个纳税年度内，已缴纳车船税的车船出现被盗抢、报废或者灭失的情况，纳税人能够凭借有关管理机关开具的证明以及完税证明，向纳税所在地的主管税务机关提出申请，退还从车船被盗抢、报废、灭失的月份开始，直至该纳税年度结束期间的车船税税款。

对于已经办理退税的被盗抢车船，如果车辆失而复得，纳税人需要从公安机关出具相关证明的当月起，重新计算并缴纳车船税。

(3) 车船在同一纳税年度内办理转让过户的规定：在同一纳税年度内，已缴纳车船税的车船进行转让过户操作时，既不需要额外缴纳车船税，也不会办理退税事宜。

(4) 已经缴纳车船税的车船，由于质量方面的原因，被退回给生产企业或者经销商的，纳税人可以向税务机关申请退还自退货月份起至该纳税年度终了期间的税款。

(二) 税收优惠

税收优惠包括法定减免和特定减免。法定减免的具体规定如下：

(1) 捕捞、养殖渔船：在渔业船舶登记管理部门登记为捕捞船或养殖船的船舶，可免征车船税。

（2）军队、武装警察部队专用车船：按照规定在军队、武装警察部队车船登记管理部门登记，并领取军队、武警牌照的车船，属于军队、武装警察部队专用的车船，这类车船免征车船税。

（3）警用车船：公安机关、国家安全机关、监狱、劳动教养管理机关和人民法院、人民检察院领取警用牌照的车辆，以及执行警务的专用船舶，免征车船税。

（4）国际组织驻华代表机构及其有关人员的车船：可免征车船税。

（5）节能汽车：实行减半征收车船税的政策。

（6）新能源车船：免征车船税。需要注意的是，免征车船税的新能源汽车特指纯电动商用车、插电式（含增程式）混合动力汽车、燃料电池商用车。而纯电动乘用车和燃料电池乘用车不属于车船税征税范围，因此不征收车船税。

（7）特定地区特定车辆：省、自治区、直辖市人民政府可依据当地实际情况，对公共交通车船，以及农村居民拥有且主要在农村地区使用的摩托车、三轮汽车和低速载货汽车，定期实施减征或者免征车船税的政策。

（8）国家综合性消防救援车辆和船舶：悬挂应急救援专用号牌的国家综合性消防救援车辆，以及国家综合性消防救援专用船舶，免征车船税。

四、车船税的征收管理与申报缴纳

1. 征收管理

（1）纳税申报：车船税是以车船为征税对象，每年都需要申报，分月计算并一次性进行税款缴纳。税款缴纳年度为公历1月1日至12月31日，具体申报期限由省、自治区、直辖市人民政府规定。

（2）纳税环节：在购买新车或在使用车船的过程中缴纳税款。

（3）纳税地点：①通常情况下，车船税的纳税地点为车船的登记地，若存在车船税扣缴义务人，那么纳税地点也可以是车船税扣缴义务人所在地；②当由扣缴义务人代收代缴车船税时，纳税地点明确为扣缴义务人所在地；③如果纳税人选择自行申报缴纳车船税，此时纳税地点则为车船登记地的主管税务机关所在地；④对于依法不需要办理登记的车船，其车船税的纳税地点则是车船的所有人或者管理人所在地。

（4）纳税义务发生时间：车船税的纳税义务发生时间为取得车船所有权或者管理权的当月，应当以购买车船的发票或者其他证明文件所载日期的当月为准。

（5）纳税期限：纳税人自行申报缴纳车船税的，应当于当年12月31日之前，向车船登记地或者车船所有人、管理人所在地主管税务机关一次性申报缴纳车船税。新购置的车船，纳税人应当自购置之日起60日内申报缴纳或者经由扣缴义务人代收代缴车船税。

2. 申报缴纳

根据《关于简并税费申报有关事项的公告》（国家税务总局公告2021年第9号），自2021年6月1日起，纳税人申报缴纳城镇土地使用税、房产税、车船税、印花税、耕地占用税、资源税、土地增值税、契税、环境保护税、烟叶税中一个或多个税种时，使用《财产和行为税纳税申报表》，不再单独使用分税种申报表。

车船税纳税申报前,需先维护税源信息。税源信息没有变化的,确认无变化后直接进行纳税申报;税源信息有变化的,通过填报《车船税税源明细表》(表6-5),进行数据更新维护后再填报《财产和行为税纳税申报表》。

表6-5　车船税税源明细表

纳税人识别号(统一社会信用代码):□□□□□□□□□□□□□□□□□□
纳税人名称:　　　　　　　　　　　　　体积单位:升;质量单位:吨;功率单位:千瓦;长度单位:米

车辆税源明细											
序号	车牌号码	*车辆识别代码(车架号)	*车辆类型	车辆品牌	车辆型号	*车辆发票日期或注册登记日期	排(气)量	核定载客	整备质量	*单位税额	减免性质代码和项目名称	纳税义务终止时间
1												
2												
3												
船舶税源明细												
序号	船舶登记号	*船舶识别号	船舶种类	中文船名	初次登记号码	船籍港	发证日期	取得所有权日期	建成日期	净吨位	主机功率	艇身长度(总长)	*单位税额	减免性质代码和项目名称	纳税义务终止时间
1															
2															
3															

任务实施

巩固提升

基础训练

湖南长城货运公司2025年有载货汽车10辆(含半挂车),每辆汽车整备质量20吨,半挂车整备质量15吨;公司所在地载货汽车年税额50元/吨。请计算该公司2025年应缴纳的车船税税额。

任务三 房产税的计算与智慧化申报管理

任务目标

1. 素养目标
(1) 培养学生树立正确的价值观,增强爱国情怀和社会责任感,理解政府改善民生的举措,增强法治自信。
(2) 培养学生遵纪守法、诚信纳税的职业道德,爱岗敬业、诚实守信、依法纳税和依法节税的意识以及严谨认真的职业素养。
(3) 培养学生依法纳税的法治观念、诚实守信的道德品质以及终身学习的职业精神。

2. 知识目标
(1) 知晓房产税的征税范围、纳税义务人及税率。
(2) 知晓房产税的计税依据。
(3) 熟悉房产税的征收管理与申报缴纳。

3. 能力目标
(1) 掌握房产税应纳税额的计算。
(2) 掌握房产税的申报。
(3) 掌握房产税的缴纳。

任务导入

1. 王大富在长沙市拥有一栋两层的楼房,共有8间规格相同的房间,每间房的评估价值为20万元。其中,二楼的3间房自用;一楼的2间房开办摄影冲印店,另3间房子1月份出租给单位职工小文、小李、小王用于居住,每间月租金为1800元。长沙市规定的从价计征房产税扣除比例为30%。请计算王大富10间房间应缴纳的房产税税额。

2. 湖南永泰泵车制造有限公司为增值税一般纳税人,公司纳税人识别号为310014200012050001,本年度共计拥有九华路土地4500平方米。本年上半年,该公司生产用房的房产原值为2000万元。自本年7月1日起,该公司将原值500万元占地面积1500平方米的一栋厂房出租给湖南步步为赢公司生产产品(本年6月30日交付使用),租期为1年,每月租金收入为3.2万元。当地规定房产税计算余值的扣除比例为30%,房产税按月度进行纳税申报。湖南永泰泵车制造有限公司的房产属性为工业,产权号为410006,建筑面积为2300平方米。请帮助会计王斌计算公司本年应纳房产税税额并进行纳税申报。

知识准备

一、依据法规

《中华人民共和国房产税暂行条例》《国务院关于修改和废止部分行政法规的决定》。

二、房产税的征税范围、纳税义务人及税率

1. 征税范围、纳税义务人

(1) 房产税的征税对象是房屋,纳税义务人包括产权所有人、经营管理单位、承典人、房产代管人或者使用人。房产税由产权所有人缴纳,当产权属于国家所有时,由经营管理的单位缴纳房产税;当产权属于集体和个人时,由集体单位和个人缴纳税款;当产权出典时,由承典人缴纳税款;当产权所有人、承典人不在房产所在地时,或者产权未确定以及租典纠纷未解决时,由房产代管人或者使用人缴纳税款。

(2) 房产税的征收范围涵盖城市、县城、建制镇以及工矿区内的房产,不包括农村。其中,房产是指需具备屋面和围护结构,能够抵御风雨侵袭,为人们提供生产、生活的空间,附属设备也包含在内;围墙、水塔这类独立于房屋之外的建筑物,并不属于房产范畴。特别需要注意的是,农村的房产不在房产税的征税范围之内。

2. 税率

目前,我国房产税采用比例税率。根据房屋的不同情况分为从价计征和从租计征,分别采用不同标准的比例税率。

(1) 从价计征的,税率为1.2%。

(2) 从租计征的,税率为12%。出租住房的,不区分用途,均可暂减按4%的税率征收房产税。

三、房产税的计税依据及税收优惠

1. 计税依据

从价计征房产税的扣除比例为10%~30%,具体的减除幅度,由省、自治区、直辖市人民政府规定。

从租计征房产税的计税依据为房屋租金收入。具体情况如表6-6所示。

表6-6 房产税的计税方式和计税依据

计税方式	计税依据
从价计征	以房产余值为计税依据 房产余值为房产原值一次减除10%~30%后的余值计算缴纳,其计算公式为: 应纳税额=应税房产原值×(1−扣除比例)×1.2%
从租计征	按房产的租金收入计征,其计算公式为: 从租计征的房产税应纳税额=租金收入×12%(或4%)

2. 税收优惠

(1) 国家机关、人民团体、军队自用的房产免税；上述单位出租房产及非自身业务使用的生产、营业用房，征税。

(2) 由国家财政部门拨付事业经费的单位(学校、医疗卫生单位、托儿所等)，本身业务范围内使用的房产免税。由国家财政部门拨付事业经费的单位，其经费来源实行自收自支后，征税。

(3) 宗教寺庙、公园、名胜古迹自用的房产免税。其中，附设的经营单位及出租房产征税。

(4) 个人所有非营业用的房产(自用)免税，经营用或出租的房产征税。

(5) 非营利性医疗机构、疾病控制机构、妇幼保健机构等卫生机构自用的房产免税。

(6) 出租的公有住房和廉租住房，包括企业和自收自支事业单位向职工出租的单位自有住房，房管部门向居民出租的公有住房等，暂免征收房产税。

(7) 经营公租房的租金收入免税。

(8) 企业办的各类学校、医院、托儿所、幼儿园自用的房产免税。

(9) 毁损不堪居住的房屋和危险的房屋，在停止使用后免税。

(10) 纳税人因房屋大修导致连续停用半年以上的，在房屋大修期间免税。

(11) 在基建工地为基建工地服务的临时性房屋(工棚、办公室、汽车房等)，在施工期间免税。如果在基建工程结束后，施工企业将这种临时性房屋交还或者低价转让给基建单位的，应当从基建单位接收的次月起，依照规定缴纳房产税。

(12) 纳税单位与免税单位共同使用的房屋，按各自使用的部分分别征收或免征房产税。

(13) 由财政部门拨付事业经费的文化事业单位转制为企业的，自转制注册之日起5年内对其自用房产免税。企业在2027年12月31日享受本政策不满5年的，可继续享受至5年期满为止。

(14) 房地产开发企业建造的商品房，在出售前不征税。但出售前房地产开发企业已使用或出租、出借的商品房，应按规定征收房产税。

(15) 自2019年6月1日至2025年12月31日，为社区提供养老、托育、家政等服务的机构自用或其通过承租、无偿使用等方式取得并用于提供社区养老、托育、家政服务的房产免税。

(16) 自2018年1月1日至2027年12月31日，对纳税人及其全资子公司从事大型民用客机发动机、中大功率民用涡轴涡桨发动机、空载重量大于45吨的民用客机研制项目自用的科研、生产、办公房产，免征房产税。

(17) 至2027年12月31日，对为高校学生提供住宿服务，按照国家规定的收费标准收取住宿费的学生公寓免征房产税。

(18) 至2027年12月31日，对农产品批发市场、农贸市场(包括自有和承租)专门用于经营农产品的房产，暂免征收房产税，对同时经营其他产品的农产品批发市场和农贸市场使用的房产，按其他产品与农产品交易场地面积的比例确定征免房产税。

(19) 为继续支持国家商品储备，至2027年12月31日，对商品储备管理公司及其直属库自用的承担商品储备业务的房产，免征房产税。

（20）为支持农村饮水安全工程建设、运营，至 2027 年 12 月 31 日，对饮水工程运营管理单位自用的生产、办公用房产，免征房产税。

（21）至 2027 年 12 月 31 日，对国家级、省级科技企业孵化器、大学科技园和国家备案众创空间自用以及无偿或通过出租等方式提供给在孵对象使用的房产，免征房产税。

（22）至 2027 年 12 月 31 日，对增值税小规模纳税人、小型微利企业和个体工商户减半征收房产税。

四、房产税的征收管理与申报缴纳

（一）征收管理

1. 纳税环节

（1）产权转移的房屋，在商品房购买办理房产证的时候征收，在大多数情况下，房产税的承担方是由买卖双方协商确定的。

（2）出售或出租房屋，由房屋所有人在取得租金收入时缴纳。

2. 纳税地点

房产税在房产所在地缴纳。房产不在同一地方的纳税人，应按房产的坐落地点分别向房产所在地的税务机关申报纳税。

3. 纳税义务发生时间及纳税期限

房产税按年征收、分期缴纳，一般可采取按季或半年缴纳，按季缴纳的可在 1 月、4 月、7 月、10 月缴纳；按半年缴纳的可在 1 月、7 月缴纳；税额比较大的，可按月缴纳；个人出租房产的可按次缴纳。具体规定如下：

（1）纳税人自行新建房屋用于生产经营，自房屋建成后的次月起，应当缴纳房产税。

（2）纳税人自行新建房屋用于生产经营，自房屋建成后的次月起，应当缴纳房产税。

（3）纳税人委托施工企业建造房屋，自办理完验收手续的次月起，应当缴纳房产税。

（4）纳税人购置新建的商品房，从房屋交付使用的次月起，就该缴纳房产税。

（5）纳税人购置存量房，在办理完房屋权属转移、变更登记手续，且房地产权属登记机关签发房屋权属证书后的次月起，需缴纳房产税。

（6）若纳税人出租或出借房产，自交付出租、出借房产的次月起，就得缴纳房产税。

（7）房地产开发企业将本企业建造的商品房用于自用、出租或出借，自房屋投入使用或交付的次月起，要缴纳房产税。

（8）倘若纳税人因房产的实物或权利状态发生改变，从而依法终止房产税纳税义务，那么其应纳税款的计算截止到房产的实物或权利状态发生变化的当月月末。

（二）申报缴纳

2019 年 9 月 23 日，国家税务总局发布《关于修订城镇土地使用税和房产税申报表单的公告》，自 2019 年 10 月 1 日起，将城镇土地使用税和房产税的税源明细表合并为《城镇土地使用税 房产税税源明细表》，如表 6-7 所示。合并后的表单方便纳税人同时完成城镇土地使用税和房产税两个税种的税源申报，减少了纳税申报次数，优化了营商环境。

表 6-7 城镇土地使用税 房产税税源明细表

纳税人识别号（统一社会信用代码）：□□□□□□□□□□□□□□□□□□

纳税人名称：

金额单位：人民币元（列至角分）；面积单位：平方米

一、城镇土地使用税税源明细

*纳税人类型	土地使用权人□ 集体土地使用人□ 无偿使用人□ 实际使用人□ 代管人□（必选）	土地使用权人纳税人识别号（统一社会信用代码）		土地使用权人名称	
*土地编号		土地名称		不动产权证号	
不动产单元代码		宗地号		*土地性质	国有□ 集体□（必选）
*土地取得方式	划拨□ 出让□ 转让□ 租赁□ 其他□（必选）	*土地用途		工业□ 商业□ 居住□ 综合□ 其他□（必选）	房地产开发企业的开发用地
土地坐落地址（详细地址）		省（自治区，直辖市） 市（区） 县（区） 乡镇（街道）			
*土地所属主管税务所（科、分局）		纳税义务终止（权属转移□ 信息项变更（土地面积变更□ 土地等级变更□ 减免税变更□ 其他□）			
*土地取得时间	年 月	变更类型		变更时间	年 月
*占用土地面积		地价		*税额标准	
			*土地等级		

减免税部分	序号	减免性质代码和项目名称	减免起止时间		减免税土地面积	月减免税额
			减免起始月份	减免终止月份		
			年 月	年 月		
	1					
	2					
	3					

(续表)

二、房产税税源明细

（一）从价计征房产税明细

纳税人类型	产权所有人□ 经营管理人□ 承典人□ 房屋代管人□ 房屋使用人□ 融资租赁承租人□（必选）		所有权纳税人识别号（统一社会信用代码）		所有权人名称	
*房产编号			房产名称			
不动产权证号			不动产单元代码			
*房屋坐落地址（详细地址）	省（自治区、直辖市） 市（区） 县（区） 乡镇（街道）（必填）					
*房产所属主管税务所所（科、分局）						
房屋所在土地编号			*房产用途	工业□ 商业及办公□ 住房□ 其他□（必选）		
*房产取得时间	年 月	变更类型	纳税义务终止（权属转移□ 其他□） 信息项变更（房产原值变更□ 出租房原值变更□ 减免税变更□ 申报租金收入变更□ 其他□）	变更时间	年 月	
建筑面积			其中：出租房产面积			
*房产原值			其中：出租房产原值		计税比例	
减免税部分	序号	减免性质代码和项目名称		减免起止时间		减免税房产原值	月减免税金额
				减免起始月份 年 月	减免终止月份 年 月		
	1						
	2						
	3						

229

(续表)

(二) 从租计征房产税明细

*房产编号		房产名称	
*房产所属主管税务所(科、分局)			
承租方纳税人识别号(统一社会信用代码)		承租方名称	
*出租面积		*申报租金收入	
*申报租金所属租赁期起		*申报租金所属租赁期止	

减免税部分	序号	减免性质代码和项目名称	减免起止时间		减免税租金收入	月减免税金额
			减免起始月份 年 月	减免终止月份 年 月		
	1					
	2					
	3					

纳税申报前,需先维护税源信息。税源信息没有变化的,确认无变化后直接进行纳税申报;税源信息有变化的,先填报《税源明细表》,再填报《财产和行为税纳税申报表》。

 任务实施

 巩固提升

基础训练

2025年湖南省南方建筑公司有房屋15栋,其中10栋(原值14 000万元)用于生产经营,2栋(原值610万元)用作幼儿园和职工学校,3栋(原值820万元)出租给其他企业,年租金70万元。房产原值减除比例为30%。请计算2025年该公司应缴纳的房产税税额。

任务四　城镇土地使用税的计算与智慧化申报管理

 任务目标

1. 素养目标

(1) 培养学生遵纪守法、诚实守信的职业道德和严谨的职业素养,通过课程学习树立依法纳税和依法节税的意识,增强遵守税法、诚信纳税的责任感。

(2) 培养学生科学探究精神和解决问题的能力,通过分析税收优惠、计税依据及应纳税额的计算公式,提升逻辑思维和分析能力。

(3) 增强学生社会责任感,使其理解税收在社会经济发展中的作用,通过城镇土地使用税法律制度学习,认识税收对社会公平和资源合理利用的重要性,树立爱国爱民的社会责任感。

2. 知识目标

(1) 知晓城镇土地使用税的征税范围、纳税义务人及税率。

(2) 知晓城镇土地使用税的计税依据及税收优惠。

(3) 熟悉城镇土地使用税的征收管理与申报缴纳。

3. 能力目标

(1) 掌握城镇土地使用税应纳税额的计算。

(2) 掌握城镇土地使用税的申报。

(3) 掌握城镇土地使用税的缴纳。

任务导入

1. 湘南钢铁有限责任公司（以下简称钢铁公司）生产经营用地分布于A、B、C三个区域。A的土地使用权归属于钢铁公司，面积8 000平方米，其中幼儿园占地面积900平方米，厂区绿化占地面积2 000平方米；B的土地使用权归钢铁公司、某汽车公司共有，面积4 000平方米，实际使用面积各半；C的面积1 200平方米，钢铁公司一直使用但土地使用权未确定。假设A、B、C三地单位税额均为4元/平方米，钢铁公司纳税人识别号为310010430810095001。请帮助会计张砂分析计算钢铁公司全年应纳城镇土地使用税税额。

2. 万胜实业有限责任公司坐落在长沙市繁华地段，纳税人识别号为310081200145257001，企业土地使用证书记载用地面积为2 000平方米，经确定属一等地段；另设两个统一核算的门店均坐落在市区三等地段，共占地1 500平方米；有一座仓库位于市郊，属五等地段，占地面积为800平方米；经税务机关核定，该公司自办托儿所占地面积500平方米，属三等地段；该公司自办医院用地300平方米，属二等地段；省政府将该公司面积120平方米的土地拨付给研究院进行科学研究用地，属五等地段。已知：一等地段年税额4元/平方米；二等地段年税额3元/平方米；三等地段年税额2元/平方米；五等地段年税额1元/平方米。当地规定托儿所占地面积免税。请帮助会计尹强分析计算公司全年应缴纳的城镇土地使用税税额，并填报《城镇土地使用税纳税申报表》。

知识准备

一、依据法规

《中华人民共和国城镇土地使用税暂行条例》。

二、城镇土地使用税的征税范围、纳税义务人及税率

（一）征税范围、纳税义务人

城镇土地使用税的征税范围包括在城市、县城、建制镇和工矿区内的国家所有和集体所有的土地，分别按以下标准确认：

（1）城市是指经国务院批准设立的市。

（2）县城是指县人民政府所在地。

（3）建制镇是指经省、自治区、直辖市人民政府批准设立的建制镇。

（4）工矿区是指工商业比较发达，人口比较集中，符合国务院规定的建制镇标准，但尚未设立建制镇的大中型工矿企业所在地，工矿区须经省、自治区、直辖市人民政府批准。

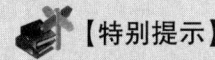

【特别提示】

建立在城市、县城、建制镇和工矿区以外的工矿企业不需要缴纳城镇土地使用税。

城镇土地使用税的纳税义务人是使用城市、县城、建制镇和工矿区土地的单位和个人，包括国有企业、集体企业、私营企业、股份制企业、外商投资企业、外国企业及其他企业和事业单位、社会团体、国家机关、军队及其他单位，个体工商户及其他个人也是城镇土地使用税的纳税人，具体有以下几类：

（1）拥有土地使用权的单位和个人，即为城镇土地使用税的纳税人。

（2）当拥有土地使用权的单位和个人不在土地所在地时，由土地的实际使用人和代管人来承担纳税义务，作为纳税人履行缴税责任。

（3）若土地使用权处于未确定状态，或者土地权属纠纷尚未得到解决，这种情况下，土地的实际使用人将被认定为纳税人，依法缴纳城镇土地使用税。

（4）对于土地使用权共有的情形，共有各方均属于纳税人范畴，需要由共有各方依据各自的份额，分别进行城镇土地使用税的缴纳。

（5）在城镇土地使用税的征税范围内，涉及承租集体所有建设用地时，直接从集体经济组织承租土地的单位和个人，就是城镇土地使用税的缴纳主体，需按规定缴税。

（二）税率

城镇土地使用税采用定额税率，按大、中、小城市和县城、建制镇、工矿区分别规定每平方米城镇土地使用税年应纳税额。城镇土地使用税税率，如表6-8所示。

表6-8 城镇土地使用税税率

地区级别	人口数（人）	每平方米税额（元）
大城市	50万以上	1.5～30
中等城市	20万～50万	1.2～24
小城市	20万以下	0.9～18
县城、建制镇、工矿区	—	0.6～12

三、城镇土地使用税的计税依据及税收优惠

（一）计税依据

城镇土地使用税的计税依据是纳税人实际占用的土地面积，计量土地面积的标准为每平方米。纳税人实际占用土地面积的确定方法如下：

（1）如果是由省、自治区、直辖市人民政府所确定的单位负责组织测定土地面积，那么就以该单位测定的面积作为计税依据。

（2）要是尚未组织土地面积测定，但纳税人持有政府部门核发的土地使用证书，这种情况下，则以该证书上确认的土地面积作为计税依据。

（3）倘若尚未核发土地使用证书，此时纳税人需要自行申报土地面积，并依据申报面积先行纳税，等土地使用证书核发后，再根据证书对纳税面积进行相应调整。

(4)针对在城镇土地使用税征税范围内单独建造的地下建筑用地,要按照规定征收城镇土地使用税。具体而言,若已取得地下土地使用权证,就按照土地使用权证上确认的土地面积来计算应缴纳的税款;若未取得地下土地使用权证,或者地下土地使用权证上未标明土地面积,则按照地下建筑垂直投影面积来计算应征税款。

(二)税收优惠

1. 法定免征

(1)国家机关、人民团体、军队自用土地:国家机关、人民团体以及军队用于自身办公、训练、生活等用途的土地,免征城镇土地使用税。

(2)财政拨付事业经费单位自用土地:由国家财政部门拨付事业经费的单位,其自用的土地可享受免征政策,如学校、科研院所等单位开展正常业务活动所使用的土地。

(3)宗教寺庙、公园、名胜古迹自用土地:宗教寺庙用于宗教活动、宗教人员生活等的土地,公园用于游览、休闲等功能的土地,以及名胜古迹用于保护、展示等用途的土地,均免征城镇土地使用税。

【特别注意】

以上单位的生产、经营用地和其他用地,不属于免税范围,应按规定缴纳城镇土地使用税,如公园、名胜古迹中附设的营业单位(影剧院、饮食部、茶社、照相馆等)使用的土地。

(4)公共用地:市政街道供居民和车辆通行,广场用于集会、休闲,绿化地带用于美化环境等,这些公共用地的城镇土地使用税予以免征。

(5)直接用于农林牧渔业生产用地:直接服务于农业、林业、牧业、渔业生产的土地,如农田、果园、牧场、鱼塘等,免征城镇土地使用税。

【特别注意】

上述土地所指用地,不包括农副产品加工场地和生活办公用地。

(6)经批准整治和改造的土地:经相关部门批准开山填海整治的土地以及改造的废弃土地,从开始使用的月份起,在5~10年内免征城镇土地使用税,以鼓励土地资源的合理开发与利用。

(7)非营利性卫生和科研机构自用土地:非营利性医疗机构开展医疗服务、疾病控制机构履行疾病防控职能、妇幼保健机构进行妇幼保健工作,以及非营利性科研机构从事科研活动所使用的土地,都免征城镇土地使用税。

(8)国家拨付事业经费和企业办教育机构自用土地:国家拨付事业经费的学校,以及企业开办的各类学校、托儿所、幼儿园,其自用的房产和土地,免征城镇土地使用税,以支持教育事业发展。

(9)免税单位无偿使用纳税单位土地:如公安、海关等免税单位无偿使用铁路、民航等纳税单位的土地,可免征城镇土地使用税。

(10) 改造安置住房建设用地：为保障住房改造安置工作，对改造安置住房的建设用地免征城镇土地使用税。

2. 省、自治区、直辖市税务局确定的城镇土地使用税减免优惠

(1) 个人居住房屋及院落用地：个人所有的用于居住的房屋以及其附属院落所占用的土地，减免优惠由省、自治区、直辖市税务局确定。

(2) 房产管理部门经租居民住房用地（房租调整改革前）：在房租调整改革之前，房产管理部门经租的居民住房用地，其城镇土地使用税的减免优惠由地方税务部门确定。

(3) 免税单位职工家属宿舍用地：免税单位职工家属的宿舍所占用的土地，可根据地方税务局规定享受相应的减免优惠。

(4) 集体和个人办教育、医疗等机构用地：集体和个人开办的各类学校、医院、托儿所、幼儿园用地，其城镇土地使用税的减免情况，由省、自治区、直辖市税务局确定。

四、城镇土地使用税的征收管理与申报缴纳

1. 征收管理

(1) 征收机构：土地所在地的税务机关负责征收。

(2) 纳税环节：城镇土地使用税在土地被批准征用后的一定时期开始缴纳。

(3) 纳税地点：土地所在地的税务机关。

(4) 纳税义务发生时间如表 6-9 所示。

表 6-9 城镇土地使用税纳税义务发生时间

土地使用形式	纳税义务发生时间
纳税人购置新建的商品房时	自房屋交付使用的次月开始缴纳
纳税人购置存量房时	自办理房屋权属转移、变更登记手续，房地产权属登记机关签发房屋权属证书的次月开始缴纳
纳税人出租、出借房产时	自交付出租、出借房产的次月开始缴纳
以出让或转让方式有偿取得土地使用权时	(1) 应由受让方从合同约定交付土地时间的次月开始缴纳。(2) 合同未约定交付土地时间的，由受让方从合同签订的次月开始缴纳
纳税人新征用耕地时	自批准征用之日起满 1 年时开始缴纳
纳税人新征用非耕地时	自批准征用次月开始缴纳
自 2009 年 1 月 1 日起，纳税人因土地的权利发生变化而依法终止城镇土地使用税纳税义务时	其应纳税款的计算应截至土地权利发生变化的当月末

城镇土地使用税实行按年计算、分期缴纳的征收方法，具体纳税期限由省、自治区、直辖市人民政府确定。

2. 申报缴纳

若为首次申报或税源信息发生变化，要提供《城镇土地使用税 房产税税源明细表》。

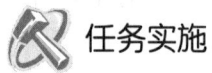

湖南步步升纺织有限公司2025年共占用土地5 000平方米,其中市区土地2 000平方米,郊区土地3 000平方米。该公司利用郊区土地从事渔业和农副产品加工,渔业占用土地1 500平方米,农副产品加工占用土地1 000平方米,生活及办公占用土地500平方米。该公司利用市区土地自行新建房屋并于2025年3月建成,由在建工程转入固定资产原值1 500万元。2025年度该公司还拥有其他房产(年初共计房产原值5 000万元)。10月1日,该公司将其中一部分房产(共计房产原值1 000万元)用于出租,取得10～12月的租金30万元。已知:城镇土地使用税市区为6元/平方米,郊区为4元/平方米。

请计算该公司2025年应缴纳的城镇土地使用税税额。

任务五　契税的计算与智慧化申报管理

 任务目标

1. 素养目标

(1)培养学生遵纪守法、诚实守信的职业道德与严谨素养,树立依法纳税的税收观念和法律意识,增强守税法、诚信纳税的责任感。

(2)培养学生科学探究精神与沟通能力,通过契税的税收分析提升逻辑思维,在契税申报等复杂任务中能够有效合作。

(3)增强学生社会责任感,培养持续学习能力,理解契税对社会经济、公平及资源利用的作用,树立爱国意识,助力更新税收知识。

(3)培养学生树立正确的税收观念和法律意识,培养诚实守信的纳税品质。

2. 知识目标

(1)知晓契税的征税范围、纳税义务人及税率。

(2)知晓契税的计税依据及税收优惠。

(3)熟悉契税的征收管理与申报缴纳。

3. 能力目标

(1)掌握契税应纳税额的计算。

（2）掌握契税的申报。
（3）掌握契税的缴纳。

1. 王芸是湘潭市雨湖区一居民，2025年1月他与自然人刘婷成立了一家名为湘潭市兴盛有限公司的大型商场。4月王芸购买生产经营性房屋一套用于商场经营，不含增值税的价格为320万元；6月王芸在湘潭市雨湖区买下一套商品房，这套商品房不属于其家庭唯一住房，房屋价款为45.5万元，不含增值税。同年12月，由于公司经营方向发生变化，于是王芸接受刘婷的建议将商场进行转让，并将生产经营性房屋作价400万元转让给湘潭市乐乐高有限责任公司。请分析王芸及湘潭市兴盛有限公司应如何缴纳契税，并进行纳税申报。

2. 湘潭市居民张力有4套住房，他将第一套市场价值100万元的别墅折价给钱斌抵偿了95万元的债务；用第二、第三套市场价值共60万元的两套两室住房与邓玲交换一套四居室住房，另取得邓玲赠送价值8万元的小轿车一辆；将第四套市场价值68万元的公寓房折成股份投入本人独资经营的企业。已知：当地确定的契税税率为3％。请分析计算张力、钱斌、邓玲分别应缴纳的契税税额，并进行纳税申报。

3. 2025年3月郑军在长沙市岳麓区购买住房用于结婚，这属于他的家庭唯一住房，房屋面积为80平方米及以下，成交价格为42.8万元，同年8月份其又购买家庭第二套改善性住房，房屋面积为120平方米及以下，成交价格为89.5万元，当地确定的契税税率为3％。请分析计算郑军购买两套住房分别应缴纳的契税税额，并进行纳税申报。

4. 2025年7月陈艳继承父母的一套老房子，房子的市场价格为50万元，当地确定的契税税率为3％。请分析陈艳是否需要缴纳契税，并说明原因。

5. 湖南顺达运输有限公司2025年1月从湖南致远包装有限公司购入一套办公用房。该房位于湘潭市宝塔路15号，面积为500平方米，成交价格为150.5万元，当地确定的契税税率为3％，公司纳税人识别号为3100109107741068001。请帮助办税员李哲分析计算公司应缴纳的契税税额，并进行纳税申报。

一、依据法规

《中华人民共和国契税法》。

二、契税的征税范围、纳税义务人及税率

(一)征税范围和纳税义务人

1. 征税范围

1) 国有土地使用权出让

国有土地使用权出让是指土地使用者向国家交付土地使用权出让费用,国家将国有土地使用权在一定年限内让与土地使用者的行为。

2) 土地使用权转让

土地使用权转让是指土地使用者以出售、赠与、互换方式将土地使用权转移给其他单位和个人的行为。土地使用权的转让不包括土地承包经营权和土地经营权的转移。

3) 房屋买卖

视同房屋买卖的特殊情形:
(1) 以房产抵债或实物交换房屋。
(2) 以房产作投资、入股(以自有房产作股投入本人独资经营的企业,免纳契税)。

4) 房屋赠与

以获奖方式取得房屋产权,实质上是接受赠与房产的行为,也应缴纳契税。

房屋的受赠人原则上要按规定缴纳契税。对于规定的法定继承人(包括配偶、子女、父母、兄弟姐妹、祖父母、外祖父母)继承土地、房屋权属的,不征收契税;非法定继承人根据遗嘱承受死者生前的土地房屋权属,属于赠与行为,应征收契税。

5) 房屋互换

房屋互换是指房屋所有者之间互相交换房屋的行为。

2. 纳税义务人

契税的纳税义务人为在中华人民共和国境内转移土地、房屋权属,承受的单位和个人。转移土地、房屋权属包括土地使用权出让、土地使用权转让和房屋买卖、赠与、互换。

(二)税率

目前我国契税采用比例税率,税率范围为 3%~5%。省、自治区、直辖市人民政府可以在该幅度税率规定范围内,按照本地区实际情况确定税率。

三、契税的计税依据及税收优惠

(一)计税依据

契税的计税依据为不动产的价格。根据征税对象的不同,契税的计税依据如表 6-10 所示。

表 6-10 契税的计税依据

征税对象	具体纳税义务人	计税依据	税率	计税公式
土地使用权的转让	受让方	成交价格	3%~5%	应纳税额=计税依据×税率
房屋的买卖	买方	成交价格		
房屋的赠与	受赠方	由税务机关参照市场价格核定		

(续表)

征税对象	具体纳税义务人	计税依据	税率	计税公式
房屋的互换	支付差价方	等价交换免征契税；不等价交换时，按照差价征税	3%～5%	应纳税额＝计税依据×税率
用房屋抵偿债务	接受产权方	债务金额＋承受方支付的差价或实际抵偿的债务的金额（如果抵债价款明显低于房屋市场价格且无正当理由的，由征收机关参照市场价格核定计税依据，如果未明确说明该点，则以实际抵偿的债务金额为计税依据）		应纳税额＝（债务金额＋承受方支付的差价）×税率

（二）税收优惠

1. 可以免征契税的情形

（1）国家机关、事业单位、社会团体以及军事单位，承受土地、房屋并用于办公、教学、医疗、科研和军事设施用途的，可免征契税。

（2）非营利性的学校、医疗机构、社会福利机构，在承受土地、房屋权属且用于办公、教学、医疗、科研、养老、救助的情况下，能享受免征契税政策。

（3）承受荒山、荒地、荒滩土地使用权，并且将其用于农、林、牧、渔业生产的，可免征契税。

（4）在婚姻关系存续期间，夫妻之间进行土地、房屋权属变更的，免征契税。

（5）夫妻因离婚分割共同财产，导致土地、房屋权属发生变更的，免征契税。

（6）法定继承人通过继承方式承受土地、房屋权属，免征契税。

（7）依照法律规定应当予以免税的外国驻华使馆、领事馆和国际组织驻华代表机构，在承受土地、房屋权属时，免征契税。

（8）城镇职工按照规定第一次购买公有住房，免征契税。

（9）经济适用住房经营管理单位回购经济适用住房，继续将其作为经济适用住房房源的，免征契税。

（10）棚户区改造中，经营管理单位回购已分配的改造安置住房，继续用作改造安置房源，免征契税。

（11）截至2025年12月31日，公租房经营管理单位购买住房作为公租房，免征契税。

（12）截至2027年12月31日，饮水工程运营管理单位为建设饮水工程而承受土地使用权，免征契税。

（13）截至2025年12月31日，为社区提供养老、托育、家政等服务的机构，承受房屋、土地用于提供社区养老、托育、家政服务，免征契税。需要注意的是，金融租赁公司开展售后回租业务，承受承租人房屋、土地权属的，需照章征税。

2. 省、自治区、直辖市有权决定免征或者减征契税的情形

（1）因土地、房屋被县级以上人民政府征收、征用，而后重新承受土地、房屋权属的，可

由省、自治区、直辖市决定是否免征或者减征契税。

(2) 因不可抗力导致住房灭失，重新承受住房权属的，省、自治区、直辖市可决定免征或减征契税。具体的免征或者减征契税办法，由省、自治区、直辖市人民政府提出，报同级人民代表大会常务委员会决定，并报全国人民代表大会常务委员会和国务院备案。

(3) 对于个人购买家庭唯一住房（家庭成员范围包含购房人、配偶以及未成年子女，下同），若面积为 90 平方米及以下，减按 1% 的税率征收契税；若面积为 90 平方米以上，减按 1.5% 的税率征收契税。而个人购买家庭第二套改善性住房，面积为 90 平方米及以下的，减按 1% 的税率征收契税；面积为 90 平方米以上的，减按 2% 的税率征收契税。这里的家庭第二套改善性住房是指已拥有一套住房的家庭，再次购买的家庭第二套住房。

(4) 个人购买经济适用住房，在法定税率基础上减半征收契税。

(5) 个人首次购买 90 平方米以下改造安置住房，按 1% 的税率计征契税；购买超过 90 平方米，但符合普通住房标准的改造安置住房，按法定税率减半计征契税。个人购买保障性住房，减按 1% 的税率征收契税。

(6) 个人因房屋被征收而取得货币补偿并用于购买改造安置住房，或因房屋被征收而进行房屋产权调换并取得改造安置住房，按有关规定减免契税。

四、契税的征收管理与申报缴纳

（一）征收管理

契税是产权转移时缴纳的一次性费用，在土地、房屋所在地的税务征收机关缴纳。

纳税人签订土地、房屋权属转移合同的当天，或者纳税人取得其他具有土地、房屋权属转移合同性质凭证的当日特殊情形下，契税纳税义务发生时间的具体规定如下：

(1) 因人民法院、仲裁委员会的生效法律文书或者监察机关出具的监察文书等发生土地、房屋权属转移的，纳税义务发生时间为法律文书等生效当日。

(2) 因改变土地、房屋用途等情形应当缴纳已经减征、免征契税的，纳税义务发生时间为改变有关土地、房屋用途等情形的当日。

(3) 因改变土地性质、容积率等土地使用条件需补缴土地出让价款，应当缴纳契税的，纳税义务发生时间为改变土地使用条件当日。

发生上述情形，按规定不再需要办理土地、房屋权属登记的，纳税人应自纳税义务发生之日起 90 日内申报缴纳契税。

纳税人应当在依法办理土地、房屋权属登记手续前申报缴纳契税。

（二）申报缴纳

新增税源或税源有变化时，需先填写《契税税源明细表》，再填写《财产和行为税纳税申报表》进行税款申报。《契税税源明细表》如表 6-11 所示。

表 6-11 契税税源明细表

纳税人识别号(统一社会信用代码):　　　　　　　　　　纳税人名称:
金额单位:人民币元(列至角分)　　　　　　　　　　　　面积单位:平方米

*税源编号		*土地房屋坐落地址		不动产单元号（或房屋编号）	
合同编号		*合同签订日期		*共有方式	□单独所有
					□共同共有
					（共有人:　　）
					□按份共有%
*权属转移对象		*权属转移方式		*用途	办公楼
*成交价格 □含税 □不含税		*权属转移面积		*成交单价	
*评估价格		*计税价格			
*适用税率		减免性质代码和项目名称			

任务实施

巩固提升

基础训练

某中外合资企业 2025 年接受某国有企业以房产投资入股,房产的市场价格为 50 万元。该中外合资企业还于 2025 年以自有房产与另一企业交换一处房产,支付差价款 200 万元。同年政府有关部门批准向其出让土地一块,该中外合资企业缴纳土地出让金 100 万元,按当地规定适用契税税率 5%。请分析计算 2025 年该中外合资企业共计应缴纳的契税税额。

任务六　土地增值税的计算与智慧化申报管理

任务目标

1. 素养目标

（1）培养学生爱岗敬业精神和对社会的责任感,通过对税收的认识使学生深刻领悟税务工作的重要性,增强学生的使命感。

(2) 培养学生严谨细致的工作态度,土地增值税涉及复杂的计算和申报流程,要求学生具备严谨细致的工作态度,以确保计算结果的准确性。

(3) 培养学生团队协作和沟通的能力,通过小组讨论、案例分析等方式深入探讨、学习,提升学生的团队意识和协调能力。

2. 知识目标

(1) 知晓土地增值税的征税范围、纳税义务人及税率。

(2) 知晓土地增值税的计税依据及税收优惠。

(3) 熟悉土地增值税的征收管理与申报缴纳。

3. 能力目标

(1) 掌握土地增值税应纳税额的计算。

(2) 掌握土地增值税的申报。

(3) 掌握土地增值税的缴纳。

任务导入

1. 湖南三建有限责任公司将其闲置的旧厂房连同周围的占地(有使用权)一并转让给一家制造企业,共取得转让收入1 120万元。该公司在上述厂房征地时,支付的地价款和按国家统一规定缴纳的有关费用合计为122万元,转让上述房地产时缴纳的城市维护建设税、教育费附加以及印花税等金额共计45万元。经当地房地产评估中心评估,并经税务机关认可的厂房重置价为750万元,成新度折扣率为75%。请帮助会计易小明分析计算公司旧厂房及土地使用权应纳的土地增值税税额。

2. 湖南友华房地产开发有限公司,位于湘潭市易俗河经济开发区,纳税人识别号为310061900772058001。该公司2025年7月份开发一栋写字楼出售,取得的销售收入总额2 350万元,支付开发写字楼的地价款(包含契税)535万元,开发过程中支付拆迁补偿费200万元,供水供电基础设施费60万元,建筑工程费450万元,开发过程中向金融机构借款600万元,借款期限1年,金融机构年利率5%。施工、销售过程中发生的管理费用和销售费用共计260万元。该公司销售写字楼缴纳的城市维护建设税、教育费附加共计85万元。请帮助会计李维分析计算公司该项目应纳的土地增值税税额。

知识准备

一、依据法规

《中华人民共和国土地增值税暂行条例》。

二、土地增值税的征税范围、纳税义务人及税率

(一)征税范围和纳税义务人

1. 应征土地增值税的情形(发生权属转移)

(1) 国有土地使用权发生转让要征税,出让国有土地使用权不征税。
(2) 地上建筑物及其附着物随着国有土地使用权一并转让。
(3) 存量房地产的买卖交易。
(4) 抵押期满后,以房地产来抵偿债务。
(5) 单位之间相互交换房地产。
(6) 合作建房,在建成之后进行转让。

2. 不征或免征土地增值税的情形

(1) 因房地产继承(继承过程中无收入产生),不征收土地增值税。
(2) 将房地产赠与直系亲属、赡养义务人或公益性组织的,不征收;其他赠与情况,应征收。
(3) 房地产出租(在此过程中权属并未发生改变),不征收土地增值税。
(4) 处于抵押期内的房地产(权属未发生变化),不征收土地增值税。
(5) 房地产代建行为(权属未改变),不征收土地增值税。
(6) 房地产重新评估(权属未改变),不征收土地增值税。
(7) 与房地产开发企业无关的重组投资、公司制改造、合并、分立中所涉及的房地产权属变化,不征收土地增值税。

3. 土地增值税纳税义务人

转让国有土地使用权、地上的建筑物及其附着物并取得收入的单位和个人,即为土地增值税的纳税义务人。

《中华人民共和国土地增值税暂行条例》中关于纳税人的规定,具有以下四个显著特点:

(1) 对主体身份不作区分,不论法人还是自然人。也就是说,不管是企业、事业单位、国家机关、社会团体及其他组织,还是个人,只要存在有偿转让房地产的行为,都属于土地增值税的纳税人。
(2) 不考虑经济性质,无论是何种经济性质的主体,只要符合有偿转让房地产的条件,就需履行纳税义务。
(3) 不区分内资与外资企业,也不区分中国公民与外籍个人,只要有偿转让房地产,均为土地增值税纳税人。
(4) 不受行业与部门限制,任何行业、部门的主体,只要发生有偿转让房地产,均为土地增值税纳税人。

(二)税率

土地增值税为比例税率,实行四级超率累进税率,具体规定如表 6-12 所示。

表 6-12 土地增值税四级超率累进税率

级数	增值额与扣除项目金额的比率	税率	速算扣除系数
1	不超过50%的部分	30%	0

(续表)

级数	增值额与扣除项目金额的比率	税率	速算扣除系数
2	超过50%~100%的部分	40%	5%
3	超过100%~200%的部分	50%	15%
4	超过200%的部分	60%	35%

三、土地增值税的计税依据及税收优惠

(一)计税依据

土地增值税的计税依据是纳税人转让房地产所取得的增值额,即转让房地产所取得的收入减去税法规定的扣除项目金额后的余额。土地增值税应纳税额的具体计算步骤以及计算公式如下:

第一步,确定转让房地产收入总额。

第二步,核算扣除项目金额。

第三步,计算增值额,其计算公式为:

$$增值额 = 转让房地产收入总额 - 扣除项目金额$$

第四步,计算增值额与扣除项目金额之间的比例,明确适用税率和速算扣除系数。

第五步,计算应纳税额,其计算公式为:

$$应纳税额 = 增值额 \times 税率 - 扣除项目金额 \times 速算扣除系数$$

1. 转让房地产收入总额

纳税人转让房地产取得的应税收入,应包括转让房地产的全部价款及有关的经济收益,包括货币收入、实物收入和其他收入。这里取得的收入应为不含增值税收入。

2. 扣除项目金额

依据《中华人民共和国土地增值税暂行条例》,纳税人从房地产转让收入额中准予减除的扣除项目金额,具体涵盖以下几方面。

1) 取得土地使用权所支付的金额

(1) 地价款:地价款的确定依据土地获取方式有所不同。土地使用权若通过协议、招标、拍卖等出让方式取得,地价款即为纳税人支付的土地出让金;若以行政划拨方式取得,地价款是按国家规定补缴的土地出让金;若以转让方式取得,地价款则是向原土地使用权人实际支付的款项。

(2) 相关费用和税金:纳税人在获取土地使用权时,按照国家统一规定缴纳的与办理手续相关的登记、过户手续费以及契税等。

2) 房地产开发成本

房地产开发成本是指纳税人开发房地产项目实际产生的成本,包括:

(1) 土地征用及拆迁补偿费:涵盖土地征用费、耕地占用税、劳动力安置费,以及地上、地下附着物拆迁补偿净支出、安置动迁用房支出等。

(2) 前期工程费:包括规划、设计、项目可行性研究,以及水文、地质、勘查、测绘、"三通一平"等方面的支出。

(3) 建筑安装工程费:既包括以出包方式支付给承包单位的费用,也涵盖以自营方式产生的建筑安装工程费。

(4) 基础设施费:涉及开发小区内道路、供水、供电、供气、排污、排洪、通信、照明、环卫、绿化等工程的支出。

(5) 公共配套设施费:主要是开发小区内不能有偿转让的公共配套设施的支出。

(6) 开发间接费用:直接组织、管理开发项目所产生的费用,如工资、职工福利费、折旧费、修理费、办公费、水电费、劳动保护费、周转房摊销等。

3) 房地产开发费用

房地产开发费用即与房地产开发项目相关的销售费用、管理费用和财务费用。按现行财务会计制度,这三项费用作为期间费用,按实际发生额直接计入当期损益。但在计算土地增值税时,扣除方式分为以下两种:

(1) 能分摊利息并提供金融机构证明:财务费用中的利息支出,允许据实扣除,不过最高不能超过按商业银行同类同期贷款利率计算的金额。其他房地产开发费用,按取得土地使用权所支付的金额与房地产开发成本之和的5%以内计算扣除,具体比例由各省、自治区、直辖市人民政府规定。计算公式为:

允许扣除的房地产开发费用=利息+(取得土地使用权所支付的金额+房地产开发成本)×省级政府确定的比例

(2) 不能分摊利息或不能提供金融机构证明:房地产开发费用按取得土地使用权所支付的金额与房地产开发成本之和的10%以内计算扣除,具体比例由各省、自治区、直辖市人民政府规定。计算公式为:

允许扣除的房地产开发费用=(取得土地使用权所支付的金额+房地产开发成本)×省级政府确定的比例

此外,财政部、国家税务总局对利息支出扣除有专门规定:一是利息上浮幅度按国家规定执行,超出部分不允许扣除;二是超过贷款期限的利息部分和加罚的利息不允许扣除。

4) 与转让房地产有关的税金

与转让房地产有关的税金是指在转让房地产时缴纳的城市维护建设税、印花税。因转让房地产缴纳的教育费附加,可视同税金扣除。土地增值税扣除项目涉及的增值税进项税额,允许在销项税额中计算抵扣的,不计入扣除项目;不允许在销项税额中计算抵扣的,可计入扣除项目。

5) 财政部确定的其他扣除项目

从事房地产开发的纳税人,可按取得土地使用权所支付的金额与房地产开发成本之和,加计20%扣除。此优惠仅适用于从事房地产开发的纳税人,其他纳税人不适用。

3. 针对转让旧房及建筑物的扣除项目金额确定方式

1) 取得土地使用权支付金额

(1) 地价款:地价款是纳税人获取土地使用权过程中所支付的土地价款。

(2) 按规定缴纳的有关费用:纳税人在取得土地使用权时,需依照国家统一规定缴纳相关费用,如契税。

2) 评估价格

(1) 评估价格计算方式:评估价格通过重置成本价与成新度折扣率相乘得出公式如下:

评估价格=重置成本价×成新度折扣率

(2)"营改增"后特殊情况的扣除项目金额计算方法:若纳税人无法取得评估价格,却能提供购房发票,经税务部门确认后,扣除项目金额按以下方式计算:①"营改增"前取得营业税发票:以发票所载金额(无需加减营业税)为基础,从购买年度起至转让年度止,每年按5%加计计算;②"营改增"后取得增值税普通发票:按照发票上注明的价税合计金额,自购买年度起至转让年度止,每年同样加计5%进行计算;③"营改增"后取得增值税专用发票:以发票所载不含增值税金额与不允许抵扣的增值税进项税额之和为基数,从购买年度起至转让年度止,每年加计5%来确定扣除项目金额。

4. 计税依据的特殊规定

(1)隐瞒、虚报房地产成交价格:即纳税人不报或有意低报转让土地及地上物价款的行为。对此,由评估机构参照同类房地产市场交易价格评估,税务机关依评估价格确定转让收入。

(2)提供扣除项目金额不实:即纳税人纳税申报时,虚增被转让房地产扣除项目内容或金额以偷逃税的行为。对此,应由评估机构按房屋重置成本价乘以成新度折扣率算出房屋成本价,结合取得土地使用权时的基准地价评估。税务机关据此确定房产和土地的扣除项目金额,两者之和为该房地产扣除项目金额。

(3)成交价格低于评估价格且无正当理由:即纳税人申报的转让成交价低于评估机构用市场比较法评估的正常市场价,又无合理解释。这种情况按评估的市场交易价确定实际成交价,以此作为转让收入计算土地增值税。

(4)非直接销售和自用房地产收入的确定:房地产开发企业将开发产品用于职工福利等致所有权转移,视同销售房地产。收入按以下方法和顺序确认:先按本企业同地区、同年度同类房地产平均价格确定;若无法确定,由主管税务机关参照当地当年同类房地产市场价格或评估价值确定。

(5)土地增值税的清算单位、清算条件和清算时间,如表6-13所示。

表6-13 土地增值税的清算单位、清算条件和清算时间

清算要点		注意的内容
清算单位		(1)土地增值税以国家有关部门审批的房地产开发项目作为清算单位。若项目为分期开发,则以分期项目作为独立的清算单位。 (2)当开发项目中同时涵盖普通住宅和非普通住宅时,需分别计算各自的增值额
清算条件	应进行清算的三种情况	(1)房地产开发项目已全部竣工且完成销售。 (2)整体转让未竣工决算的房地产开发项目。 (3)直接转让土地使用权
	主管税务机关要求清算的四种情况	(1)已竣工验收的房地产开发项目,已转让的房地产建筑面积占整个项目可售建筑面积达到85%以上;或者虽未超过85%,但剩余的可售建筑面积已被出租或自用。 (2)取得销售(预售)许可证满3年,然而销售仍未完毕。 (3)纳税人申请注销税务登记,却尚未办理土地增值税清算手续。 (4)省税务机关规定的其他特定情况
清算时间		(1)对于符合应办理土地增值税清算条件的项目,纳税人需在满足条件之日起90日内,前往主管税务机关办理清算手续。 (2)当税务机关要求纳税人对特定项目进行土地增值税清算时,纳税人需在收到主管税务机关下发清算通知的90日内,前往主管税务机关完成清算手续的办理

（二）税收优惠

1. 普通标准住宅相关规定

纳税人建造普通标准住宅用于出售,若增值额未超过扣除项目金额的20%,可免征土地增值税;若增值额超过扣除项目金额的20%,则需就其全部增值额按规定计税。自2005年6月1日起,普通标准住宅需同时满足以下条件:住宅小区建筑面积在120平方米以下;实际成交价格低于同级别土地上住房平均交易价格1.2倍。各省级行政区(省、自治区、直辖市)可依据当地实际情况,制定本地区享受优惠政策的普通住房具体标准,允许单套建筑面积和价格标准有一定幅度的适当浮动,但向上浮动比例不得超过上述标准的20%。需注意,高级公寓、别墅、度假村等不属于普通标准住宅范畴。

2. 特定情形免征土地增值税

(1) 因国家建设需要,依法被征用、收回的房地产,免征土地增值税。

(2) 因城市实施规划、国家建设需要而搬迁,由纳税人自行转让原房地产的,免征土地增值税。

(3) 企事业单位、社会团体以及其他组织,转让旧房用作改造安置住房或公共租赁住房房源,并且增值额未超过扣除项目金额20%的,免征土地增值税。

(4) 自2023年10月1日起,企事业单位、社会团体以及其他组织转让旧房作为保障性住房房源,同时增值额未超过扣除项目金额20%的,免征土地增值税。

(5) 自2008年11月1日起,对个人销售住房暂免征收土地增值税。

3. 企业改制重组土地增值税政策(至2027年12月31日)

(1) 企业依据《中华人民共和国公司法》相关规定进行整体改制,涵盖非公司制企业改制为有限责任公司或股份有限公司,以及有限责任公司与股份有限公司之间相互变更等情况。只要不改变原企业的投资主体,并承继原企业权利、义务,那么改制前企业将国有土地使用权、地上建筑物及其附着物(简称房地产)转移、变更到改制后的企业时,暂不征收土地增值税。

(2) 按照法律规定或者合同约定,两个或两个以上企业合并成为一个企业,并且原企业投资主体存续的,原企业将房地产转移、变更到合并后的企业,暂不征收土地增值税。

(3) 按照法律规定或者合同约定,企业分设为两个或两个以上与原企业投资主体相同的企业,原企业将房地产转移、变更到分立后的企业,暂不征收土地增值税。

(4) 单位、个人在改制重组时,以房地产作价入股进行投资,将房地产转移、变更到被投资企业的,暂不征收土地增值税。

四、土地增值税的征收管理与申报缴纳

(一)征收管理

(1) 纳税申报:纳税人应在转让房地产合同签订后的7日内,向房地产所在地主管税务机关办理纳税申报,如实填写《财产和行为税纳税申报表》及相应的《税源明细表》。

(2) 纳税环节:土地增值税的纳税环节主要发生在土地使用权转让过程中。

(3) 纳税地点:当纳税人转让的房地产位于两个及以上不同地区时,需依据房地产的具体坐落地点,分别向对应的税务机关申报纳税。具体的申报规则区分法人纳税人和自然人

纳税人,具体如下:

其一,法人纳税人:若转让的房地产坐落地与该法人的机构所在地或经营所在地一致,那么在办理税务登记的原管辖税务机关申报纳税即可;若转让的房地产坐落地与机构所在地或经营所在地不一致,那么就需要在房地产坐落地所对应的管辖税务机关申报纳税。

其二,自然人纳税人:若转让的房地产坐落地与该自然人的居住所在地一致,在住所所在地的税务机关申报纳税;若转让的房地产坐落地与居住所在地不一致,则在房地产坐落地的税务机关申报纳税。

(二)申报缴纳

(1)土地增值税申报主要涉及《财产和行为税纳税申报表》和《土地增值税税源明细表》的填写。进入采集页面,登录电子税务局,点击【我要办税】—【税费申报及缴纳】—【财产和行为税税源采集及合并申报】,找到土地增值税,点击【税源采集】。

(2)完成税源信息采集后,点击【我要办税】—【税费申报及缴纳】—【财产和行为税申报】,进行财产和行为税纳税申报。

(3)自2021年6月1日起,《国家税务总局关于简并税费申报有关事项的公告》(2021年第9号)推出《土地增值税税源明细表》,如表6-14所示。该表申报类型涵盖七大类:从事房地产开发纳税人的预缴、清算、核定征收清算、整体转让在建工程、清算后尾盘销售,以及转让旧房及建筑物纳税人的常规申报与核定征收。

表 6-14 土地增值税税源明细表

税款所属期限:自　　年　　月　　日至　　年　　月　　日
纳税人识别号(统一社会信用代码):□□□□□□□□□□□□□□□□□□
纳税人名称:　　　　　　　　　金额单位:人民币元(列至角分);面积单位:平方米

土地增值税项目登记表(从事房地产开发的纳税人适用)			
项目名称		项目地址	
土地使用权受让(行政划拨)合同号		受让(行政划拨)时间	
建设项目起讫时间		总预算成本	单位预算成本
项目详细坐落地点			
开发土地总面积		开发建筑总面积	房地产转让合同名称
转让次序	转让土地面积(按次填写)	转让建筑面积(按次填写)	转让合同签订日期(按次填写)
第1次			
第2次			
……			
备注			

(续表)

土地增值税申报计算及减免信息					
申报类型：					
1. 从事房地产开发的纳税人预缴适用　☐					
2. 从事房地产开发的纳税人清算适用　☐					
3. 从事房地产开发的纳税人按核定征收方式清算适用　☐					
4. 纳税人整体转让在建工程适用　☐					
5. 从事房地产开发的纳税人清算后尾盘销售适用　☐					
6. 转让旧房及建筑物的纳税人适用　☐					
7. 转让旧房及建筑物的纳税人核定征收适用　☐					
项目名称			项目编码		
项目地址					
项目总可售面积			自用和出租面积		
已售面积		其中：普通住宅已售面积	其中：非普通住宅已售面积		其中：其他类型房地产已售面积
清算时已售面积			清算后剩余可售面积		

申报类型	项目	序号	金额			
			普通住宅	非普通住宅	其他类型房地产	总额
1. 从事房地产开发的纳税人预缴适用	一、房产类型子目	1				—
	二、应税收入	2＝3＋4＋5				
	1. 货币收入	3				
	2. 实物收入及其他收入	4				
	3. 视同销售收入	5				
	三、预征率（％）	6				—
2. 从事房地产开发的纳税人清算适用 3. 从事房地产开发的纳税人按核定征收方式清算适用 4. 纳税人整体转让在建工程适用	一、转让房地产收入总额	1＝2＋3＋4				
	1. 货币收入	2				
	2. 实物收入及其他收入	3				
	3. 视同销售收入	4				
	二、扣除项目金额合计	5＝6＋7＋14＋17＋21＋22				
	1. 取得土地使用权所支付的金额	6				

(续表)

申报类型	项目		序号	金额			
				普通住宅	非普通住宅	其他类型房地产	总额
2. 从事房地产开发的纳税人清算适用 3. 从事房地产开发的纳税人按核定征收方式清算适用 4. 纳税人整体转让在建工程适用	2. 房地产开发成本		7＝8＋9＋10＋11＋12＋13				
	其中:土地征用及拆迁补偿费		8				
	前期工程费		9				
	建筑安装工程费		10				
	基础设施费		11				
	公共配套设施费		12				
	开发间接费用		13				
	3. 房地产开发费用		14＝15＋16				
	其中:利息支出		15				
	其他房地产开发费用		16				
	4. 与转让房地产有关的税金等		17＝18＋19＋20				
	其中:营业税		18				
	城市维护建设税		19				
	教育费附加		20				
	5. 财政部规定的其他扣除项目		21				
	6. 代收费用(纳税人整体转让在建工程不填此项)		22				
	三、增值额		23＝1－5				
	四、增值额与扣除项目金额之比(％)		24＝23÷5				
	五、适用税率(核定征收率)(％)		25				
	六、速算扣除系数(％)		26				
	七、减免税额		27＝29＋31＋33				
	其中:减免税(1)	减免性质代码和项目名称(1)	28				
		减免税额(1)	29				
	减免税(2)	减免性质代码和项目名称(2)	30				
		减免税额(2)	31				
	减免税(3)	减免性质代码和项目名称(3)	32				
		减免税额(3)	33				

(续表)

申报类型	项目		序号	金额			
				普通住宅	非普通住宅	其他类型房地产	总额
5. 从事房地产开发的纳税人清算后尾盘销售适用	一、转让房地产收入总额		1=2+3+4				
	1. 货币收入		2				
	2. 实物收入及其他收入		3				
	3. 视同销售收入		4				
	二、扣除项目金额合计		5=6×7+8				
	1. 本次清算后尾盘销售的销售面积		6				
	2. 单位成本费用		7				
	3. 本次与转让房地产有关的税金		8=9+10+11				
	其中:营业税		9				
	城市维护建设税		10				
	教育费附加		11				
	三、增值额		12=1−5				
	四、增值额与扣除项目金额之比(%)		13=12÷5				
	五、适用税率(核定征收率)(%)		14				
	六、速算扣除系数(%)		15				
	七、减免税额		16=18+20+22				
	其中:减免税(1)	减免性质代码和项目名称(1)	17				
		减免税额(1)	18				
	减免税(2)	减免性质代码和项目名称(2)	19				
		减免税额(2)	20				
	减免税(3)	减免性质代码和项目名称(3)	21				
		减免税额(3)	22				

(续表)

申报类型	项目	序号	金额			
			普通住宅	非普通住宅	其他类型房地产	总额
6. 转让旧房及建筑物的纳税人适用 7. 转让旧房及建筑物的纳税人核定征收适用	一、转让房地产收入总额	1＝2＋3＋4				
	1. 货币收入	2				
	2. 实物收入	3				
	3. 其他收入	4				
	二、扣除项目金额合计	(1) 5＝6＋7＋10＋15 (2) 5＝11＋12＋14＋15				
	(1) 提供评估价格					
	1. 取得土地使用权所支付的金额	6				
	2. 旧房及建筑物的评估价格	7＝8×9				
	其中:旧房及建筑物的重置成本价	8				
	成新度折扣率	9				
	3. 评估费用	10				
	(2) 提供购房发票					
	1. 购房发票金额	11				
	2. 发票加计扣除金额	12＝11×5％×13				
	其中:房产实际持有年数	13				
	3. 购房契税	14				
	4. 与转让房地产有关的税金等	15＝16＋17＋18＋19				
	其中:营业税	16				
	城市维护建设税	17				
	印花税	18				
	教育费附加	19				
	三、增值额	20＝1－5				
	四、增值额与扣除项目金额之比(％)	21＝20÷5				

(续表)

申报类型	项目		序号	金额			
				普通住宅	非普通住宅	其他类型房地产	总额
6.转让旧房及建筑物的纳税人适用 7.转让旧房及建筑物的纳税人核定征收适用	五、适用税率（核定征收率）(%)		22				
	六、速算扣除系数(%)		23				
	七、减免税额		24＝26＋28＋30				
	其中：减免税(1)	减免性质代码和项目名称(1)	25				
		减免税额(2)	26				
	减免税(2)	减免性质代码和项目名称(2)	27				
		减免税额(2)	28				
	减免税(3)	减免性质代码和项目名称(3)	29				
		减免税额(3)	30				

任务实施

巩固提升

湖南永泰泵车制造有限公司转让一栋已使用过的房屋，该房屋账面原值400万元，计提折旧300万元，售价500万元。经房地产评估机构评估，该房屋重置成本价600万元，成新率30%，转让时缴纳的各种税费为30万元。请计算该公司应缴纳的土地增值税税额。

基础训练

任务七 资源税的计算与智慧化申报管理

任务目标

1. 素养目标

(1) 培养学生通过学习资源税在保护自然资源、减少生态环境破坏中的作用,提升环保意识和可持续发展理念,理解其作为绿色税种调节资源开发利用、促进节约与环保的核心目的。

(2) 培养学生分析问题和解决问题的能力,通过实践教学案例分析,鼓励学生运用税法知识讨论并得出合理解决方案。

(3) 培养学生通过学习资源税依法纳税的重要性,树立正确纳税观念,诚信意识和社会责任感。

2. 知识目标

(1) 知晓资源税的征税范围、纳税义务人及税率。

(2) 知晓资源税的计税依据及税收优惠。

(3) 熟悉资源税的征收管理与申报。

3. 能力目标

(1) 掌握资源税应纳税额的计算。

(2) 掌握资源税的申报。

(3) 掌握资源税的缴纳。

任务导入

湖南神发集团是一家经营石油开采及销售的公司,属于增值税一般纳税人,位于株洲攸县,纳税人识别号为3100339005670510012025年8月发生以下业务:

(1) 从国外某石油公司进口原油50 000吨,支付不含增值税价款折合人民币9 000万元,其中包含包装费及保险费折合人民币10万元。

(2) 境内开采原油10 000吨,对外销售6 000吨取得含增值税销售额2 260万元,另外支付运输费用6.78万元。

(3) 将境内开采的原油2 000吨移送加工生产汽油1 300吨。

已知:上述开采的原油均为同类产品,原油的增值税税率为13%、资源税税率为6%,不考虑六税两费政策。请帮助蒋莉完成以下工作任务:

(1) 请分析集团是否应对从国外某石油公司进口的原油计算缴纳资源税,并说明理由。
(2) 计算业务应缴纳的资源税税额,并说明理由。
(3) 完成 8 月份资源税的申报缴纳。

知识准备

一、依据法规

《中华人民共和国资源税法》(以下简称《资源税法》)。

二、资源税的征税范围、税率及纳税义务人

(一)征税范围和税率

资源税的征税范围由《资源税法》所附资源税税目税率表确定。资源税税目包括 5 大类,在 5 个税目下面又设有若干个子目。《资源税法》所列的税目有 164 个。我国目前资源税的征税范围仅涉及矿产品和盐两大类,具体包括:

(1) 能源矿产:包括原油;天然气、页岩气、天然气水合物;煤;煤成(层)气;铀、钍;油页岩、油砂、天然沥青、石煤;地热。
(2) 金属矿产:包括黑色金属和有色金属。
(3) 非金属矿产:包括矿物类、岩石类和宝玉石类。
(4) 水气矿产:包括二氧化碳气、硫化氢气、氦气、氡气;矿泉水。
(5) 盐:包括钠盐、钾盐、镁盐、锂盐;天然卤水;海盐。

同时,注意以下几点:
(1) 纳税人开采或者生产应税产品自用的,应当按规定缴纳资源税;但是,自用于连续生产应税产品的,不缴纳资源税。
(2) 资源税对生产者或开采者征收,并且于其销售或自用时一次性征收,批发、零售等环节不征收资源税。
(3) 资源税只针对开采我国境内的不可再生的自然资源征收,且仅限于初级矿产品或者原矿。
(4) 水资源税根据当地水资源状况、取用水类型和经济发展等情况实行差别税率。

资源税税目税率情况如表 6-15 所示。

表 6-15 资源税税目税率

序号	税目		征税对象	税率
1	能源矿产	原油	原矿	6%
2		天然气、页岩气、天然气水合物	原矿	6%

(续表)

序号	税目			征税对象	税率
3	能源矿产	煤		原矿或者选矿	2%～10%
4		煤成(层)气		原矿	1%～2%
5		铀、钍		原矿	4%
6		油页岩、油砂、天然沥青、石煤		原矿或者选矿	1%～4%
7		地热		原矿	1%～20%或者每立方米1～30元
8	金属矿产	黑色金属	铁、锰、铬、钒、钛	原矿或者选矿	1%～9%
9		有色金属	铜、铅、锌、锡、镍、锑、镁、钴、铋、汞	原矿或者选矿	2%～10%
10			铝土矿	原矿或者选矿	2%～9%
11			钨	选矿	6.50%
12			钼	选矿	8%
13			金、银	原矿或者选矿	2%～6%
14			铂、钯、钌、锇、铱、铑	原矿或者选矿	5%～10%
15			轻稀土	选矿	7%～12%
16			中重稀土	选矿	20%
17			铍、锂、锆、锶、铷、铯、铌、钽、锗、镓、铟、铊、铪、铼、镉、硒、碲	原矿或者选矿	2%～10%
18	非金属矿产	矿物类	高岭土	原矿或者选矿	1%～6%
19			石灰岩	原矿或者选矿	1%～6%或者每吨(或者每立方米)1～10元
20			磷	原矿或者选矿	3%～8%
21			石墨	原矿或者选矿	3%～12%
22			萤石、硫铁矿、自然硫	原矿或者选矿	1%～8%
23			天然石英砂、脉石英、粉石英、水晶、工业用金刚石、冰洲石、蓝晶石、硅线石(矽线石)、长石、滑石、刚玉、菱镁矿、颜料矿物、天然碱、芒硝、钠硝石、明矾石、砷、硼、碘、溴、膨润土、硅藻土、陶瓷土、耐火粘土、铁矾土、凹凸棒石粘土、海泡石粘土、伊利石粘土、累托石粘土	原矿或者选矿	1%～12%

(续表)

序号	税目		征税对象	税率
24	非金属矿产	矿物类	叶蜡石、硅灰石、透辉石、珍珠岩、云母、沸石、重晶石、毒重石、方解石、蛭石、透闪石、工业用电气石、白垩、石棉、蓝石棉、红柱石、石榴子石、石膏	原矿或者选矿	2%~12%
25			其他粘土(铸型用粘土、砖瓦用粘土、陶粒用粘土、水泥配料用粘土、水泥配料用红土、水泥配料用黄土、水泥配料用泥岩、保温材料用粘土)	原矿或者选矿	1%~5%或者每吨(或者每立方米)0.1~5元
26		岩石类	大理岩、花岗岩、白云岩、石英岩、砂岩、辉绿岩、安山岩、闪长岩、板岩、玄武岩、片麻岩、角闪岩、页岩、浮石、凝灰岩、黑曜岩、霞石正长岩、蛇纹岩、麦饭石、泥灰岩、含钾岩石、含钾砂页岩、天然油石、橄榄岩、松脂岩、粗面岩、辉长岩、辉石岩、正长岩、火山灰、火山渣、泥炭	原矿或者选矿	1%~10%
27			砂石	原矿或者选矿	1%~5%或者每吨(或者每立方米)0.1~5元
28		宝玉石类	宝石、玉石、宝石级金刚石、玛瑙、黄玉、碧玺	原矿或者选矿	4%~20%
29	水气矿产		二氧化碳气、硫化氢气、氦气、氡气	原矿	2%~5%
30			矿泉水	原矿	1%~20%或者每立方米1~30元
31	盐		钠盐、钾盐、镁盐、锂盐	选矿	3%~15%
32			天然卤水	原矿	3%~15%或者每吨(或者每立方米)1~10元
33			海盐		2%~5%

【特别提示】

(1) 纳税人自采原矿直接销售或自用且应缴资源税,按原矿计征。

(2) 自采原矿洗选加工为选矿产品销售或自用且应缴资源税,按选矿产品计征,原矿移送环节不缴。无法区分原生岩石矿种的粒级成型砂石颗粒,按砂石计征。

(3) 开采或生产不同税目应税产品,应分别核算销售额或销售数量,未分别核算或不能准确提供的,从高适用税率。

(4) 开采或生产同一税目不同税率应税产品,同样应分别核算销售额或销售数量,未分别核算或不能准确提供的,从高适用税率。

(二) 纳税义务人

资源税的纳税义务人是指在中华人民共和国领域和管辖的其他海域开发应税资源的单位和个人。

(1) 资源税进口不征,出口不退。

(2) 纳税人自用应税产品应当缴纳资源税的情形包括:纳税人以应税产品用于非货币性资产交换、捐赠、偿债、赞助、集资、投资、广告、样品、职工福利、利润分配或者连续生产非应税产品等。

(3) 纳税人开采或者生产应税产品自用于连续生产应税产品的,不缴纳资源税。

三、资源税的计税依据及税收优惠

(一) 计税依据

资源税的计税依据为应税产品的销售额或销售量。资源税适用从价计征(从价定率征收)为主、从量计征(从量定额征收)为辅的征税方式。地热、砂石、矿泉水和天然卤水可采用从价计征或从量计征的方式,其他应税产品统一适用从价计征的方式。

1. 从价定率征收的计税依据

1) 销售额的基础规定

(1) 对于实行从价定率方式征收资源税的情况,其销售额涵盖纳税人销售应税产品时向购买方收取的全部价款,但不包含增值税税额。

(2) 若计入销售额的相关运杂费用,能够取得增值税发票或其他合法有效的凭据,那么这部分费用允许从销售额中扣除。这里所提及的相关运杂费用,是指应税产品从坑口或者洗选(加工)地运往车站、码头或者购买方指定地点过程中产生的运输费用、建设基金,以及伴随运销而发生的装卸、仓储、港杂等费用。

2) 特殊情形下销售额的确定方法

当出现视同销售却无销售价格,或者申报的产品销售价格显著偏低且不存在正当理由的情况时,需依照以下顺序来确定计税价格:

(1) 参考纳税人近期同类产品的平均销售价格来确定。

(2) 若纳税人近期无同类产品售价,则按照其他纳税人近期同类产品的平均售价确定。

(3) 若仍无法确定,可依据后续加工非应税产品的销售价格,减去后续加工环节的成本与利润后得出。

(4) 通过应税产品组成计税价格来确定,组成计税价格的计算公式为:

$$组成计税价格 = 成本 \times (1 + 成本利润率) \div (1 - 资源税税率)$$

(5) 若以上方法均不适用,可采用其他合理的方法确定。

2. 从量定额征收的计税依据

从量定额征收资源税时,应税产品的销售数量,既包含纳税人开采或者生产应税产品后实际销售的数量,也涵盖视同销售的自用应税产品数量。

资源税应纳税额的计算公式如表 6-16 所示。

表 6-16 应纳税额的计算公式

计税方式	计算公式
从价定率方式应纳税额的计算	实行从价定率方式征收的,根据应税产品的销售额和规定的适用税率计算应纳税额,具体计算公式为: 应纳税额＝销售额×适用税率
从量定额方式应纳税额的计算	实行从量定额征收的,根据应税产品的课税数量和规定的单位税额计算应纳税额,具体计算公式为: 应纳税额＝课税数量×单位税额

(二) 税收优惠

1. 免征

有下列情形之一的,免征资源税:
(1) 开采原油以及油田范围内运输原油过程中用于加热的原油、天然气。
(2) 煤炭开采企业因安全生产需要抽采的煤成(层)气。

2. 减征

以下情况可以减征资源税:

(1) 低丰度油气田开采:从低丰度油气田开采出来的原油和天然气,资源税减征 20%。这里的低丰度油气田有明确界定,陆上低丰度油田是指每平方公里原油可开采储量丰度低于 25 万立方米的油田;陆上低丰度气田是每平方公里天然气可采储量丰度低于 2.5 亿立方米的气田。海上的标准有所不同,海上低丰度油田指每平方公里原油可开采储量丰度低于 60 万立方米的油田;海上低丰度气田是每平方公里天然气可采储量丰度低于 6 亿立方米的气田。

(2) 特定油气开采:高含硫天然气、采用三次采油方式开采的原油天然气,以及从深水油气田开采的原油、天然气,资源税减征 30%。其中,高含硫天然气是指硫化氢含量每立方米在 30 克以上的天然气;三次采油是指在二次采油之后,继续采用聚合物驱、复合驱、泡沫驱、二氧化碳驱、气水交替驱、微生物驱等方式采油;深水油气田则是水深超过 300 米的油气田。

(3) 稠油与高凝油开采:开采稠油和高凝油时,资源税减征 40%。稠油是指地层原油黏度大于或等于 50 毫帕/秒,或者原油密度大于或等于 0.92 克/立方厘米的原油;高凝油是凝固点高于 40℃的原油。

(4) 衰竭期矿山开采:从衰竭期矿山开采的矿产品,资源税减征 30%。衰竭期矿山是指设计开采年限超过 15 年,并且剩余可采储量下降到原设计可采储量的 20% 以下,或者剩余开采年限不超过 5 年的矿山。衰竭期矿山是以开采企业下属的单个矿山为单位来确定的。

3. 可由省、自治区、直辖市人民政府决定的减征或免征情况

(1) 纳税人开采或生产应税产品时因意外事故、自然灾害遭受重大损失。

(2) 纳税人开采共伴生矿、低品位矿、尾矿。

4. 其他减征、免征情况

(1) 青藏铁路公司及其所属单位运营期间自采自用砂、石等材料免征资源税。

(2) 2027年12月31日前,页岩气资源税按6%规定税率减征30%。

(3) 2027年12月31日前,充填开采置换出来的煤炭,资源税减征50%。

(4) 2023年1月1日至2027年12月31日,对增值税小规模纳税人、小型微利企业和个体工商户减半征收资源税(不含水资源税)等税费。

四、资源税的征收管理与申报缴纳

(一) 征收管理

(1) 征税机关:海上开采的原油和天然气资源税由海洋石油税务管理机构征收管理。

(2) 纳税环节:资源税在应税产品的"销售"或"自用"环节进行计算缴纳。

(3) 纳税地点:纳税人应当在矿产品的开采地或者海盐的生产地缴纳资源税。

(4) 纳税义务发生时间。纳税人销售应税产品,纳税义务发生时间为收讫销售款或者取得索取销售款凭据的当日;自用应税产品的,纳税义务发生时间为移送应税产品的当日。

(5) 纳税期限:①资源税按月或者按季申报缴纳;不能按固定期限计算缴纳的,可以按次申报缴纳;②纳税人按月或者按季申报缴纳的,应当自月度或者季度终了之日起15日内,向税务机关办理纳税申报并缴纳税款;按次申报缴纳的,应当自纳税义务发生之日起15日内,向税务机关办理纳税申报并缴纳税款。

(二) 申报缴纳

(1) 资源税申报主要涉及《财产和行为税纳税申报表》和《资源税税源明细表》的填写。

(2) 完成税源信息采集后,点击【我要办税】—【税费申报及缴纳】—【综合申报】—【财产和行为税合并纳税申报】,进行财产和行为税合并纳税申报。

任务实施

巩固提升

基础训练

丰庆油田开采公司为增值税一般纳税人,2025年7月销售开采的天然气90万立方米,取得不含增值税收入1 350 000元,其中取得合法有效凭据的相关运杂费用1 785元。已知:天然气的资源税税率为6%。请计算该公司7月应缴纳的资源税税额。

# 项目小结

  本项目高度聚焦印花税、车船税、房产税、城镇土地使用税、契税、土地增值税和资源税这七大税种的申报与管理,以严谨且全面的视角,深入剖析与之相关的各类知识要点。在教学讲解期间,针对每一个税种,从其基础概念、征税范围的明确界定、纳税义务人的精准甄别、税率设定的内在逻辑、计税依据的合理确定,再到税收优惠的具体细则等理论层面,均展开了详尽且深入的阐释,力求让学生充分理解税种的核心要义。同时,紧密联系现实工作中的业务实操场景,深度探究税费征收管理的全流程以及申报过程中的具体方法与实用技巧,帮助学生搭建理论与实践之间的桥梁。

  本项目通过理论与实操融合,着重培养学生的专业能力,要求学生深入理解各税种本质,熟练精准运用知识,掌握税费计算与申报技能。同时,通过精心设计的课后习题,助力学生巩固知识、融会贯通,将所学用于实践,践行知行合一,为未来投身税务工作筑牢根基。

项目七
其他税种的计算与智慧化申报管理

任务一 城市维护建设税与教育费附加的计算与智慧化申报管理

 任务目标

1. 素养目标

(1) 培养学生理解城市维护建设税、教育费附加与国家建设的紧密联系,认识到纳税为国家繁荣昌盛添砖加瓦,激发爱国之情,增强国家认同感和民族自豪感。

(2) 培养学生的社会责任和社会担当,明白纳税是履行法律义务和自觉的社会责任行为,知晓人人依法纳税对国家建设、教育发展及社会运转和可持续发展的重要性。

(3) 培养学生树立依法纳税的法治观念,养成诚实守信的道德品质。

2. 知识目标

(1) 了解城市维护建设税与教育费附加的征税范围、纳税义务人及税率。

(2) 了解城市维护建设税与教育费附加的计税依据及税收优惠。

(3) 熟悉城市维护建设税与教育费附加的征收管理与申报缴纳。

3. 能力目标

(1) 掌握城市维护建设税与教育费附加应纳税额的计算。

(2) 熟练掌握城市维护建设税与教育费附加的申报缴纳。

任务导入

1. 湖南致远包装有限公司是一家从事包装物生产及销售的公司,为增值税一般纳税人企业,位于县城,纳税人识别号为310021000750416001。2025年7月,该公司增值税销项税额为2.5万元,增值税进项税额为1.2万元,无留抵税额。

2. 湖南恒信佳一次性餐具有限公司是一家从事木质一次性筷子生产及销售的公司,为增值税一般纳税人企业,位于乡村地区,纳税人识别号为310045000230208001。2025年7月,该公司应交增值税为1.5万元,消费税为2.5万元。

3. 湖南朵拉鞋业有限责任公司是一家从事汽车生产及进出口业务的公司,为增值税一般纳税人企业,位于市区,纳税人识别号为310068000590045001。2025年7月,该公司产生进口环节消费税320万元,进口环节关税340万元,进口环节增值税185万元,7月实际缴纳消费税450万元,实际缴纳增值税289万元(地方教育附加率为2%)。

请根据以上业务信息,完成以下任务:
(1) 核算公司7月份应缴纳的城市维护建设税与教育费附加。
(2) 完成公司城市维护建设税与教育费附加的纳税申报。

知识准备

一、依据法规

《中华人民共和国城市维护建设税法》《征收教育费附加的暂行规定》《国务院关于修改〈征收教育费附加的暂行规定〉的决定》《国务院关于教育费附加征收问题的紧急通知》《关于统一地方教育附加政策有关问题的通知》。

二、城市维护建设税与教育费附加的征税范围、纳税义务人及税率

1. 征税范围、纳税义务人

城市维护建设税和教育费附加是对从事生产经营活动,缴纳增值税、消费税的单位和个人征收的一种税,既包括各类型企业、行政、事业、其他单位及社会团体,还包括个体工商户和其他个人。

2. 税率

城市维护建设税、教育费附加以及地方教育附加三种附加税属于比例税率。城市维护建设税根据纳税人所在区域设置了3栏税率。附加税的税率如表7-1所示。

表 7-1 附加税的税率

纳税义务人所在区域	城市维护建设税税率	教育费附加税率	地方教育附加税率
市区	7%	3%	2%
县城和建制镇	5%		
市区、县城和建制镇以外的其他地区	1%		

三、城市维护建设税与教育费附加的计税依据及税收优惠

1. 计税依据

城市维护建设税与教育费附加以纳税人依法实际缴纳的增值税、消费税(以下简称两税)税额为计税依据。依法实际缴纳的两税税额,是指纳税人依照增值税、消费税相关法律法规和税收政策规定计算的应当缴纳的两税税额(不含因进口货物或境外单位和个人向境内销售劳务、服务、无形资产缴纳的两税税额),加上增值税免抵税额,扣除直接减免的两税税额和期末留抵退税退还的增值税税额后的金额。

直接减免的两税税额,是指依照增值税、消费税相关法律法规和税收政策规定,直接减征或免征的两税税额,不包括实行先征后返、先征后退、即征即退办法退还的两税税额。

城市维护建设税与教育费附加的计算公式如下:

$$应交城市维护建设税=实际缴纳的增值税、消费税税额之和×税率$$
$$应交教育费附加=实际缴纳的增值税、消费税税额之和×税率$$

地方教育附加和教育费附加都是教育税,但缴纳的标准和规定都有所不同。教育费附加主要用于支持教育教学活动,而地方教育附加主要用于支持当地教育发展,计税依据和教育费附加一致。

2. 税收优惠

由于城市维护建设税与教育费附加是附属于主税种增值税和消费税存在的,这两种税不单独享有减免优惠,当主税种发生税费的减免时,这两种税才会产生相关的税收减免,具体有以下几种情况:

(1) 城市维护建设税与教育费附加依据减免后实际缴纳的两税税额计算征收,两税享受减免的,城市维护建设税与教育费附加同步减免。

(2) 若因税收减免致使两税办理退库,城市维护建设税与教育费附加也可一并办理退库。

(3) 出口产品退还已缴纳的增值税、消费税时,已缴纳的城市维护建设税与教育费附加不予退还。

(4) 因纳税人违反两税相关税法规定而被加收的滞纳金与罚款,不纳入城市维护建设税与教育费附加的计税依据。不过,当纳税人被查补两税以及被处以罚款时,需同时对其偷漏的城市维护建设税与教育费附加进行补缴,并征收滞纳金和罚款。

(5) 自 2023 年 1 月 1 日至 2027 年 12 月 31 日,实施扶持自主就业退役士兵创业就业减免征收城市维护建设税;实施支持和促进重点群体创业就业减免征收城市维护建设税;对增

值税小规模纳税人、小型微利企业和个体工商户减半征收城市维护建设税。

（6）对国家重大水利工程建设基金免征城市维护建设税和教育费附加。

（7）自2023年1月1日至2027年12月31日，对增值税小规模纳税人、小型微利企业和个体工商户减半征收教育费附加、地方教育附加。

（8）自2016年2月1日起，按月纳税的、月销售额或营业额不超过10万元（按季度缴纳的季度销售额或营业额不超过30万元）的缴纳义务人，免征教育费附加、地方教育附加。

四、城市维护建设税与教育费附加的征收管理与申报缴纳

1. 征收管理

（1）纳税环节为纳税义务人缴纳两税的环节，自2021年8月1日起，增值税、消费税分别与城市维护建设税、教育费附加、地方教育附加申报表整合，不再单独填报。启用《增值税及附加税费申报表（一般纳税人适用）》《增值税及附加税费申报表（小规模纳税人适用）》《增值税及附加税费预缴表》及其附列资料和《消费税及附加税费申报表》。

（2）纳税地点为纳税义务人缴纳两税的地点。

（3）发生时间为纳税义务人缴纳两税发生的纳税义务发生时间。

（4）纳税期限与纳税义务人缴纳两税发生的期限一致。主管税务机关根据纳税人应纳税额的大小核定，不能按固定期限纳税的，可以按次纳税。

（5）城市维护建设税与教育费附加在进口环节不存在征收问题，在出口环节不存在退税问题，即"进口不征，出口不退"。

2. 申报缴纳

城市维护建设税与教育费附加申报缴纳主要包括以下7个步骤：

（1）登录电子税务局，点击【我要申报】，输入公司的用户名和密码，点击【税费申报及缴纳】。

（2）选择【地方教育附加】【教育费附加】【城市维护建设税】，在三大报表中根据实际情况选择填写申报表。

（3）进入报表填写界面，在第1列中填写增值税税款。

（4）填写完毕，第7列会自动计算出附加税税款。

（5）点击【申报】。

（6）页面弹出提示，点击【确定】。

（7）申报成功，点击【缴款】即可完成城市维护建设税与教育费附加的申报纳税。

《城市维护建设税 教育费附加 地方教育附加申报表》如表7-2所示。

表 7-2 城市维护建设税 教育费附加 地方教育附加申报表

(附加税费情况表)

税(费)款所属时间:　　年　月　日至　　年　月　日

纳税人名称:(公章)　　　　　　　　　　　　　　　　　　　金额单位:元(列至角分)

税(费)种		计税(费)依据			税(费)率(%)	本期应纳税(费)额	本期减免税(费)额		试点建设培育产教融合型企业		本期已缴税(费)额	本期应补(退)税(费)额
		增值税税额	增值税免抵税额	留抵退税本期扣除额			减免性质代码	减免税(费)额	减免性质代码	本期抵免金额		
		1	2	3	4	5=(1+2-3)×4	6	7	8	9	10	11=5-7-9-10
城市维护建设税	1									—		
教育费附加	2									—		
地方教育附加	3									—		
合计	4	—	—	—								
本期是否适用试点建设培育产教融合型企业抵免政策	□是 □否	当期新增投资额					5					
		上期留抵可抵免金额					6					
		结转下期可抵免金额					7					
可用于扣除的增值税留抵退税额使用情况		当期新增可用于扣除的留抵退税额					8					
		上期结存可用于扣除的留抵退税额					9					
		结转下期可用于扣除的留抵退税额					10					

任务实施

 巩固提升

基础训练

位于长沙市区的某增值税一般纳税人公司 2025 年 8 月应缴纳增值税 170 万元,实际缴纳增值税 210 万元(包括查补增值税 40 万元)。请计算该公司 8 月应缴纳的城市维护建设税、教育费附加及地方教育附加。

任务二　车辆购置税的计算与智慧化申报管理

任务目标

1. 素养目标
(1) 培养学生的思想道德素质、价值引领意识与创新意识,使其能够适应信息化管理系统的使用,并提出优化建议。
(2) 培养学生严格遵守税收法规,按时完成车辆购置税的申报和缴纳,避免滞纳金和罚款。
(3) 培养学生了解车辆购置税的法律框架和政策要求,明确纳税人的义务和权利。

2. 知识目标
(1) 知晓车辆购置税的征税范围、纳税义务人及税率。
(2) 知晓车辆购置税的计税依据及税收优惠。
(3) 熟悉车辆购置税的征收管理与申报缴纳。

3. 能力目标
(1) 掌握车辆购置税应纳税额的计算。
(2) 熟练掌握车辆购置税的申报。
(3) 能够进行车辆购置税的缴纳。

任务导入

1. 2025年7月,李江从红旗汽车有限公司4S店购买一辆红旗牌小汽车用于改善生活条件,支付了含增值税税额在内的款项285 000元,另支付代收临时牌照费450元、代收保险费5 000元,车辆内饰品费用1 800元,工具和零配件价款3 580元,所支付的款项均由该公司开具机动车销售统一发票和有关票据。请计算李江购车应缴纳的车辆购置税税额并申报缴纳。

2. 2025年7月,湖南三通运输有限公司购入一辆中型客车,公司实际支付价款25万元,取得机动车销售统一发票,发票上注明金额为22万元并缴纳了车辆购置税。在月底的税务检查中,税务机关发现,该公司将应开具机动车销售统一发票的改装费用3万元,开具了一张汽车改装的普通发票。公司纳税人识别号为3100290048302600001。请核实该公司是否应补缴车辆购置税? 如应补缴,请计算补缴的金额,对于少缴的车辆购税是否应加收滞纳金?

3. 为进一步提升市民的出行体验,优化公共交通服务质量,湘潭市公交公司经审慎研究与全面规划,决定对全市老化的公共汽车开展报废处理工作。同时,该公司积极筹备,计划投入专项资金,重新购置100辆崭新的公共汽车。为充分满足全市居民日常出行、通勤等需求,新公共汽车于2025年7月份购置完成,每台采购价格为15万元。请分析湘潭市公交公司是否需要缴纳车辆购置税,并说明理由。

4. 2025年5月8日,湖南江南进出口外贸公司从美国进口一辆发动机号码为8914125、车架号码为985120的特斯拉汽车一辆。该公司进口报关时,经海关核定的关税完税价格为301 500元,进口关税税率为20%,消费税税率为9%。该公司位于湖南省长沙市岳麓区湘江中路10号,机动车销售统一发票代码和号码分别为A25200060130、A0350005,合格证编号为YK528006,车辆识别代号LC01003。公司纳税人识别号为310088600245105001,联系电话为0731-82462545。请为公司办税员王军完成5月份车辆购置税的计算和申报。

知识准备

一、依据法规

《中华人民共和国车辆购置税法》。

二、车辆购置税的征税范围、纳税义务人及税率

1. 征税范围、纳税义务人

(1) 车辆购置税是针对在中国境内购置规定车辆这一行为,在特定环节向车辆购置者征收的税种。2019年7月1日,我国正式实施车辆购置税。

(2) 在中华人民共和国境内,购置汽车、有轨电车、汽车挂车以及排气量超过150毫升摩托车(以下简称应税车辆)的单位和个人,即为车辆购置税的纳税义务人。

(3) 车辆购置税采取一次性征收原则。一旦车辆已缴纳过车辆购置税,不重复征收。因此,从二手市场购入的车辆,无需再次缴纳车辆购置税。

2. 税率

车辆购置税的税率为10%,我国的车辆购置税实行统一的比例税率。

三、车辆购置税的计税依据及税收优惠

1. 计税依据

车辆购置税计税依据的不同确定方式如下:

(1) 购买自用车辆:计税价格按照发票不含增值税价来确定。其计息公式为:

$$应纳税额 = 计税价格 \times 税率$$

(2) 进口自用车辆:计税价格是组成计税价格,组成计税价格由关税完税价格、关税以及消费税构成。这里需要特别说明,如果应税车辆不在消费税的征税范围内,那么组成计税价格中消费税就为0。其计算公式为:

$$应纳税额=(关税完税价+关税+消费税)×税率$$

(3) 自产自用车辆:计税价格一般为纳税人生产的同类应税车辆的销售价格。但如果没有同类应税车辆销售价格,就需要按照组成计税价格来确定,其计算公式为:

$$组成计税价格=成本×(1+成本利润率)$$

$$应纳税额=组成计税价格×税率$$

倘若该应税车辆属于应征消费税的范畴,那么在组成计税价格中还应加上消费税税额或在公式后除以(1－消费税税率)。

(4) 以受赠、获奖或其他方式取得自用应税车辆:计税价格是购置应税车辆时相关凭证上所载明的价格,此价格不包含增值税税款。若无法提供相关凭证,则参照同类应税车辆在市场上的平均交易价格来确定计税价格。其计算公式为:

$$应纳税额=相关凭证上所载明的价格×税率$$
$$=市场上的平均交易价格×税率$$

(5) "换电模式"新能源汽车:当销售方销售这类新能源汽车时,若不含动力电池的新能源汽车与动力电池是分别核算销售额,并且分别开具发票,那么车辆购置税的计税价格,依据购车人购置不含动力电池的新能源汽车所取得的机动车销售统一发票上载明的不含税价来确定。其计算公式为:

$$应纳税额=动车销售统一发票上载明的不含税价×税率$$

2. 税收优惠

根据我国相关规定,车辆购置税实施法定减免政策,具体减免税范围如下:

(1) 外国驻华使馆、领事馆,以及国际组织驻华机构和这些机构的外交人员,其自用的车辆可免缴车辆购置税。

(2) 列入中国人民解放军和中国人民武装警察部队装备订货计划的车辆,无需缴纳车辆购置税。

(3) 悬挂应急救援专用号牌的国家综合性消防救援车辆,享受车辆购置税免税政策。

(4) 那些设有固定装置、专门用于非运输作业的车辆,可免征车辆购置税。

(5) 城市公交企业购置的公共汽电车辆,在车辆购置税方面予以免税。

(6) 回国服务的在外留学人员,使用现汇购买 1 辆个人自用国产小汽车,以及长期来华定居专家进口 1 辆自用小汽车,均免征车辆购置税。

(7) 防汛部门和森林消防部门用于指挥、检查、调度、报汛(警)、联络,由指定厂家生产的特定型号且设有固定装置的车辆,可免征车辆购置税。

(8) 购置日期在 2024 年 1 月 1 日至 2025 年 12 月 31 日期间的新能源汽车,免征车辆购置税,其中每辆新能源乘用车的免税额上限为 3 万元;购置日期在 2026 年 1 月 1 日至 2027 年 12 月 31 日期间的新能源汽车,实行减半征收车辆购置税政策,每辆新能源乘用车的减税额上限为 1.5 万元。

(9) 中国妇女发展基金会"母亲健康快车"项目中的流动医疗车,可免征车辆购置税。

(10) 原公安现役部队和原武警黄金、森林、水电部队改制后换发地方机动车牌证的车辆(公安消防、武警森林部队执行灭火救援任务的车辆除外),可享受一次性免税政策。

(11)对购置挂车减半征收车辆购置税,执行期限延长至2027年12月31日。

四、车辆购置税的征收管理与申报缴纳

1. 征收管理

(1)纳税申报:采取一车一申报的模式,即每一辆应税车辆都要单独进行申报。

(2)纳税环节:应在向公安机关交通管理部门办理车辆注册登记之前完成车辆购置税的缴纳。

(3)纳税地点:若车辆需要办理登记,纳税人需前往车辆登记地的主管税务机关申报缴纳车辆购置税。对于不需要办理车辆登记的情况,单位纳税人要向自身机构所在地的主管税务机关申报纳税;个人纳税人则向其户籍所在地或者经常居住地的主管税务机关申报纳税。

(4)纳税义务发生时间:纳税人购置应税车辆的当天。

(5)纳税期限:纳税人应在纳税义务发生之日起60日内,完成车辆购置税的申报与缴纳。

2. 申报缴纳

《车辆购置税纳税申报表》,如表7-3所示。

表7-3 车辆购置税纳税申报表

填表日期: 年 月 日 金额单位:元

纳税人名称		申报类型	□征税□免税□减税	
证件名称		证件号码		
联系电话		地址		
合格证编号(货物进口证明书号)		车辆识别代号/车架号		
厂牌型号				
排量(cc)		机动车销售统一发票代码		
机动车销售统一发票号码		不含税价		
海关进口关税专用缴款书(进出口货物征免税证明)号码				
关税完税价格	关税		消费税	
其他有效凭证名称	其他有效凭证号码		其他有效凭证价格	
购置日期	申报计税价格		申报免(减)税条件或者代码	
是否办理车辆登记	车辆拟登记地点			

(续表)

纳税人声明：本纳税申报表是根据国家税收法律法规及相关规定填报的，我确定它是真实的、可靠的、完整的。纳税人(签名或盖章)：					
委托声明：现委托(姓名)____(证件号码)_____办理车辆购置税涉税事宜,提供的凭证、资料是真实、可靠、完整的。任何与本申报表有关的往来文件,都可交予此人。委托人(签名或盖章)： 被委托人(签名或盖章)：					
以下由税务机关填写					
免(减)税条件代码					
计税价格	税率	应纳税额	免(减)税额	实纳税额	滞纳金金额
受理人： 年 月 日		复核人(适用于免、减税申报)： 年 月 日		主管税务机关(章)	

任务实施

巩固提升

基础训练

湖南极速运输有限公司2025年2月购进三辆轿车，其中两辆是未上牌照的新车，不含增值税的成交价150 000元，国家税务总局核定同类型车辆的最低计税价格为140 000元；另一辆是从某企业购入已使用3年的轿车，不含税成交价95 000元。请计算该公司应缴纳的车辆购置税税额。

任务三 关税的计算与智慧化申报管理

任务目标

1. 素养目标

(1) 培养学生通过关税学习，认识我国贸易政策和税收法规，增强学生对国家政策的关注度、敏感性和社会责任感。

(2) 培养学生借关税学习体会其是国家主权的重要体现,树立民族荣誉感和爱国精神,深刻认识维护国家利益的重要性。
(3) 引导学生主动探索关税新政策、报税新技术,培养学生的创新思维和适应政策变化的能力。

2. 知识目标
(1) 知晓关税的征税范围、纳税义务人及税率。
(2) 知晓关税的计税依据及税收优惠。
(3) 熟悉关税的征收管理与申报缴纳。

3. 能力目标
(1) 掌握关税应纳税额的计算。
(2) 熟练掌握关税的申报。

任务导入

湖南江南进出口外贸公司本年7月发生如下经济业务:

(1) 2024年6月30日分公司经批准进口一台符合国家特定免征关税的科学研究设备用于工程项目的研发。设备进口时海关审定的完税价格折合人民币355万元,海关规定的监管年限为5年;2025年7月1日,公司研发项目完成后,将这台设备转售给国内另一家企业。已知:该设备已计提折旧83万元,设备原进口时关税税率为15%,设备转售时关税税率降为12%。

(2) 2日,公司进口一批美国生产的医疗器械,价格为3 800美元,关税税率为25%。海关填发缴款书之日人民币与美元兑换率为6.8∶1。公司纳税人识别号为310088600245105001。

(3) 5日,公司从加拿大进口一批无机化工品共80吨。货物以境外口岸离岸价格成交,单价折合人民币为每吨25 000元。公司向自己的采购代理人支付佣金7 000元,承担包装费每吨1 200元,另向卖方支付的佣金为每吨1 300元。该批货物运抵中国海关境内输入地起卸前的包装、运输、保险和其他劳务费用为每吨2 150元,进口后又发生运输和装卸费用1 300元。公司纳税人识别号为310012005510659001。关税税率为15%。开户行为中国银行解放路支行,账号为601351024952,税号为5120125123。

(4) 18日,公司接到海关通知,从英国进口的甲类高档化妆品50箱已到港,单价为2 000英镑,开户银行也已收到购货方发票,采用银行承兑汇票付清货款,价款与开出的银行承兑汇票金额相同,以英镑结算,汇率为1∶8.966 2。高档化妆品的消费税税率为15%,关税税率为20%。

根据上述资料,完成下列任务:
(1) 请为会计王军分析公司应补缴的关税税额。
(2) 请为会计王军分析计算公司7月份进口的这批医疗器械应缴纳的关税。

（3）请为会计王军分析该批无机化工品的关税完税价格和关税税额，并填写海关进（出）口关税专用缴款书。

（4）请为会计王军分析公司的关税完税价格、应缴纳的关税、消费税和增值税税额。

 知识准备

一、依据法规

《中华人民共和国关税法》《中华人民共和国海关法》（以下简称《海关法》）《中华人民共和国进出口税则》《中华人民共和国海关进出口货物征税管理办法》《进境物品关税、增值税、消费税征收办法》。

二、关税的征税范围、纳税义务人及税率

（一）征税范围和纳税义务人

关税是由海关依法对进出境的货物、物品征收的一种税。国境和关境、货物和物品是两组不同的概念。境是指关境，又称海关境域或关税领域，是国家《海关法》全面实施的领域。在通常情况下一国的关境与其国境（包括领陆、领水、领空）的范围是一致的，关境即国境。但是，关境与国境有时不完全一致。几个国家结成关税同盟，组成一个共同关境，实施统一的海关法规和关税制度，其成员国的货物在彼此之间的国境进出不征收关税，此时关境大于其成员国的各自国境，例如欧盟国家的关境大于其国境。自由港、自由区虽在国境之内，但从征收关税看，它可以被视为在该国境之外，进出自由港（区）可以免征关税，此时关境小于国境，如我国香港和澳门的自由港地位使得我国关境小于国境。货物是指贸易性商品物资，物品是一个人随身携带、邮寄及其他非贸易性的物品。

进口货物的收货人、出口货物的发货人、进境物品的携带人或者收件人，是关税的纳税义务人。

（二）税率

我国关税实行比例税率，关税的税率分为进口税率和出口税率两种，进口税率又包括最惠国税率、协定税率、特惠税率、普通税率配额税率等税率形式。

1. 进出口货物关税税率

进出口货物关税税率的具体规定如表7-4和表7-5所示。

表7-4 进出口货物关税税率

税率形式	具体规定
最惠国税率	（1）原产于与我国共同适用最惠国待遇条款的世界贸易组织成员的进口货物。 （2）原产于与我国签订有相互给予最惠国待遇条款双边贸易协定的国家或地区的进口货物。 （3）原产于我国境内的进口货物。 （4）原产于与我国签订含有关税优惠条款区域性贸易协定的国家或地区的进口货物

（续表）

税率形式	具体规定
协定税率	适用原产于与我国签订含有关税优惠条款的区域性贸易协定的国家或地区的进口货物
特惠税率	原产于与我国签订有特殊关税优惠条款贸易协定的国家或地区的进口货物，适用此规定
普通税率	原产于特定国家或地区以外的其他国家或者地区的进口货物，以及原产地不明的进口货物
暂定税率	在海关进出口税则规定的进口优惠税率基础上，针对特定货物实施的更为优惠的关税税率。这些特定货物包括进口的某些重要工农业生产原材料和机电产品关键部件，但仅限于从与中国订有关税互惠协议的国家和地区进口的货物，以及出口的特定货物
配额税率	对于实行关税配额管理的进口货物，若处于关税配额内，则适用关税配额税率

表 7-5 税率及类别

类别	税率
进口商品—低税率	5%以下
进口商品—中税率	10%～30%
进口商品—高税率	50%～100%
进口商品—非常高税率	100%以上
出口商品—基本税率	15%～25%
出口商品—优惠税率	5%～10%

2. 进口货物税率适用规则

1）暂定税率适用规则

（1）与优惠税率或最惠国税率的关系：暂定税率优先于优惠税率或最惠国税率适用。也就是说，若进口货物适用最惠国税率且同时存在暂定税率，那么该货物适用暂定税率。

（2）最惠国税率与协定税率的比较：当最惠国税率低于或等于协定税率时，需分情况处理：若协定中有明确规定，按照相关协定的规定执行；若协定中无相关规定，则在最惠国税率和协定税率两者中选择较低的税率适用。

（3）协定税率、特惠税率与暂定税率的关系：对于适用协定税率或特惠税率的进口货物，若同时存在暂定税率，应从低选择适用税率。

2）关税配额管理货物税率适用规则

对于依照国家规定实施关税配额管理的进口货物，税率适用规则如下：

（1）关税配额内：适用关税配额税率。

（2）关税配额外：按照其适用税率的相关规定执行。

3. 普通税率货物税率适用规则

（1）暂定税率：按照普通税率征税的进口货物，一般不适用暂定税率。

(2) 最惠国税率:适用原产于与我国共同适用最惠国待遇条款的世界贸易组织成员的进口货物,或原产于与我国签订有相互给予最惠国待遇条款的双边贸易协定的国家或地区进口的货物,以及原产于我国境内的进口货物。

(3) 进口物品税率规定:我国对准予应税进口的旅客行李物品、个人邮寄物品以及其他个人自用物品,均由海关征收进口关税、代征进口环节增值税和消费税等进口税。进口物品关税税率具体规定如表7-6所示。

表7-6 进口物品关税税率

物品	对应税率
书报、刊物、教育用影视资料;计算机、视频摄录一体机、数字照相机等信息技术产品;食品、饮料;金银;家具;玩具;游戏品、节目或其他娱乐用品和药品	13%
运动用品(不含高尔夫球及球具)、钓鱼用品;纺织品及其制成品;电视摄像机及其他电器用具;自行车	20%
烟、酒;贵重首饰及珠宝玉石;高尔夫球及球具;高档手表;化妆品	50%

三、关税的计税依据、完税价格确定及税收优惠

(一) 计税依据

我国关税的计税依据是价格和数量。其中,从价计征是以课税对象的自然数量与单位价格的乘积为计税依据;从量计征是以课税对象的自然实物量为计税依据;复合计征是按数量和价格合计征收。应纳税额的具体计算方法如表7-7所示。

表7-7 应纳税额的计算

计税方式	计算公式
从价计征应纳税额的计算	关税应纳税额=应税进(出)口货物数量×单位完税价格×税率=关税完税价格×税率
从量计征应纳税额的计算	关税应纳税额=应税进(出)口货物数量×单位货物税额
复合计征应纳税额的计算	关税应纳税额=应税进(出)口货物数量×单位完税价格×税率=关税完税价格×税率+应税进(出)口货物数量×单位货物税额
滑准税应纳税额的计算	滑准税是一种关税税率随进口货物价格由高至低而由低至高设置计征关税的方法,即进口货物的价格越高,其进口关税税率越低;进口商品的价格越低,其进口关税税率越高。 关税应纳税额=应税进(出)口货物数量×单位完税价格×滑准税税率
出口货物关税的计算	关税应纳税额=出口货物完税价格×出口关税税率 出口货物完税价格=FOB价格/(1+出口关税税率)

我国进口货物的完税价格是以CIF(到岸)价格来计算的,如果是以其他贸易术语成交的进口货物,应调整为CIF价格来计算完税价格,具体如下:

(1) 以FOB(离岸)价格作为成交价格,则其计算公式为:

完税价格=FOB价格+运杂费+保险费=(FOB价格+运杂费)÷(1−保险费率)

(2) 以 CFR（离岸加运费）价格作为成交价格时，其计算公式则为：

完税价格＝CFR 价格＋保险费＝CFR 价格÷(1－保险费率)

（二）关税完税价格的确定

1. 成交价格

进口货物的成交价格，是指卖方向我国境内销售该货物时，买方为进口此货物向卖方实际支付以及应当支付的，且依据规定完成调整后的价款总和，涵盖直接支付的价款与间接支付的价款。

2. 进口货物完税价格的构成要素

1) 基本构成

货物本身价格、货物运抵我国口岸之前所产生的运费以及相关费用，再加上保险费。

2) 综合考虑可能调整的项目

(1) 由买方负担、支付的中介佣金以及经纪费。

(2) 买方承担的包装劳务费用、包装材料费用，以及将货物视作一个整体的容器费用。

(3) 买方所付出的其他各类相关费用。

(4) 与进口货物存在关联，并且构成进口条件的特许权使用费。

(5) 卖方直接或间接从买方对该货物进口之后的转售、处置或者使用所得中获取的收益。

3. 不计入完税价格的调整项目

(1) 购货佣金，即向采购代理人支付的劳务费用。

(2) 货物进口之后产生的建设、安装、装配、维修、技术援助费用（不过保修费用不在此列）。

(3) 货物运抵境内输入地点起卸之后所产生的运输及其相关费用、保险费。

(4) 进口关税、进口环节海关代征的税款以及其他国内税。

(5) 为在境内复制进口货物而支付的费用。

(6) 境内外技术培训费用以及境外的考察费用。

(7) 符合相应条件的，为购买进口货物而融资所产生的利息费用。

4. 进口货物完税价格的运输及相关费用、保险费的确定

1) 运输及其相关费用

进口货物的运输及其相关费用，要依据买方实际支付或者应当支付的费用来进行计算。

2) 保险费

(1) 通常情况下，进口货物的保险费，按照实际支付的费用来计算。

(2) 若进口货物的保险费无法确定或者并未实际发生，海关会按照"货价加运费"总额的 3‰来计算保险费，计算公式为：

保险费＝(货价＋运费)×3‰

(3) 对于邮运进口的货物，将邮费作为运输及其相关费用、保险费。

5. 进口货物海关估价方法

1) 相同货物成交价格估价方法

海关采用这种方法时，会以与进口货物在同一时期或相近时间内，向中华人民共和国境内销售的相同货物的成交价格作为依据,在此基础上对进口货物的完税价格进行审查与确定。

2) 类似货物成交价格估价方法

海关运用此方法,以在与进口货物同时或大约同时向中华人民共和国境内销售的类似货物的成交价格为基准,对进口货物的完税价格展开审查和确定工作。

3) 倒扣价格估价方法

海关运用该方法,会先以进口货物本身,或者相同、类似进口货物在国内的销售价格作为起始点,再扣除在国内产生的相关费用,通过这样的计算过程,来审查确定进口货物的完税价格。

6. 出口货物的完税价格

1) 以成交价格为基础的完税价格

出口货物的完税价格由海关以该货物的成交价格作为基础进行审查确定,其中涵盖货物运至我国境内输出地点装载之前所产生的运输及其相关费用、保险费。但以下税收和费用不计入出口货物的完税价格:

(1) 出口关税。

(2) 在货物价款中单独列出的,货物运至我国境内输出地点装载之后的运输及其相关费用、保险费。

2) 出口货物海关估价方法

当出口货物的成交价格无法确定时,海关在充分了解相关情况,并与纳税义务人进行价格磋商后,会按照以下顺序,依次采用相应价格来审查确定该货物的完税价格:

(1) 与出口货物同时或者大约同时向同一国家或者地区出口的相同货物的成交价格。

(2) 与出口货物同时或者大约同时向同一国家或者地区出口的类似货物的成交价格。

(3) 根据境内生产相同或者类似货物的成本、利润、一般费用(包含直接费用和间接费用),以及境内发生的运输及其相关费用、保险费计算得出的价格。

(4) 按照合理方法估定的价格。

7. 特别关税

特别关税包含报复性关税、反倾销税与反补贴税、保障性关税这几类。

1) 报复性关税

这是一种进口附加税,征收目的是报复其他国家对本国出口货物的关税歧视。一旦有国家或地区对从我国进口的原产货物征收歧视性关税,或者给予其他歧视性待遇,我国就会对原产于该国或地区的进口货物征收报复性关税,其税率会根据具体情形确定。

2) 反倾销税与反补贴税

(1) 反倾销税:是针对倾销商品所征收的进口附加税。当进口国因外国对某种产品进行倾销,导致国内产业遭受损害时,便会征收相当于出口国国内市场价格与倾销价格差值的进口税。

(2) 反补贴税:属于一种特殊关税,其税额超过正常关税。征收反补贴税,旨在抵消国外竞争者因获得奖励和补助而产生的竞争优势影响,以此保护进口国的制造商。

3) 保障性关税

当某类商品的进口量急剧增加,给我国相关产业带来极大威胁或损害时,依据 WTO

相关规则,能够启动一般保障措施。也就是在与有实质利益的国家或地区进行磋商后,在一定时期内提高该商品的进口关税,或者采取数量限制措施,从而使国内相关产业免受损害。

(三) 税收优惠

1. 法定减免税政策

以下这些进出口货物和物品可享受关税减免优惠:

(1) 若一票货物的关税税额在人民币 50 元及以下,免征关税。

(2) 没有商业价值的广告品以及货样,免征关税。

(3) 外国政府、国际组织无偿赠送的物资,可免予征收关税。

(4) 进出境运输工具在途中装载的必需燃料、物料和饮食用品,无需缴纳关税。

(5) 在海关放行之前就已损失的货物,可获得关税豁免。

(6) 于海关放行前遭受损坏的货物,会依据海关认定的受损程度来减征关税。

(7) 对与我国缔结或者参加的国际条约中明确规定减征、免征关税的货物、物品,按照条约规定执行减免关税。

(8) 法律规定减征、免征关税的其他货物、物品。

2. 特定减免税

(1) 科教用品。

(2) 残疾人专用品。

(3) 慈善捐赠物资。

(4) 重大技术装备。

(5) 支持集成电路产业和软件产业发展进口货物。

(6) 支持新型显示产业发展进口货物。

(7) 民用航空维修用航空器材。

(8) 抗艾滋病病毒药物。

3. 暂时免税

以下这些暂时进境或者暂时出境的货物,在进境或者出境时,纳税义务人只要向海关缴纳相当于应纳税款的保证金,或者提供其他担保,就可以暂时不缴纳关税。并且,这些货物应当自进境或者出境之日起 6 个月内复运出境或者复运进境。若需要延长复运出境或者复运进境的期限,纳税义务人需按照海关总署的规定向海关办理延期手续:

(1) 在展览会、交易会、会议及类似活动中展示或者使用的货物。

(2) 文化、体育交流活动中使用的表演、比赛用品。

(3) 开展科研、教学、医疗活动使用的仪器、设备及用品。

(4) 进行新闻报道或者摄制电影、电视节目使用的仪器、设备及用品。

(5) 在上述第(1)项至第(4)项所列活动中使用的交通工具及特种车辆。

(6) 货样。

(7) 供安装、调试、检测设备时使用的仪器、工具。

(8) 盛装货物的容器。

(9) 其他用于非商业目的的货物。

四、关税的征收管理与申报缴纳

1. 征收管理

(1) 纳税环节:关税主要在进口环节征收。

(2) 纳税地点:进出口货物,应当向报关地海关申报纳税。

(3) 纳税义务发生时间及纳税期限:①进口货物方面,自运输工具申报进境之日起 14 日内,需向货物的进出境地海关申报,海关特批情况除外,出口货物则是在运抵海关监管区后、装货前 24 小时内进行申报;②纳税义务人在海关填发税款缴款书之日起 15 日内,必须前往指定银行缴纳税款;③关税纳税义务人如果因不可抗力或国家税收政策调整,无法按时缴纳税款,在依法提供税款担保后,可申请延期缴纳,然而延期时长最多为 6 个月。

(4) 强制执行:关税的强制执行包括征收关税滞纳金和强制征收。滞纳金自关税缴纳期限届满滞纳之日起,至纳税义务人缴纳关税之日止,按滞纳税款 0.5‰的比例按日征收。

2. 申报缴纳

1) 申报时间

进出口货物的纳税人、扣缴义务人应当自完成申报之日起 15 日内缴纳税款;符合海关规定条件并提供担保的,可以于次月第 5 个工作日结束前汇总缴纳税款。因不可抗力或者国家税收政策调整,不能按期缴纳的,经向海关申请并提供担保,可以延期缴纳,但最长不得超过 6 个月。

2) 申报材料

进口货物申报材料具体如下:

(1) 进口货物报关单:一般进口货物应当向海关递交进口货物报关单一式两份。

(2) 货运商业单据:包括发票、提货单、运单(陆、空)、包裹(邮寄)单、领货凭证等。

(3) 进口货物许可证:对外贸易管理部门签发的进口货物许可证。

(4) 其他国家管制货物进口的批准文件:如配额许可证管理证件、机电产品进口证明文件以及商品检验、动植物检疫、药品检验等主管部门签发的证件等。

(5) 预备单证:如贸易合同、货物原产地证明、委托单位的营业执照证书、委托单位的账册资料及其他有关单证。海关认为必要时会查阅或收取这些证件。

出口货物申报材料具体如下:

(1) 出口货物报关单:需如实填写出口货物的相关信息。

(2) 货运单据:如发票、装箱单、提运单等,用于证明货物的运输和包装情况。

(3) 出口许可证及其他监管证件:如果出口货物属于国家限制出口的商品,需要提供相关的出口许可证或其他监管证件,如配额许可证、两用物项和技术出口许可证等。

(4) 原产地证书:根据进口国的要求或贸易协定的规定,可能需要提供原产地证书,以证明货物的原产国(地区),享受相应的关税优惠待遇。

《海关进(出)口关税专用缴款书》格式如表 7-8 所示。

表 7-8　海关进(出)口关税专用缴款书

收入系统:海关系统　　　　　　　　填发日期:　年　月　日

收款单位	收入机关		中央金库		缴款单位(人)	名称	
	科目	进口关税	预算级次	中央		账号	
	收款国库					开户银行	
税号	货物名称		数量	单位	完税价格(¥)	税率(%)	税款金额(¥)
金额人民币(大写)						合计(¥)	
申请单位编号			报关单编号			填制单位	收款国库(银行)
合同(批文)号			运输工具(号)			制单人	
缴款期限			提/装货号			复核人	
备注							

任务实施

 巩固提升

基础训练

湖南江南进出口外贸公司为增值税一般纳税人,2025 年 7 月进口化妆品一批,支付国外的买价 250 万元、国外的经纪费 6 万元、自己的采购代理人佣金 8 万元;支付运抵我国海关前的运输费用 20 万元、装卸费用和保险费用 7 万元;支付从海关地运往本公司的运输费用 8 万元、装卸费用和保险费用 3 万元。已知:关税税率是 20%,消费税税率 15%。请计算该公司进口环节应缴纳的关税、消费税、增值税。

任务四　船舶吨税的计算与智慧化申报管理

任务目标

1. 素养目标

(1) 培养学生的诚信意识与国际视野,使其认识纳税光荣,积极了解国际航运市场动态和各国船舶吨税政策,作好准备迎接全球化挑战。

(2) 培养学生语言沟通能力,能与多方有效沟通,确保吨税申报和缴纳顺利进行。

(3) 培养学生的数据分析能力,使其能从大量数据中提取有用信息,为吨税的计算和申报提供依据。

2. 知识目标

(1) 知晓船舶吨税的征税范围、纳税义务人及税率。

(2) 知晓船舶吨税的计税依据及税收优惠。

(3) 熟悉船舶吨税的征收管理与申报缴纳。

3. 能力目标

(1) 掌握船舶吨税应纳税额的计算。

(2) 熟练掌握船舶吨税的申报。

(3) 能够进行船舶吨税的缴纳。

任务导入

1. 2025年5月18日,一艘净吨位为8 000吨的利比里亚共和国国籍货轮"奋进号"驶入我国上海港,该船申领了90天期限的吨税执照。已知:利比里亚共和国与我国签订了含有相互给予船舶税费最惠国待遇条款的条约,90天期限的吨税执照对应的优惠税率为7.6元/净吨。请根据我国船舶吨税的管理办法分析计算该货轮应缴纳的船舶吨税税额。

2. 2025年7月15日,某外国籍拖船驶入我国广州港,该拖船发动机功率为15 000千瓦,申领了30天期限的吨税执照。30天吨税执照对应的超过10 000净吨的普通税率为5元/净吨。请根据我国船舶吨税的管理办法分析计算该拖船应缴纳的船舶吨税税额。

 知识准备

一、依据法规

《中华人民共和国船舶吨税法》。

二、船舶吨税的征税范围、纳税义务人及税率

1. 征税范围和纳税义务人

船舶吨税的征税范围为自中华人民共和国境外港口进入境内港口的船舶(简称应税船舶)。

纳税义务人为自中国境外港口进入中国境内港口船舶的负责人。

2. 税率

船舶吨税设置优惠税率和普通税率。

1)适用优惠税率的船舶

(1)中华人民共和国国籍的应税船舶。

(2)船籍国(地区)与中华人民共和国签订含有相互给予船舶税费最惠国待遇条款的条约或者协定的应税船舶。

2)适用普通税率的船舶

除适用优惠税率的船舶之外的其他应税船舶。具体规定如表7-9所示。

表7-9 船舶吨税的税率表

税目(按船舶净吨位划分)	税率(元/净吨)(按执照期限划分)						备注
	普通税率			优惠税率			
	1年	90日	30日	1年	90日	30日	
≤2 000 净吨	12.6	4.2	2.1	9.0	3.0	1.5	(1)拖船按照发动机功率每千瓦折合净吨位0.67吨。 (2)无法提供净吨位证明文件的游艇,按照发动机功率每千瓦折合净吨位0.05吨。 (3)拖船和非机动驳船分别按相同净吨位船舶税率的50%计征税款
>2 000 净吨 ≤10 000 净吨	24.0	8.0	4.0	17.4	5.8	2.9	
>10 000 净吨 ≤50 000 净吨	27.6	9.2	4.6	19.8	6.6	3.3	
>50 000 净吨	31.8	10.6	5.3	22.8	7.6	3.8	

三、船舶吨税的计税依据及税收优惠

(一)计税依据

船舶吨税以船舶净吨和吨税执照期限征收。其中,净吨位是指由船籍国(地区)政府签发或者授权签发的船舶吨位证明书上标明的净吨位。吨税执照期限是指按照公历年、日计算的期间。应税船舶负责人在每次申报纳税时,可以按照船舶吨税的税率表选择申领一种期限的吨税执照。船舶吨税的应纳税额的计算公式为:

应纳税额＝船舶净吨位×定额税率

（二）税收优惠

1. 直接优惠

以下船舶可免征吨税：

（1）税额较低船舶：应纳税额在人民币50元及以下的船舶。

（2）初次进口空载船舶：从境外通过购买、受赠、继承等方式获取船舶所有权，初次进口到港且处于空载状态的船舶。

（3）短时间内无客货船舶：吨税执照期满后的24小时内，不进行上下客货作业的船舶。

（4）非机动船舶（非机动驳船除外）：自身没有动力装置，依靠外力驱动的船舶。需注意，非机动驳船是指在船舶登记机关登记为驳船的非机动船舶，这类驳船不享受免税政策。

（5）捕捞、养殖渔船：在中华人民共和国渔业船舶管理部门登记为捕捞船或者养殖船的船舶。

（6）特殊作业及状态船舶：处于避难、防疫隔离、修理、改造、终止运营或者拆解状态，并且不上下客货的船舶。

（7）军警相关船舶：军队、武装警察部队专用或者被征用的船舶，以及警用船舶。

（8）外交及国际组织船舶：依照法律规定应当予以免税的外国驻华使领馆、国际组织驻华代表机构及其有关人员的船舶。

（9）国务院规定的其他船舶：国务院规定可免税的其他船舶类型。

2. 延期优惠

在吨税执照期限内，应税船舶发生下列情形之一的，海关按照实际发生的天数批准延长吨税执照期限：

（1）避难、防疫隔离、修理，并不上下客货。

（2）军队、武装警察部队征用。

四、船舶吨税的征收管理与申报缴纳

1. 征收管理

1）征收机关

船舶吨税由中国海关负责征收并制发缴款凭证。

2）纳税环节

船舶吨税的纳税环节主要包括登记备案、计算税款、缴纳税款和领取发票。

3）纳税地点

当应税船舶进入中华人民共和国的任何设有海关的港口时，就需要在此处缴纳船舶吨税。

4）纳税义务发生时间及纳税期限

（1）吨税纳税义务的发生时间，以应税船舶进入港口当天为准。

（2）若应税船舶在吨税执照期满时还未驶离港口，那么就需要申领新的吨税执照，并且从上次执照期满的次日开始，继续缴纳吨税。

（3）应税船舶的负责人必须在海关填发吨税缴款凭证之日起15日内，将税款缴纳清楚。要是未能在规定期限内缴清税款,从滞纳税款的那天起,一直到缴清税款那天为止,每日按照滞纳税款的 0.5‰ 加收税款滞纳金。

2. 申报缴纳

应税船舶负责人可以选择柜台支付方式,将加盖银行已收讫税款业务印章的缴款书第一联交海关;也可以选择电子支付方式。

  任务实施

  巩固提升

基础训练

2025 年 10 月 15 日,某外国籍拖船驶入我国宁波港,该拖船发动机功率为 8 000 千瓦,申领了 30 天期限的吨税执照。30 天吨税执照对应的船舶净吨位为超过 2 000 净吨、但不超过 10 000 净吨,适用普通税率 4 元/净吨。请计算该拖船应缴纳的船舶吨税税额。

  项目小结

本项目以城市维护建设税、教育费附加、车辆购置税、关税、船舶吨税五种税费为核心研究对象,深耕其申报与管理领域,以严谨审慎、全面系统的研究视角,深入挖掘各税种相关知识要点。本项目对每一个税种的讲解均遵循由浅入深的原则,从基础概念的精准阐释、征税范围的严格界定,到纳税义务人的准确甄别、税率设定的内在逻辑剖析,再到计税依据的科学确定与税收优惠的细致解读,全方位、多层次地展开理论教学,致力于让学生深刻理解各税种的核心精髓。同时,紧密贴合税务工作实际场景,对税费征收管理全流程以及申报过程中的具体方法、实用技巧进行深度剖析,有效帮助学生构建起理论与实践之间的紧密联系。

本项目通过理论与实践深度融合,培养学生掌握税种知识应用及税费计算申报技能,借助习题巩固知识,助其实现知行合一,为投身税务工作筑牢根基。